商标反向混淆的法律保护

任毅 著

知识产权出版社
全国百佳图书出版单位
—北京—

图书在版编目（CIP）数据

商标反向混淆的法律保护 / 任毅著 . —北京：知识产权出版社，2023.9
ISBN 978-7-5130-8664-6

Ⅰ . ①商…　Ⅱ . ①任…　Ⅲ . ①商标法—研究—中国　Ⅳ . ① D923.434

中国国家版本馆 CIP 数据核字（2023）第 004067 号

内容提要

在我国，反向混淆理论存在一些理论争议，对这类案件的司法处理缺乏统一规范和一致认识。本书从商标反向混淆的发展历程入手，探讨商标反向混淆的基本范畴，分析商标反向混淆的性质，研讨商标反向混淆的判定方法、法律责任及其制度构建，以期对相关立法和司法实践有所助益。

本书适合商标持有人、商标代理人、律师和法律从业者使用，也适合相关学者、老师、学生等阅读。

责任编辑：李　叶　　　　**责任印制：**刘译文

商标反向混淆的法律保护

SHANGBIAO FANXIANG HUNXIAO DE FALÜ BAOHU

任　毅　著

出版发行：知识产权出版社有限责任公司　**网　　址：**http：//www.ipph.cn
　　　　　　　　　　　　　　　　　　　　http：//www.laichushu.com
电　　话：010-82004826
社　　址：北京市海淀区气象路50号院　**邮　　编：**100081
责编电话：010-82000860转8745　**责编邮箱：**laichushu@cnipr.com
发行电话：010-82000860转8101　**发行传真：**010-82000893
印　　刷：天津嘉恒印务有限公司　**经　　销：**新华书店、各大网上书店及相关专业书店
开　　本：880mm × 1230mm　1/32　**印　　张：**9.125
版　　次：2023年9月第1版　**印　　次：**2023年9月第1次印刷
字　　数：203千字　**定　　价：**56.00元

ISBN 978-7-5130-8664-6

前　言

一、研究背景与研究意义

商标作为一种区分商品或服务来源的标记或标记组合，在现代市场经济中发挥着越来越重要的作用。商标远远不止表面上看上去的仅是一种标记或标记组合那么简单，其具有极为丰富的内涵和巨大的价值，对于现代市场经济具有重要的理论意义和实践意义。“商标法上无理论”是对商标法的偏见和误解，恰恰相反，商标法具有博大精深的理论底蕴和丰富厚重的知识矿藏。

商标最初的功能仅在于标示商品来源，便于行业协会追究劳动者的责任，后来在市场中的作用发展为避免产生混淆，其发挥作用的时间仅限于购买前。[1]而在现代社会中，商标的功能已经得到极大的拓展，其发挥作用的时间也已涵括购买前、购买时和购买后。

在当代，商标已经成为企业重要的无形资产，有的商标本身的价值就达数千亿元人民币。商标混淆会使商标无法区分商品或服务的来源，因此，商标混淆可能性成为一种基本的商标侵权判定标

---

[1] 黄晖．商标法［M］.2 版．北京：法律出版社，2016：3.

准，商标反向混淆也发展成为一种侵权判定标准。但是，关于商标反向混淆问题，当前有许多需要探讨的地方。

（一）商标的本质问题

认清商标的本质是对商标予以法律保护的基础，也是正确认识商标权和确立商标侵权判定标准的基础。商标的本质是什么？法律为什么要保护商标？数百年来，人们对商标本质的认识是一个逐渐深入的过程。

最初，人们认为商标的本质就是一种标记，因而商标权是一种标记权或标记财产权，即商标权人对于自己所创造的全新词汇或标记拥有单独占有使用的排他性权利。这种词汇或标记被称为“专门性商标”（Technical trademarks）[1]，即当代商标法中的臆造性商标。但是，这种标记本质理论会产生三个问题。第一，法律对非“专门性商标”如何保护？对于权利人自己所创造的新词汇所构成的新标记，可以运用该理论予以解释，但对于任意性商标、暗示性商标，以及通过使用获得第二含义的商标均无法解释。正如在 Avery & Sons v. Meikle & Co. 案中法官所指出的那样：字母、词汇及数字是人们用来传达思想、感情和信息的，空气、阳光、水是人们用来保证生存所需要的，这些物质是人类所共有的公共财产，任何人都不能将其独占。[2]第二，无法解释商标的地域性。如果商标权是一种标记权或标记财产权，就是一种对世权和绝对权，权利人有权不再

[1] PAUL A C.The Law of Trade-Marks，Including Trade-Names and Unfair Competition［M］. New York：Rare Books Club，1903：22-35.

[2] Avery & Sons v. Meikle & Co.，81 Ky.73，86，90（1883）.

经任何手续、在任何地域范围内禁止他人使用该物。但是，商标恰恰具有地域性，超出某种地域范围的商标如果未经注册是不会受当地法律保护的。第三，无法解释商标法的目的和宗旨。如果商标本质上就只是一种标记而已，商标权是法律对权利人所创造标记的保护，那么商标法的目的和宗旨就沦为了一种“鼓励创造标记”的制度。那么这些创造的标记对商品经济、对人类社会又有什么意义和作用呢？显然这并非商标法的目的和宗旨，因而这种理论受到人们的抛弃。

之后，人们又认为商标的本质不是一种标记，而是该标记所代表的商誉。相应地，商标权应是一种商誉权或商誉财产权。20 世纪初以来，这种观点在英美国家中成为主流观点。例如，美国法官在判决中就指出，“商标的作用仅在于作为与商业活动密切联系的商誉保护”❶。学者也认为，“商标应受保护的财产不是这些标记，而是这些标记背后，或者说由这些标记所代表的商誉”❷。该理论可以解释商标权的地域性问题。可以认为，商标权人的权利范围之所以只能及于部分区域，是因为商标的商誉所覆盖的区域只是部分区域，对于其商誉没有覆盖的地区，商标就无权获得法律保护。同时该理论也可以解释法律对于非“专门性”商标的保护，即对于任意性商标、暗示性商标，以及通过使用获得第二含义的商标，只要通过商业活动积累了商誉，就有权获得法律的保护。该观点还可以解释商标法律制度的目的和宗旨在于鼓励经营者提高商品质量、为自己的

❶ Rosenberg Bros. & Co. v. Elliott，7 F.2d 962，965（3d Cir.1925）.

❷ NIMS H D.The Law of Unfair Competition and Trademark［M］. 2nd ed. New York：Nabu Press，1917：176.

商标积累商誉，而不是去创造一些没有多少实际意义的标记或标记组合。

但是，认为商标的本质是商誉或者说是商誉的载体，也存在这么几个问题。第一，商誉是商标权人追求的目的还是手段？如果认为商标的本质是商誉或者是商誉的载体，那么商誉就应该是商标权人想要拥有商标的终极目标，而不应该仅是一种手段。但是，显而易见，商誉并非商标权人追求的目的，而是一种手段，商誉对于商标权人而言没有直接作用和意义，商誉背后的物质或者说其所能带来的物质才是商标权人所追求的目的。第二，商誉理论无法解释商标淡化中的弱化问题。如果按照商标的本质是商誉或者是商誉的载体理论，对于驰名商标而言，他人将驰名商标广泛运用于各种既不相同也不类似的商品或服务之上，只要不是丑化和贬损商标形象，又不会导致社会公众产生混淆和误认，对驰名商标的商誉就不会产生任何损害，相反还能够进一步增加驰名商标的知名度和影响力，商誉能够继续得到增加和积累，达到“锦上添花”的效果（因为商誉最初就是通过商标使用而增加和积累起来的），可是为什么就会最终导致驰名商标丧失显著性，不再具有商标的功能，不再称其为一件商标，或者沦为普通的标记或标记组合，或者沦为商品或服务的通用名称呢？这是商誉理论所无法解释的。第三，商誉概念无法界定。既然认为商标的本质是商誉或者是商誉的载体，那么什么是商誉，商誉的概念如何界定，这是百余年来困扰理论界与实务界的一个难题，各国法律也均未对如何界定商誉提出定义。理论界和实务界均认为商誉本身非常模糊，没有确定的边界，无法予以准确定义，认为“商誉这种东西，说起来容易，要给予定义却非常困难”。

于是，人们转而从侧面对商誉提出各种各样的比喻来帮助人们进行认识和界定，如“商誉是环绕商标的磁性光环，可以一次又一次地吸引顾客”“可以说公司没有灵魂，但也可以说商誉就是其灵魂”等，但始终无法给予商誉一个准确的定义。

另外，近年来，我国学者对商标的本质问题有较多研究，提出一些颇有价值的见解。例如，从信息学的角度出发，认为商标的本质是用来传递信息的代码。[1]从符号学的角度出发，商标是一种典型的符号，由能指、所指和对象构成，分别对应于商标标志、出处和所附着产品。[2]从认知心理学的角度出发，商标的本质就是人类感觉器官可以感知的、以符号形态存在的与特定商标权人相关的信息。[3]还有学者认为商标的本质是特定标识与特定商品之间的联系，而不是指特定标识本身；商标权的本质是一种联系，商标保护的核心就是保护联系；等等。[4]

这些观点都是从不同角度观察得出的结论，这些结论也并不矛盾，只是分析问题使用的“工具”不同而已。这些观点存在的问题在于：第一，都没有回答要使用这样的“工具”而不使用别的“工具”的原因，也就是说对使用这样的“工具”缺乏必然性的指向、缺乏一个逻辑推理的过程。第二，这些理论并没有把商标的本质与

---

[1] 王太平．狭义相对论与商标保护理论［J］．电子知识产权，2005（1）：12.

[2] BEEBE B.The Semiotic Analysis of Trademark Law［J］.UCLA Law Review，2004，51(3)：625；彭学龙．商标法的符号学分析［M］．北京：法律出版社，2007：2.

[3] 姚鹤徽．商标混淆可能性研究［M］．北京：知识产权出版社，2015：113

[4] 宋建宝．论商标权的本质及其异化［J］．知识产权，2011(1)：77；郑其斌．论商标权的本质［M］．北京：人民法院出版社，2009：89.

其所凝结和承载的物质联系起来，一边认为商标的本质是代码、符号、信息、联系，一边认为商标承载的是商誉，那么商誉和代码、符号、信息、联系是什么关系？如果认为代码、符号、信息、联系承载的就是商誉，那么商标的本质究竟是一种代码、符号、信息、联系呢，还是一种商誉的载体？因而终归都还只是停留在现象和感性认识的层面观察商标，并没有真正实现“透过现象看本质”，商标的本质问题依然需要进行更深入的研究和探讨，依然是一个值得进一步研究的问题。

（二）反向混淆的一般理论问题

自从 19 世纪中期混淆可能性作为商标侵权判定标准在英美国家确立以来，当前，世界上多数国家均以商标混淆可能性（Likelihood of confusion）作为商标侵权判定标准。2013 年修订《中华人民共和国商标法》时也已明确将混淆可能性作为商标侵权判定标准。反向混淆是商标法实践中出现的新型问题，认定“混淆的可能”是商标保护的核心问题，是划定合理的商标权利范围的基础。[1] 然而，商标混淆可能性的相关范畴并不明晰，反向混淆则更加模糊。

第一，商标反向混淆的本质意涵问题。为什么商标的使用会让公众产生正向混淆与反向混淆？商标反向混淆的大小又受哪些因素的影响，跟哪些因素密切相关，又如何相关？对商标反向混淆的本质意涵的认识必须结合商标的本质来认识。如上所述，多年来，由

---

[1] 黄晖．商标法［M］.2 版．北京：法律出版社，2016：114.

于对商标本质的认识依然还停留在现象层面，对于商标正向混淆与反向混淆的本质意涵的探究也就如同“雾里看花，水中望月”，朦朦胧胧。迄今为止，人们并未对商标混淆可能性的本质意涵予以清晰界定和明确阐述，始终还是停留在表面上观察和认识商标混淆可能性，也就必然导致对影响商标正向混淆和反向混淆的相关因素认识不清、把握不准。

第二，反向混淆在商标混淆类型中居于何种地位？随着社会实践的发展，商标混淆可能性在实践中从最初的来源混淆（直接混淆）逐步发展出了关联混淆（间接混淆）、售前混淆、售后混淆和反向混淆这几种类型，似乎越发让人们感到扑朔迷离。那么这些商标混淆可能性的存在类型有无存在的合理性，是否契合当代商业实践的需要，这些类型与商标的功能是什么关系，其到底侵犯和危害了商标的什么功能，这些类型的概念是什么，有无进行法律规制的必要，是否应当纳入我国法律规范等，这些问题在学界都还存在很大的争议，也还需要进行较为深入的分析和研讨。

第三，反向混淆的确立依据问题。商标正向混淆作为商标侵权判定标准经历了近两百年的演化和实践，相比于商标实际混淆、商标近似、商标使用、商标显著性等商标侵权判定标准而言，为什么能够成为主流的商标侵权判定标准，受到多数国家的采纳和接受？而商标反向混淆与正向混淆到底有哪些区别与联系？其解决实践问题具体有哪些突出的优势？这些问题目前也没有得到清晰的回答。

第四，反向混淆的具体认定问题。如前所述，正是由于对商标混淆可能性本质意涵的认识不明，导致对影响商标混淆可能性的各种因素认识模糊、似是而非，致使目前世界各国的商标法行政和司法实践中对商标正向混淆与商标反向混淆具体认定混乱，缺乏清楚明确、统一适用的尺度。当前逐步取得的共识是影响商标混淆可能性的有一系列因素，包括所谓的宝丽来因素（Polariod factors）[1]、杜邦因素（DuPont factors）[2]、斯里克卡夫特因素（Sleekcraft factors）[3]和兰谱因素（Lapp factors）[4]等，其实最主要的是商标显著性、商品或服务类似程度、商标近似程度、消费者注意程度、消费者实际混淆、被告主观意图这几种因素，这些因素在我国商标法相关司法解释中已得到采纳和规范。但是，这些因素是否在所有案件中都需要加以考量，各个因素对影响商标混淆可能性所发挥作用的大小，有的因素在特定案件中是否可以摒弃，这些因素又是如何具体影响商标混淆可能性的，其相互之间有无主次关系、有无顺序关系等，理论界和实务界对这些问题并没有明确的回答，使得法律也无法统一规定这些因素如何在商标侵权案件中予以适用，导致不同的审查人员、不同的法官在把握这些因素时主观标准不一、自由裁量权过大，使行政审查和司法审判的公正性、准确性和可预测性受到很大影响。有学者就一针见血地指出，法官在商标侵权判定中有不适当地依赖于个人直觉和主观的、内在化的思维定式来处理案件的趋势。[5]因此，需要深入研究商标正向混淆与商标反向混淆的具体认

[1] Polaroid Corp. v. Polarad Electronics Corp., 287 F.2d 492, 495（2d Cir.1961）.

[2] In re E. I. DuPont DeNemours & Co., 476 F.2d 1357（C.C.P.A.1973）.

[3] AMF Inc. v. Sleekcraft Boats, 599 F.2d 341（9th Cir.1979）.

[4] Interpace Corp. v. Lapp, Inc., 721 F.2d 460（3d Cir.1983）.

[5] BARTOW A.A Likelihood of Confusion［J］.San Diego Law Review，2004，41：723.

定方法和方案。

二、研究的现状和主要研究方法

正向混淆是商标侵权判定的主要依据，历来是商标法理论研究的热、难点问题，国内外很多学者对其均有所涉及，取得了较为丰硕的研究成果，但对于反向混淆的研究，确实存在很大的不足。

（一）国内研究现状

近年来，国内学者针对商标正向混淆研究的丰硕成果，有力推动了商标侵权理论的发展进步，为完善商标立法和指导司法实践打下了坚实基础。

在商标法著作方面，很多学者的研究均涉及商标正向混淆，其中专门以商标混淆可能性为题的著作有两部，一部是张体锐博士的《商标法上混淆可能性研究》[1]，另一部是姚鹤徽博士的《商标混淆可能性研究》[2]。张体锐博士主要对影响商标混淆可能性判定的各种因素进行了详细分析，包括混淆可能性判定的消费者因素、商标因素、商品因素及实际混淆因素和被告意图因素。姚鹤徽博士在其著作中以认知心理学为研究方法，从商标混淆可能性的历史探寻、法理探究、范畴界定、类型解析、司法判定和制度构建等6个方面对商标混淆可能性进行了深入探讨。他认为，商标混淆的本质特征在于消费者无法对商标和商标所代表的相关信息进行正常的识

---

[1] 张体锐．商标法上混淆可能性研究［M］．北京：知识产权出版社，2014.

[2] 姚鹤徽．商标混淆可能性研究［M］．北京：知识产权出版社，2015.

别而进行购物决策，并对商标混淆可能性在关联关系混淆、售前混淆、售后混淆方面的扩张进行了批判和界定；分析了用以考量混淆可能性大小因素的多因素检测法中的6项主要因素，分别是商标相似性、商品类似性、商标显著性、消费者注意程度、实际混淆和被告主观意图，介绍了混淆可能性判定中的消费者调查。此外，孔祥俊法官的著作《商标与反不正当竞争法原理与判例》第6～8章涉及混淆可能性问题[1]，认为混淆可能性是商标侵权判断的重要标准，也是界定注册商标专用权权利范围的标尺。当前混淆的概念在不断扩张中，包括赞助混淆、售前混淆和售后混淆，在实践中决定是否采用时应当持高度审慎的态度。杜颖教授也研究了商标混淆问题，认为混淆概念与传统相比已发生了变化，保护消费者免受混淆与保护商标权同样重要，应当对商标权利予以限制并构建体系化的限制制度。[2]魏森教授着重分析了商品类似、商标近似等判定混淆的考量因素。[3]彭学龙教授也以商标混淆的符号学分析为题研究了商标混淆问题，对商标混淆的类型进行了探讨，对混淆进行了心理学分析，并着重研究了近似商标的判断和类似商品的认定。[4]邓宏光教授对商标混淆可能性进行了研究，分析了商标混淆可能性的类型和

---

[1] 孔祥俊．商标与反不正当竞争法原理与判例［M］．北京：法律出版社，2009：210–296.

[2] 杜颖．社会进步与商标观念：商标法律制度的过去、现在和未来［M］．北京：北京大学出版社，2012：244–268.

[3] 魏森．商标侵权认定标准研究［M］．北京：中国社会科学出版社，2008：61–114.

[4] 彭学龙．商标法的符号学分析［M］．北京：法律出版社，2007：185–256.

影响商标混淆可能性的因素。❶

在国内商标正向混淆的代表性研究中，邓宏光教授明确建议应当将混淆可能性作为商标侵权的判定标准；❷彭学龙教授分析了混淆可能性的各种类型并提出了立法建议；❸黄汇教授认为售前混淆的本质是试图利用商标权人商标的商誉来诱导消费者，售后混淆则是一种标准化的商标侵权样态；❹王太平教授认为《中华人民共和国商标法》第57条第1款第（二）项所确立的商标侵权判断标准可以解释为以相似性为基础和前提、以混淆可能性为限定条件，而内含于商标近似、商品或服务类似等概念的混淆可能性应该从中被剥离。❺

客观地讲，国内在正向混淆的研究中取得了很大的成果，具体如下。第一，我国学者在商标侵权判定标准方面基本取得了共识，基本上肯定了混淆可能性是商标侵权判定的重要标准。第二，深入研究了商标混淆可能性的历史发展脉络和法理基础，指出商标混淆可能性设立的重要依据是保障商标发挥标示来源功能，实现商标法的价值和目的。第三，深入研究了商品或服务类似、商标近似与

---

❶ 邓宏光．商标法的理论基础——以显著性为中心［M］．北京：法律出版社，2008：219-286.

❷ 邓宏光．论商标侵权的判断标准——兼论《中华人民共和国商标法》第52条的修改［J］．法商研究，2010（1）：46-53.

❸ 彭学龙．论“混淆可能性”——兼评《中华人民共和国商标法修改草稿》（征求意见稿）［J］．法律科学（西北政法大学学报），2008（1）：130-143.

❹ 黄汇．售前混淆之批判和售后混淆之证成——兼谈我国《商标法》的第三次修改［J］．电子知识产权，2008（6）.

❺ 王太平．商标侵权的判断标准：相似性与混淆可能性之关系［J］．法学研究，2014（6）：11-13.

混淆可能性之间的关系，基本上明确了影响商标混淆可能性的6种主要因素，介绍和引入了多因素检测法和消费者调查（市场调查）法，对于符合相应条件的，消费者调查可以作为判断混淆可能性的依据。第四，对混淆可能性的各种新类型进行了研究，包括赞助混淆、售前混淆和售后混淆，提出这些混淆可能性类型也有规制的必要。

而国内对于反向混淆的研究较为薄弱，现有的研究散见于论文之中，还没有专著对商标反向问题展开研究。国内学者对于反向混淆是否构成商标侵权、是不是一种商标侵权行为还存在不同观点。

彭学龙教授认为，禁止商标反向混淆是具有正当性的，原因在于，一是基于公平角度的考量，二是基于功利和效率原则的考量，三是基于科斯定理的考量。[1]张玉敏教授认为，从微观层面看，反向混淆剥夺了商标所有人的商标专用权和使用该商标商品的自由销售权，挤压商标所有人的经营发展空间；从宏观层面看，反向混淆也是对法律保护市场经济、追求正义和公平竞争的法治精神的破坏，同时也导致消费者对商品来源产生混淆。[2]杜颖教授认为，我国在商标法立法上应适当借鉴美国的经验，在商标法中不对反向混淆作排除规定，在商标法实施条例中对反向混淆的构成要件进行具体的规定。[3]罗斌博士认为，从渊源上看，反向混淆是源于对法律

---

[1] 彭学龙．商标反向混淆探微——以“蓝色风暴”商标侵权案为切入点［J］．法商研究，2007（5）：143-145.

[2] 张玉敏，李扬．商标反向混淆探微——由“蓝色风暴”商标侵权案引起的思考［J］．江西社会科学，2008（5）：161.

[3] 杜颖．商标反向混淆构成要件理论及其适用［J］．法学，2008（10）：56.

公平正义的思考，是对商标保护功利主义的纠正，能防止占据优势地位一方无限制地索取排他性权利；从经济效率上而言，也有利于提高经济效率；同时，禁止反向混淆也再次明确了商标原始取得原则，防止后用者肆意夺取先用者的权利；从商标法宗旨而言，禁止反向混淆也是保护商标权人和消费者利益的重要手段。[1]张耕教授认为，禁止反向混淆的理由在于：一是保护在先商标权人的考虑，反向混淆损害了在先商标权人商标的独立价值和经济利益；二是基于维护消费者利益的考虑，反向混淆增加了消费者的搜寻成本；三是基于公平竞争的考虑，反向混淆的存在还会导致弱肉强食的恶性竞争。[2]黄武双教授认为，反向混淆理论的宗旨在于防止大鱼吞小鱼，在反向混淆的情况下，商标在后使用人并不想从在先使用人的商标上获取搭便车等利益，而是为渗透进入相关市场或排挤商标在先使用人；反向混淆的判断标准源于传统混淆，但应考虑特殊因素，其特殊因素在于竞争市场与主观意图。[3]

但是，国内的相关研究还需要进一步深化。第一，在商标反向混淆的基础理论研究方面，关于商标混淆的本质、商标反向混淆的本质还需要进一步探究；关于商标混淆损害了商标标示来源功能的原因问题，影响商标混淆可能性的诸因素之间的关系问题还比较

---

❶ 罗斌．论商标的反向混淆理论——以 ipad 案为视角探讨反向混淆规则［J］．河北学刊，2012（11）：169.

❷ 张耕，游楠．商标反向混淆研究［J］．重庆理工大学学报（社会科学），2012（5）：14.

❸ 黄武双．反向混淆理论与规则视角下的“非诚勿扰案”［J］．知识产权，2016（1）：29-33.

模糊。为更好地指导实践，这些基础理论问题还需要得到明确回答。第二，在商标反向混淆的具体判定研究方面还需进一步深入拓展。在判定存在商标正向混淆与商标反向混淆的诸因素中何者居于主导作用、彼此如何影响，以及在判定商标正向混淆与商标反向混淆时，只能依赖法官的主观自由裁量对各相关因素进行“综合考虑”，存在判断标准不统一、尺度不一的现象。没有提炼一个所谓“提取公因式”的方法相对规范商标正向混淆和商标反向混淆的判定标准。第三，在商标混淆的存在类型研究方面还需要进一步深入拓展。对于赞助混淆、售前混淆、售后混淆和反向混淆这几种商标混淆可能性的新类型也需要被纳入商标侵权判定标准的原因，这几种新类型究竟会对商标产生何种危害，商标究竟具有什么功能，而这几种新类型与商标的功能的关系等这些问题也需要得到回应。

（二）国外研究现状

国外涉及商标混淆可能性研究的著作主要有狄伍德与杰里斯合著的《商标法原理》，他们认为，法庭对于商标法上具有一般注意义务的消费者角色的定位应当再严一些，保护消费者免予混淆或防止淡化是商标法的应有之义，但不必过分：商标侵权认定应反对支持简单判断的司法政策。[1] 麦卡锡的著作《麦卡锡论商标与不正当竞争》也涉及混淆可能性的概念、类型和侵权判定，讨论了关联关系混淆等几种新类型混淆可能性的基本概念和实务运用方法。李查德的著作《商标法上混淆可能性》专门以混淆可能性为题，主要着

[1] DINWOODIE G B，JANIS M D.Trdemark Law and Theory［M］.Cheltenham：Edward Elgar Publishing Limited，2008.

眼于实务操作介绍和大量案例分析，结合商标近似性等多因素详细论述了如何判定混淆可能性。[1]但是，依然没有研究商标反向混淆的专著供以参考。

国外研究商标混淆的成果主要有：巴托认为，商标权人通常会主张消费者如同傻瓜一样容易上当，除非商标权人举出充分证据，否则法庭在判定混淆可能性时应当摒弃这种以易受骗、粗枝大叶和愚笨的消费者为假定标准，而应以理性谨慎的消费者为标准，所有的消费者应当被看作无阶层、无性别差异，所有的商标应当被看作像芭比娃娃一样可以自由选用。[2]格林伯格认为，对于初始兴趣混淆理论，更好的办法是着眼于其是否引起消费者搜寻成本增加。该理论立足于保护消费者而不是对商标所有人商誉的侵占，许多法院本已减少对该理论的适用，但互联网作为市场交易方式的普及引发了初始兴趣混淆诉求的增加，初始兴趣混淆理论的产生和创造是否能够协调消费者和商标所有人利益还是未定之路。[3]托马斯认为，商标法过分依赖于消费者行为假定而难以持续演化成其他学科所具有的完整学术体系。消费者行为模式以不同于案例法的方式，提供了有助于制订该领域法律的不同见解，但如果消费者熟悉了相关商品的商标，以及该商标已经形成了商誉，则商标消费者的谨慎会随

---

[1] KIRKATRICK R L. Likelihood of Confusion in Trademark Law［M］.New York：Practising Law Institute，2010.

[2] BARTOW A. Likelihood of Confusion［J］.San Diego Law Review，2004，41：734.

[3] GRYNBERG M. The Road Not Taken：Initial Interest Confusion，Consumer Search Costs，and the Challenge of the Internet［J］.Seattle University Law Review，2004，28：101.

着时间流逝而被侵蚀。因此，随着时间流逝，最初消费者的谨慎度就不能作为参考，重新评估就有必要。[1]威廉与马克在合著的论文《混淆不是一切》中认为，法庭应该将蕴含竞争或交流价值的案件从其他普通案件中区分出来，予以区别对待，当强制性商标权利将会对其他价值造成损害时，法庭有时候应该忽略混淆，以对竞争和交流提供更多和更及时的保护。[2]艾弗瑞德认为，混淆并非如同正统理论认为的那样一无是处，其有益作用表现在两个方面：一是适度的混淆并未像正统理论所认为的那样损害市场秩序那么严重；二是适度的混淆实际上有助于教会消费者更高效地区分和辨别商标。[3]

对于商标反向混淆，麦卡锡专门进行了研究，其指出了商标反向混淆的定义，并分析了商标反向混淆与商标正向混淆，以及商标反向混淆案例与商标正向混淆案例的区别，并以 Big Foot 案为例进行了说明。[4]他认为，适用商标反向混淆规则必须仅限于特定案件，并且其应用取决于关键事实因素的存在。其典型案例是具有较高经济实力的已知在后商标使用人通过在市场上投入大量的、饱和的混淆性相似商标广告，从而覆盖了在先商标权人的商标市场力量和价

---

❶ LEE T R，CHRISTENSEN G L，DEROSIA E D.Trademark，Consumer Psychology，and the Sophisticated Consumer [J] .Emory Law Journal，2008，57：590.

❷ MCGEVERAN W，MCKENNA M P.Confusion isn't Everything [J] .Notre Dame Law Review，2013，89 (1)：253–318.

❸ YEN A C.The Constructive Role of Confusion In Trademark [J] .North Carolina Law Review，2014，93 (1)：77.

❹ MCCARTHY J T. McCarthy on Trademarks and Unfair Competition [M] .4th ed. New York：Thomson West，2010：23.

值。当案例事实与该典型案例不同时，反向混淆规则不应适用。卡拉布雷西教授与梅拉米德教授认为，产权规则是指在某种程度上某人要想从他人处获得权利，必须采取自愿交易方式购买。根据产权规则，从公平与效率的角度上观察，商标反向混淆案件运用产权规则非常值得质疑。❶艾利斯教授和塔丽教授认为，强力的商标保护鼓励对商标的投资，弱商标保护阻止对商标的投资。反向混淆仅是一种特殊商标保护形式，其保护较小的在先使用人。没有反向混淆的保护，一家拥有稳固商号和强大经济实力的公司将会通过大规模的广告任意从竞争对手那里攫取商标而免予诉讼。因此，反向混淆的存在为所有的商标拥有人——不论其规模大小，提供了平等的商标保护，也提供了商标拥有人发展其商标的必要鼓励。❷

从国外对商标混淆可能性与反向混淆的研究成果来看，主要有以下特点。第一，研究越来越细化。研究普遍呈现出明显的精细化趋向，细到分析消费者混淆的时间是长久的还是短暂的，分析是哪种消费者发生的混淆，即愚笨的、痴呆的消费者还是谨慎的、睿智的消费者。第二，对混淆可能性理论予以反思和批判。对商标混淆提出了新的观点和认识，认为商标混淆并非一无是处，对社会也具有助益作用。商标混淆理论的扩张适用将会侵犯社会公共利益。第

❶ DOMENICO D D，MADNESS M.How Brent Musburger and The Miracle Bra May Have led to a More Equitable and Efficient Understanding of the Reverse Confusion Doctrine in Trademark Law［J］.Virginia Law Review，2000（86）：610–611.

❷ HUGHES J.The Philosophy of Intellectual Property［J］.Georgetown Law Journal，1988，77：296.

三，对商标混淆可能性认定的多种因素进行细致分析和研究。深入分析影响混淆可能性认定的商品销售渠道、商标近似性等各种因素。第四，对新型商标混淆可能性类型进行了介绍和较为深入的研究，如关联混淆、初始兴趣混淆和售后混淆等。第五，引入多种理论来阐释正向混淆和反向混淆问题，分析规制反向混淆的正当性。

目前国外对商标混淆可能性和商标反向混淆的研究的不足之处主要包括以下几方面。

第一，过分细化、抓小放大。国外对商标混淆可能性和商标反向混淆的过分细化研究弊大于利。固然“解剖麻雀”的精细化研究精神值得提倡，但如果把精力放到细枝末节中去，就有“抓小放大”“丢了西瓜拣芝麻”之嫌。研究还是应当抓住问题的主要矛盾，当细则细、当粗则粗。例如，对于发生混淆的消费者，就其识记水平而言，绝大多数是平衡的、一致的，这也是具有心理学研究依据的。毕竟混淆只跟消费者识记水平相关，普通智力水平和注意力水平即可完成，并非高度复杂专业的脑力劳动，如果细分到各个认识水平的消费者，包括儿童等中去分析研究，则既无必要，也无实际意义。

第二，有的批判以偏概全。国外研究中对商标混淆可能性的批判有的以偏概全。如同阳光和阴影、物质和反物质，任何事物都具有两面性，商标正向混淆与商标反向混淆当然具有有益于社会的一面，但与其对商标权人、消费者和社会公共利益造成的危害相比，有益于社会的一面微乎其微，甚至微不足道，反而危害性是主要的。不能以此就否定其危害性，甚至要上升到制度层面予以宽宥。

第三，未触及深层本质和原理。国外的研究并没有涉及商标混淆可能性的深层本质是什么、消费者发生混淆的原理是什么、为什么会发生混淆这样的深层次问题，仍然基于对商标的本质是商誉的载体和标记、符号的认识为基础展开研究，因而在理论认识上，基本上还是在反复从认识心理学、符号学等角度探讨商标混淆可能性。

第四，未提出具体认定方法。国外研究没有提出商标正向混淆与商标反向混淆的具体认定方法，仍然停留在对影响商标混淆可能性的各种因素孤立进行分析研究的层面上，没有在影响商标混淆可能性和各种因素之间的相互联系、相互影响的层面进行研究分析，导致对于商标混淆可能性的具体认定没有提出有建设性、可操作的认定方法，仍然需法官在个案中“综合考量”各种因素。

第五，未提出混淆类型与商标功能的关系。国外的研究虽然分析了初始兴趣混淆、关联混淆、售后混淆和反向混淆等新的混淆可能性类型，但没有分析这些新的混淆类型与商标功能之间是什么关系，这些新的混淆类型究竟损害了商标的哪种功能以致需要予以制止等这些问题，因此还需要开展进一步研究。

（三）主要研究方法

对于商标法的研究，近年来学者除采取比较研究方法、案例研究方法和历史研究方法等传统法学研究方法之外，还采取了经济学、信息学、符号学和认知心理学等交叉学科的研究方法。采取传统研究方法与交叉学科研究方法相结合的方式，有利于我们多角度、多视野，更加全面、更加深入地认识商标、认识商标法制度，从而进一步完善商标法律制度，更好地规范、引领和促进我国的社会主义市场经济建设。但是，要真正地把握商标问题的本质和内涵，以及真正把握其他任何一个法律问题的本质和内涵，仅采用这样传统的研究方法与交叉学科研究方法相结合的方式开展研究还不够，说服力还不够强，还必须把逻辑推理的研究方法融入其中。

第一，历史研究方法。本书将采用历史研究方法梳理分析商标、商标正向混淆和商标反向混淆等商标问题的源起、发展历程。所谓鉴古知今、鉴往知来，通过历史研究方法我们可以明晰事物发展的脉络，了解事物的过去、现在，预测未来，便于深入把握商标和商标法律制度的走向和趋势。

第二，案例研究方法。本书将运用案例研究方法深入探查商标案例实践为理论所提供的鲜活素材。法学是实践性很强的学科，通过对中外典型商标案例的分析研究，可以为我们的认识活动提供实践经验，探寻法律实务工作者们对商标法律制度的理解和运用情况，对商标正向混淆和商标反向混淆的具体认定，并了解社会公众对其实施情况的反馈，以利于从立法的角度完善和规范商标侵权认定标准。

第三，比较研究方法。本书也将运用比较研究方法，借助国外商标法律实践活动，借鉴、提炼、总结其成功经验和成熟法律制度。所谓“他山之石，可以攻玉”，通过比较研究方法，可以开阔研究视野，在更高的角度、更广的范围考察商标法律制度的利弊得失和权衡取舍。商标法律制度起源于英美国家，同时，英美国家的商品经济实践比我国早了几百年，比较研究商标、商标混淆可能性在英美国家的具体实践和理论认识，在其基础之上进行再思考、再认识，有利于我们站在“巨人的肩膀上”来观察和分析问题，少走弯路，有助于提出解决问题的方法。

第四，交叉学科研究方法。商标和商标正向混淆、商标反向混淆作为一个法律问题，采取交叉学科的研究方法可以帮助我们获得对其更全面的认识。例如，从经济学的角度来看，商标可以降低消费者对商品的搜寻成本、激励企业保持和提高商品质量。[1]从信息学的角度来看，商标是一种传递信息的代码，其中信源是企业，信宿是消费者，信道是传递信息的渠道；代码包括编码和译码，编码是使用商标的过程，译码是消费者识读商标信息的过程。[2]从符号学的角度看，商标的本质是一种符号，商标由能指（商标标记）、对象（商标所指代的商品或者服务）和所指（商品或服务的出处和商誉）组成。[3]从认知心理学的角度看，商标的本质是一种可感知的、以符号形态存在的与商标权人相关的信息。[4]

这些交叉学科的研究方法从不同角度观察和认识商标很有价值和意义，但这种研究方法一上来就用相关学科如经济学、信息学、符号学、认知心理学作为研究工具，并没有运用逻辑推理的研究方法推出和说明为什么要用这样的研究方法和工具、为什么不用别的研究方法和工具，即运用这样的研究方法和工具缺乏必然性，因此对商标的认识和分析依然仅停留在现象层面，还是没有深入把握商标的本质。

---

[1] LANDES W M，POSNER R A.Trademark Law：An Economic Perspective [J].The Journal of Law & Economics，1987（30）：265–309.

[2] 王太平 . 狭义信息论与商标保护理论［J］. 电子知识产权，2005（1）：11–14.

[3] 彭学龙 . 商标法的符号学分析［M］. 北京：法律出版社，2007：66.

[4] 姚鹤徽 . 商标混淆可能性研究［M］. 北京：知识产权出版社，2015：113.

第五，逻辑推理研究方法。在运用传统法学研究方法和交叉学科研究方法的同时，本书着重运用逻辑推理的研究方法，对商标、商标正向混淆、商标反向混淆问题进行一步一步、层层深入的严密逻辑推理，抽丝剥茧般逐步触及问题的实质和核心。研究问题的进路是从对商标的最初理论认识出发，到商标理论的进一步发展、商标理论的现状，再通过对商标现行理论的反思、批判、质疑，从而提出应当运用新的学科为研究方法和工具，得到新的商标理论；然后再以该理论为指导和研究工具来分析商标混淆可能性的相关主要问题，包括商标混淆的类型、反向混淆的类型、反向混淆与正向混淆的比较。这种由里到外、从核心到外围的研究方式，如同从水面荡开的波纹，有利于更加全面、更加透彻地认识问题、分析问题。

除了运用马克思主义政治经济学作为认识工具之外，将主要运用恩格斯能量守恒与转化定律作为认识工具，来重新认识商标和商标混淆可能性问题。实际上，无论是运用经济学研究方法，还是运用信息学、符号学和认知心理学研究方法，人类的任何研究和思维活动都是一种心理活动。而从更深层次的视角来看，人类的一切心理活动在本质上都是能量交换和转化的过程，都必然要涉及能量守恒与转化定律。因此，提出应当运用能量守恒与转化定律来观察和研究商标、商标混淆可能性问题，具有内在的逻辑必然性，并非偶然。

三、创新之处

本书可能在以下几个方面具有一定的学术创新价值。

（一）研究视角的创新

与以往学者所用洛克的劳动所有权理论等来作为研究分析商标问题的法哲学基础不同，本书以马克思主义政治经济学、恩格斯能量守恒与转化定律为视角来研究分析商标问题，其中主要运用了恩格斯在《自然辩证法》《反杜林论》等著作中所提出的能量守恒与转化定律，马克思主义政治经济学关于商品二因素、价值二重性的基本原理仅起到过渡和铺垫作用。能量守恒与转化定律把自然科学的能量守恒定律发展到社会科学领域，把自然科学与社会科学统一和整合起来，认为自然界中一切物质都是运动的物质，一切物质都具有能量，能量既不能被创造，也不能被消灭，而只能在总能量保持不变的前提下，由一种形式转化为另一种形式，或者由一物体传递给另一物体。这给研究商标法提供了新的研究视角。

（二）研究方法的创新

与以往学者采用交叉学科研究方法不同的是，本书将恩格斯提出的能量守恒与转化定律作为观察和分析商标问题的工具，不是通过感性认识，一上来、拿起来就用，而是通过理性认识，运用了逻辑推理的研究方法，一步一步进行质疑、反思和推理，得出应当采用能量守恒与转化定律来认识和分析商标问题。采取这种环环相扣的逻辑推理研究方法，回答了为什么要用能量守恒与转化定律这个视角来研究和分析商标和商标混淆可能性问题，体现了较强的必然性，具有较强的说服力。

（三）基础理论的创新

在商标法的基础理论方面，提出两个新的基础理论。第一，通过分析和论证，提出商标在本质上是一种凝结和承载商标使用人投入劳动转化的能量的标记或标记组合，商标权在本质上是法律对商标所凝结商标使用人投入劳动转化的能量的保护这一新的基础理论。第二，以该理论为指导，提出商标混淆可能性的本质是商标能量圈交叉、重叠和覆盖的可能性，商标反向混淆的本质是商标能量圈反向交叉、反向重叠和反向覆盖的可能性这样新的基础理论。第三，以这些理论为指导，以商标本质上是能量的载体理论为基础和红线贯穿全书，分析和研究商标反向混淆相关问题，展开全新视野的研究和分析。

（四）研究结论的创新

基于上述对商标基础理论的新认识，逐一细致分析商标反向混淆的一般理论和存在类型，以及一般混淆与反向混淆的问题，得出一系列弥补完善我国商标法律制度的新建议、新结论和新观点，从而形成研究结论的创新，包括提出商标混淆可能性与侵害商标功能的相对应关系，商标正向混淆和商标反向混淆司法判定的“五步法”，如何对我国商标反向混淆问题进行相应制度构建等。

目　录

第一章 商标反向混淆的历史演进

商标反向混淆与一般传统混淆（即正向混淆）相比表现为混淆、误认的方向相反，即原告的商品容易被误认为直接或间接来源于被告，反向混淆由此而得名。如同任何新生事物一样，反向混淆的产生和发展也是一个渐进的、历史的过程。

第一节 商标反向混淆的起源

在传统商标侵权或正向混淆中，在后商标使用人企图利用知名的在先商标权人的商标销售其产品。在这种情况下，商标权的保护和商标法的实施有利于消费者，因为它可以防止市场混乱的产生，实现和达到商标所有人的权利与商标消费者利益的平衡。但是，在反向混淆中情况则相反，商标所有人和消费者的利益往往处于冲突状态，在后商标使用人（被告）使用的商标已经被在先商标权人（原告）使用。同时，在后商标使用人通过广告和其他投入使在先商标权人使用商标的行为变得微不足道，而使自己使用商标的行为更具有效果，更加为消费者所熟悉。在先商标权人基于其商标财产利益而主张保护其商标权，但公众可以从在后商标使用人对商标的使用中受益更多，可以通过在后商标使用人的商标使用降低搜索商品或服务的成本，因为他们只识别商标而并不会被商标的双重用途所迷惑。[1]加之，反向混淆中在先商标权人被保护的商标上并无多少商誉，这也是多年来美国司法实务界不认为反向混淆构成侵权的原因。所以，反向混淆构成商标侵权的理论一度并不为理论界和实务界所接受。

一、传统商标侵权理论沿革

商标权与普通财产权在法律上的区别部分归因于美国商标法的历史根源。商标法由侵权普通法发展而来，尤其是源于欺骗的侵权行为，而不是源于财产法的侵权行为，虽然在当代这一领域已为美国联邦制定法所主导。通过在商品上运用标记或标牌以区分所有权或商品来源的做法已经存续了几千年，但直到 19 世纪初，当将自己的商品假冒为他人商品的行为逐渐开始成为欺诈和欺骗侵权行为的一种时，针对这些标记的法律保护出现了。新规则用于保护社会公众免予欺骗并阻止市场上的不当得利和不诚信行为。但是，在早期，法庭的主要关注焦点在于侵权方的主观欺诈意图，而不是对消费者的误导或商标所有人作为财产掌控标记的权利。随着时代的发展，法院和评论者们对于保护商标发展出了新的规则，以往对欺诈意图的关注已经退出历史舞台。在当代看来，商标法具有诸多功能。阻止将自己的商品假冒为他人商品的欺诈行为仍然十分重要，

---

[1] FELDMAN J R.Reverse Confuson In Trademark：Blancing the Interest of the Public，the Trademark Owner，and the Infringer［J］.Journal of Transnational Law & Policy，2003（8）：163–164.

但其关注点对于在先商标权人而言，在某种程度上已经转换到潜在消费者身上。这种转变导致商标法所谓的“商标财产化”和其不确定性。[1]

当代法律理论已经进一步发展出了一个加强商标保护的理由：经济效率。商标法在四个方面促进了效率的提高。其一，通过固定商品来源的责任，商标提供了制造商保持“预期商品质量”的动力。一件商标告诉潜在消费者，其是一个唯一的、尽管无声的来源，对一个特定商标所代表的所有商品负责。其二，降低消费者搜寻成本。商标可以大幅减少消费者在获取商品和商品生产者的信息中所耗费的时间和金钱，因此商标在广告宣传和商品销售方面也是极具价值的财产。其三，法院对商标加以保护的另外一个合理理由在于，对商标的保护也是公司对其商标上所附着的商誉投资的保护。这也有助于发扬商业道德和发扬“普通的正义观念”。其四，一些法院简单地认为在后商标使用人侵占了在先商标使用的商标，因此要其承担侵权责任。

尽管对于商标是否属于财产权是法院和学界争议的议题，但有证据表明，商标法确实保护了一些财产权。例如，基于对商誉保护的理由，就是从一种以防止欺诈为基础的方向朝着以财产保护为基础的方向迈进的重大进步。也许更为重要的是，仅仅基于盗用他人的商标就认定构成侵权，在本质上是对财产权的适用。无论商标是

---

[1] DOMENICO D D.Mark Madness：How Brent Musburger and The Miracle Bra May Have led to a More Equitable and Efficient Understanding of the Reverse Confusion Doctrine in Trademark Law［J］.The Virginia Law Review，2000，86（3）：600–601.

否被视为一种有形财产，当前这些相互关联的政策依据体现在一个普遍接受的现代教义框架中。

在分析商标侵权案例时，第一步是判定原告的标记是否需要作为商标来保护。商标通常被定义为一种用于区分特定商品或服务来源的“语词、名号、符号或者装置”。在评估某一特定标记是否具备这些功能时，美国法院特别注意遵循联邦第二巡回上诉法院在Abercrombie & Fitch Co. v. Hunting World案中所罗列的分析要素。美国联邦第二巡回上诉法院把标记分为四类，并把案涉标记归为其中一类：一是任意性或臆造性商标，二是暗示性商标，三是描述性商标，四是通用名称。任意性商标是由普通语词构成的商标，该语词与其所指代的商品之间不具关联性，如将“太阳”“苹果”商标用于计算机设备，将“壳牌”商标用于汽油。臆造性商标是指创造、生造一个专门用于商标使用的标记或词汇，如“Clorox”“Kodak”商标。通过商标可以联想到其所指代的商品但又不是直接描述该商标的，则可称之为暗示性商标，如“花旗银行”“呼啦圈”“花花公子”就是暗示性商标。描述性商标，是指构成该商标的语词在某些方面直接描述了其所指代的商品特征，如“啤酒坚果”“润唇膏”“葡萄干麸皮”。任意性、臆造性和暗示性商标被视为具有“固有显著性”。因此，这些商标不需要另作调查即会受到保护。这种被赋予的保护是基于其所本来具有的、被推定具有区分其所指代商品来源的商标功能。但是，描述性商标并不能当然获得保护，除非其表明在公众中获得了“第二含义”。第二含义是指该语词在公众的意识中所传递的信息可以清晰指代其所标记的商品。如果一个描述性的词汇已经作为一个商标获得了这样的含义，那么它将值得同任意性商标、臆造性商标和暗示性商标一样获得法律保护。而对于最后一类——通用名称，将注定不能作为商标获得法律保护。因为通用名称代表的是该类商品，而不是该类商品的任何品牌，其不能标示商品来源。事实上，通用名称常被称为商标的反义词，对于通用名称标记最重要的问题在于所谓的“非商标化”。这种情况出现在“如果商品销售者使用大多数相关公众使用来作为商品名称的词汇发展为商标权的情况”。如果美国法院判决某个词汇不再指示单一来源，并因此不再具有商标功能，那么其将拒绝将该词汇赋予任何商标权利。❶

一旦美国法院确定原告拥有合法有效的商标权，其将把焦点转移到商标案件中常见的第二个主要问题：该商标是否被侵权了。法庭调查的焦点在于原告是否能够证明被告使用商标的行为容易对商品的来源造成混淆。在判断该问题时，绝大多数美国法院采纳了美国联邦第二巡回上诉法院在 Polaroid Corp. v. Polarad Electronics Corp. 案中总结出的一种所谓多因素检测法。在该案中，美国联邦第二巡回上诉法院考虑了 8 个方面的因素：①在先使用商标的强度；②两个商标之间的近似程度；③双方商品的类似程度；④原告“跨越鸿沟”的可能性；⑤实际混淆；⑥被告主观意图；⑦被告商品质量；⑧消费者注意程度。该方法被应用于典型的商标侵权案件中，即所谓的前向混淆或正向混淆。混淆和危害在这样的案件中出现了——

❶ DOMENICO D D.Mark Madness：How Brent Musburger and The Miracle Bra May Have led to a More Equitable and Efficient Understanding of the Reverse Confusion Doctrine in Trademark Law［J］.The Virginia Law Review，2000，86（3）：605.

当消费者误以为在后商标使用人提供的商品或服务与在先商标权人提供的商品或服务具有相同出处或者存在关联关系。意即，一个市场的新加入者采取了与原有公司相似的商标，导致消费者以为原有公司已生产并将该新产品投入市场。虽然在运用上述分析架构处理具体案件时仍然存在许多不确定性，但为了达到解决问题的目的，仍可以在具体适用商标法时运用这些理论处理案件，以更加易于解决问题。从某种程度上说，商标法的这种运用方法，可以阻止在后商标使用人使用这种容易导致消费者误认为其商品来源于在先商标权人，目的在于制止对消费者的欺诈。通过保护消费者依据商标来精确获取商品来源和保障质量的能力，法律可以使消费者减少在不同商品提供者之间进行选择和搜索的成本。相应地，这种来源区分也鼓励商标所有人保持良好商品质量，并在该商标上开发出商誉。[1]

二、商标反向混淆思想的萌芽

商标反向混淆是商标法中相对新颖的领域。商标反向混淆的思想是由美国法官霍姆斯最先提出。相对于传统正向混淆理论占据优势地位而言，他于 1918 年在 International News Service v. Associated Press 案中发表反对意见时深刻地指出："在普通案件中都是被告假冒原告的产品，但源于相反的误解同样需要谴责——以明示或暗示

[1] DOMENICO D D.Mark Madness：How Brent Musburger and The Miracle Bra May Have led to a More Equitable and Efficient Understanding of the Reverse Confusion Doctrine in Trademark Law [J] .The Virginia Law Review，2000，86 (3)：607.

的方式使人们误解原告的产品是被告的，本案即是如此。”[1] 在该案中，他进一步阐述道：“最新的新闻仅能通过由新闻媒体付出代价后才能获取，当这样的新闻被描述出来，就好像是被告的团队在付出了代价后获取的。当这些新闻来源于像美国联合通讯社这样强大的新闻机构时，其来源显然具有明示的、可信任的作用。如果原告推出新闻产品，而被告同时也如法炮制，那么被告的描述实际上隐含性地否认了原告收集新闻的努力，也否认了原告的信誉。如果原告在西方城市发布新闻更迟，那么自然其就会被认为获取这些新闻产品的来源是被告。相对于普通不正当贸易的案例而言，这种谎言更加精妙，这种伤害更加间接。但是，其基本原理是一致的，既然前者需要谴责，那么后者也同样需要谴责。”[2]

美国《兰哈姆法》只是规定了制止可能发生的混淆、误导或者欺骗消费者的行为[3]，没有对混淆可能性作出正向混淆和反向混淆的区分，其立法并未排除反向混淆，即反向混淆是包含在其立法范围之内的。但是，对于霍姆斯在该案中提出的关于反向混淆的思想，此后近 60 年，美国法院在审判实践中并未予以接受。1968 年的 Westward Coach Manufacturing Co.，Inc. v. Ford Motor Co.，Inc. 案是一起具有划时代意义的重要案件。这起案件中，法官依然没有采纳反向混淆思想，但却引发了社会对沿用正向混淆思维判决案件的反思

---

[1] International News Service v. Associated Press，Communications and the Law，21 Comm. & L. 5，1999（22-23）.

[2] 同[1].

[3] PATTISHALL B W.The Lanham Trademark Act：Its Impact over Four Decades［J］.The Trademark Reporter，1986，76：193.

和质疑，继而开始重视反向混淆思想在处理类似案件中的作用。该案中，法官虽然提到了反向混淆概念，但并未采纳反向混淆构成商标侵权的思想。[1]虽然在该案中法官仅提到了反向混淆而没有采纳其思想精髓，但该案的判决结果在美国社会引起了普遍思考，使得美国司法界开始全面审视和高度重视反向混淆思想的价值，为接受反向混淆思想打下了基础。

在该案中，西部客车制造有限公司的规模和资金实力均显著弱于福特汽车有限公司。西部客车制造有限公司于1960年创立，并于同年9月开始生产皮卡野营车（适合安装在皮卡车上的野营车），同时也开始生产用于卡车或汽车牵引的旅行拖车。而福特汽车有限公司是汽车行业的领导者，具有雄厚的资金和实力，在美国和其他多个国家生产和销售汽车。西部客车制造有限公司申请的“野马”标志及一幅奔马的图形于1962年1月获得印第安纳州商标注册，被核准使用于公用事业教练、露营者或旅行者的车载住宿、货车等，并于1967年9月5日获得美国联邦商标注册。1962年，福特汽车有限公司制造了一辆在车展上展出的概念跑车。这辆并非用于出售的汽车被命名为“野马”，并用一匹奔马的图形表示。西部客车制造有限公司在1962年12月发函给福特汽车有限公司，告知自己从1960年以来一直使用“野马”的标记及奔马图形，要求福特汽车有限公司停止使用该商标。福特汽车有限公司回应表示，西部客车制造有限公司对“野马”商标不享有专有权，并且人们不存在

---

[1] Westward Coach Manufacturing Co., Inc. v. Ford Motor Co., Inc.388, F 2d 627 (7th cir.1968).

将福特汽车有限公司的产品与西部客车制造有限公司生产的产品发生混淆的可能性。福特汽车有限公司并未换掉“野马”商标，并于1964年4月开始正式生产野马跑车，在该跑车上除了“野马”的标记和奔马的图形之外，车上还有福特汽车有限公司的标记。福特汽车有限公司投入600万美元用于广告和促销活动，强势推该新车型上市。在广告中，福特汽车有限公司突出显示了其标记，将野马跑车定位为“福特产品”，并且是“福特家庭的高级轿车”的成员。

西部客车制造有限公司于是将福特汽车有限公司诉至法院，初审西部客车制造有限公司败诉，后来上诉至美国联邦第七巡回上诉法院。上诉法院首席法官哈斯汀认为，无可辩驳的事实是，用户和经销商有一个共同的汽车市场和拖车行业。该认识是基于这些发现的基础之上作出的：福特牌汽车所使用的汽车底盘、车头可以供拖车行业或拖车的终端用户使用；不包括福特汽车有限公司在内的汽车行业的632名成员已经进入了与西部客车制造有限公司竞争的拖车市场；拖车行业和拖车使用者对汽车行业产品流动性的依赖。根据这些无可争辩的事实，法院认为没有真正的重大事实问题出现，福特汽车有限公司有权提出法律抗辩。具体而言，法院归结出四点结论。首先，法院认为消费者没有任何对“野马”汽车的来源发生混淆的可能性。其次，西部客车制造有限公司的法定商标权仅限于拖车行业的产品。根据法院的说法，由于“野马”这个名称不是一个独创性的名字，而是一个普通的名词，它作为商标的应用仅限于它通过西部客车制造有限公司的使用和注册获得的次要含义。再次，注意到“野马”这个词，一是在西部汽车制造有限公司第一次将其作为商标使用时，以及福特汽车有限公司第一次使用它时，二者间隔时间短暂；二是西部汽车制造有限公司对于该商标投入较低的广告宣传费用；三是在福特汽车有限公司使用商标之前，西部汽车制造有限公司野马野营车和拖车的生产和销售规模较小，且该商标被其他商标所有人比西部汽车制造有限公司更早或者是同时在其他各种商品上广泛使用和注册，因此，法院认定西部汽车制造有限公司的商标强度薄弱。最后，法院的结论是，由于西部客车制造有限公司的商标薄弱，在拖车行业中不能超越其次要含义的狭义范围来保护该标志。在法院看来，考虑到汽车或拖车对于用户的重要性，以及汽车和拖车的经销商和用户的挑剔性，他们不大可能会混淆福特汽车有限公司和西部客车制造有限公司产品的来源。无论西部客车制造有限公司产品的来源可能会产生什么样的混淆，法院认为，在西部客车制造有限公司所承担的风险范围内，通过选择和发展一个薄弱的商标不值得鼓励，因此最终没有支持西部客车制造有限公司的诉讼请求。[1]在该案中，1962 年，当福特汽车有限公司在其概念车型上采用了“野马”商标时，其使用“野马”商标晚于西部客车制造有限公司，美国联邦第七巡回上诉法院拒绝承认反向混淆理论。福特汽车有限公司不顾西部客车制造有限公司停止使用该商标的要求，在 1964 年 4 月大规模使用“野马”商标。而截至 1965 年 10 月时，福特汽车有限公司已经在该商标上投入了 1600 万美元的广告宣传费用，是一起典型的反向混淆案件。而美国联邦第七巡回上诉法院采用了一种传统的商标侵权分析模式，并认为西部

---

[1] Westward Coach Manufacturing Co.，Inc. v. Ford Motor Co.，Inc.388，F 2d 627（7th cir.1968）.

客车制造有限公司没有拥有一个强商标，因而判决福特汽车有限公司不构成侵权。

这份判决作出后在当时的美国社会中引起了很大的争议。批评者指出，“不区分直接混淆和间接混淆往往导致似乎并不公平的结果”。福特汽车有限公司明知西部客车制造有限公司联邦商标注册权的存在而依然使用了其商标，会使购买西部客车制造有限公司产品的消费者误认为其产品是由福特汽车有限公司所提供。“该案就其本身的影响而言，将会允许实力雄厚的在后商标使用人通过其悬殊的经济力量破坏在先商标权人所获得的商标保护”，这就是为什么采用一种不同分析模式，一种反向混淆的分析模式对于正常使用其商标的、实力较弱的在先商标权人的保护十分必要。[1]

从美国联邦第七巡回上诉法院的判决可以看出，该案中法院之所以没有接受反向混淆思想，原因如下。一是因为传统思维定式的影响，认为在后商标侵权人使用在先商标权人的商标必然是因为自身居于弱势地位，想要攫取在先商标权人商标上所承载的商誉。而在反向混淆案件中，商标使用人的强弱地位发生了翻转，这类案件中在后商标使用人实力更雄厚、影响力更大，其并无攫取在先商标权人那微不足道的商誉的意图。由于在后商标使用人没有侵占在先商标权人商誉的意图，所以法院不愿认定在后商标使用人使用该商标具有恶意。而且，由于在先商标权人的较低知名度，其商标的强度也被认为弱于在后商标使用人。因此，在判定商标强度方面，在

---

[1] FELDMAN J R.Reverse Confuson In Trademark：Blancing the Interest of the Public，the Trademark Owner，and the Infringer［J］.Journal of Transnational Law & Policy，2003，8：165.

先商标权人处于下风。二是认为即使发生混淆，在先商标权人也没有多大损失，甚至还会因为消费者的混淆使在先商标权人的商品增加销量。然而，反向混淆还是侵害了在先商标权人的权益，削弱了在先商标权人商标的价值，弱化了其指代商品及其生产者身份的能力，排除了在先商标权人对其商誉和声望的掌控，同时也剥夺了在先商标权人将自己的努力注入商标、投入市场的可能性。三是商标反向混淆理论是一套有违直觉的思想理论。对于在后商标使用人而言，如果是作为较为弱势的使用人，其使用商标的目的在于攫取在先商标权人所创造的商誉，这才顺理成章。但是，在反向混淆案件中，商标使用人的强弱易位。

当消费者错误地认为在先商标权人生产的商品是源于或者与在后商标使用人具有关联关系时，反向混淆就发生了。此时，当一个规模更大、更有力的商标使用人采用了一个规模较小、力量较弱的商标使用人的商标，导致消费者对在先商标权人所提供商品或服务的来源产生了混淆。反向混淆的危害在某种程度上与正向混淆的危害一样，都涉及侵占他人劳动的不良企图。反向混淆造成的额外伤害还在于，剥夺了在先商标权人自己商标的“广告价值”，以及来自社会公众对所需商品的真实来源的信赖与期待。而且，商品的终端消费者的利益也会由于对商品的真实来源不知情而受到损害，甚至受到欺骗。尽管反向混淆的概念早在1918年就已被提出，该类案件最初仍引起法院的认知障碍，它们并不认为反向混淆是可诉的。

三、商标反向混淆思想的接纳

正是基于 Westward Coach Manufacturing co，Inc. v. Ford Motor co，Inc. 案中反向混淆思想的铺垫，引发了司法界对反向混淆思想的重新审视，成就了 Big O Tire Dealers，Inc. v. Goodyear Tire & Rubber Co. 案，使得该案成为商标维权史上采纳反向混淆观点处理实务案件的第一案。1977 年，美国联邦第十巡回上诉法院在 Big O Tire Dealers，Inc. v. Goodyear Tire & Rubber Co. 案中首次运用反向混淆理论支持了原告的诉讼请求。[1] 该案之后，美国所有的巡回上诉法院承认并接受了反向混淆理论。

该案的案情是：1974 年春，大欧轮胎经销公司开始在轮胎产品上使用“BIG FOOT”商标，并将该商标用于轮胎产品上，且在美国专利商标局注册；固特异轮胎橡胶公司虽然也拥有“BIG FOOT”商标，但并未被核准用于轮胎产品上。在大欧轮胎经销公司已经获得了“BIG FOOT”商标在轮胎产品上的所有权时，固特异轮胎橡胶公司也希望将“BIG FOOT”商标用于自己所生产的轮胎产品上。大欧轮胎经销公司是一家小型的地方性轮胎公司，但固特异轮胎橡胶公司是当时世界上最大的轮胎生产企业。同时，双方也系汽车轮胎市场上的直接竞争者。为了能够在轮胎产品上使用“BIG FOOT”商标，固特异轮胎橡胶公司专门派出代表与大欧轮胎经销公司进行磋商，希望获得大欧轮胎经销公司对其使用“BIG FOOT”商标的许

---

[1] Big O Tire Dealers，Inc. v. Goodyear Tire & Rubber Co.，561 F.2d 1365(10th Cir.1977).

可，但大欧轮胎经销公司没有同意，表示“并无兴趣通过许可固特异轮胎橡胶公司使用‘BIG FOOT’商标来换取金钱”，并要求固特异轮胎橡胶公司控制其对该商标的媒体推介活动。对此，固特异轮胎橡胶公司没有选择退缩。截至1975年8月31日，固特异轮胎橡胶公司继续使用“BIG FOOT”商标，并且为该商标投入了1000万美元进行宣传和推广，“开展了大规模的、饱和式的宣传活动”。在固特异轮胎橡胶公司的宣传活动开始后，其再次向大欧轮胎经销公司提出购买该商标使用权的请求，在大欧轮胎经销公司的董事长再次拒绝后，固特异轮胎橡胶公司总经理表示，如果大欧轮胎经销公司决定提起诉讼，“那么该案的诉讼程序将会非常长，以致可以使固特异轮胎橡胶公司足以得到其希望从‘BIG FOOT’商标处得到的所有利益”。于是，大欧轮胎经销公司将固特异轮胎橡胶公司诉至法院。

案件争议焦点在于：在大欧轮胎经销公司的主张既没有证据证明固特异轮胎橡胶公司试图利用大欧轮胎经销公司的商誉，也不能证明固特异轮胎橡胶公司试图假冒自己的产品为大欧轮胎经销公司生产时，大欧轮胎经销公司是否具有可诉的商标权利。美国联邦第十巡回上诉法院认为，根据科罗拉多州法律，反向混淆是一项可诉的商标权利主张，科罗拉多州保护商号与防止公众产生混淆的司法政策，如同具有扩大保护范围的倾向一样，支持反对反向混淆的主张。如果拒绝承认反向混淆，那么其“逻辑结果”是允许具有“足够体量与资源”的大公司肆无忌惮地把竞争者的商标据为己有。况且证人提供的发生实际混淆的证据表明，在看到固特异轮胎橡胶公司的商业广告之后，确实以为固特异轮胎橡胶公司的产品来源于大欧轮胎经销公司。因此，该巡回上诉法院作出判决，认为固特异轮胎橡胶公司在该案中的行为毫无疑义地是一种通过不当的商标使用进行的不正当竞争行为，应当具有可诉性。最终，该案成为由美国一家巡回上诉法院首次承认并运用商标反向混淆理论处理案件的实例。❶

但是，在该案中，美国联邦第十巡回上诉法院虽然建立了弱势在先商标权人的权利可以得到法律保护的规则，但并未深入分析构成商标反向混淆侵权的普遍规则，也并未指出构成反向混淆的决定性因素究竟是什么，更没有提出反向混淆有别于正向混淆的判断标准。实际上，法院仅仅提到混淆可能性是“陪审团可以根据证人发生实际混淆的证词合理推断混淆可能性的存在，而且两名固特异轮胎橡胶公司的高级管理人员证实混淆完全可能存在甚至无法避免”❷。究其原因，可能在于美国法院认为由于该案中反向混淆存在事实十分明显，不必为此新型混淆理论的适用创立一套清晰的混淆可能性检测规则：商标基本相同，商品存在直接竞争关系，被告在原告多次拒绝许可后仍然使用商标。诚然，在该案中运用反向混淆理论符合商标保护的全部目标。首先，其通过确保“BIG FOOT”轮胎的购买者所能够买到的该轮胎与他们所想要买到的商品一致，防止对消费者产生潜在欺骗。其次，其通过允许消费者将“BIG FOOT”轮胎与其单一生产来源联系起来，该来源能够保证消费者从其经验和商誉中判断商品质量，从而降低商品搜寻成本。该来

❶ Big O Tire Dealers，Inc. v. Goodyear Tire & Rubber Co.，561 F.2d 1365(10th Cir.1977).

❷ 同❶.

源的同一性为大欧轮胎经销公司保障其生产的“BIG FOOT”轮胎质量的一致性提供了动力，并保护了大欧轮胎经销公司为其“BIG FOOT”轮胎产品链的商誉所进行的投资。最后，固特异轮胎橡胶公司明显的商业不当行为及牵扯出的不怕诉讼的威胁，应当受到惩罚。当然，任何使用他人商标要构成侵权必须基于在先使用人的商标是具有财产权意义上的商标。[1]

第二节 商标反向混淆的发展

自从商标反向混淆理论在1977年得到美国联邦第十巡回上诉法院的实践采纳和应用以后，也得到全美巡回上诉法院的采纳和适用，最后逐渐得到美国其他法院的普遍接受和适用。

一、反向混淆理论在美国的普遍适用

在Big O Tire Dealers，Inc. v. Goodyear Tire &Rubber Co. 案判决之后，虽然存在了处理反向混淆案件的法律先例，但却并没有由此引申出一个统一的判断反向混淆的法律规则，也就是说判断反向混淆究竟依据哪些因素，并无一致标准。美国法院在应用反向混淆理论过程中虽然引入了“宝丽来”（polaroid）因素［1961年宝丽来

---

[1] DOMENICO D D. Mark Madness：How Brent Musburger and The Miracle Bra May Have led to a More Equi table and Efficient Understanding of the Reverse Confusion Doctrine in Trademark Law［J］.The Virginia Law Review，2000，86（3）：610-611.

(Polaroid) 公司诉宝兰德电子公司案中，美国联邦第二巡回上诉法院从案件中提炼出的一系列侵权判断因素] 等判断正向混淆的方法来分析案件，却从未对这些可以用来分析反向混淆的因素予以清晰定义，导致美国联邦巡回上诉法院运用这些因素处理反向混淆案件时产生了不一致的结果：一些巡回上诉法院运用与正向混淆相似的模式来分析和处理反向混淆案件，另一些巡回上诉法院却并不采取任何模式处理反向混淆案件，即美国每家巡回上诉法院对于反向混淆案件都有一套自己的判定标准。

1992 年，在 Sands，Taylor & Wood Co. v. Quaker Oats Co. 案中，美国联邦第七巡回上诉法院运用反向混淆理论进行处理。[1] 在该案中，原告为 Sands，Taylor & Wood Co.（金沙木材加工公司），其于 1950 年就已取得"Thirst-Aid"商标权，用于各种饮料，以及横幅、标语等商品上。为应对 20 世纪 70 年代末 80 年代初所遭遇的资金困境，金沙木材加工公司许可第三方公司使用"Thirst-Aid"商标，第三方公司计划将此商标作为饮料品牌使用在与"佳得乐"(Gatorade) 饮料直接竞争的领域。最初，第三方公司的产品获得了初步成功，但其仅仅使用了一年便改变了计划，于 1981 年 6 月终止使用"Thirst-Aid"商标。两年后，Quaker Oats Co.（贵格燕麦公司）获得了"佳得乐"饮料生产许可，并创造了一句令人印象深刻的广告语"佳得乐着力于解身体深处之渴"(Gatorade is Thirst Aid

---

[1] Sands，Taylor & Wood Co. v. Quaker Oats Co.，978 F.2d 947，957 (7th cir.1992).

for That Deep Down Body Thirst)。[1]贵格燕麦公司的法务部门刚开始并不知晓其与“Thirst Aid”相关的任何商标问题，并且认为无论如何设定该广告语都不会存在任何商标侵权问题，因为该广告语对“Thirst Aid”的使用完全是描述性的，即该使用并非指示来源或关联关系，因而并非商标。后来贵格燕麦公司知道了该商标的存在，知道了该商标曾被金沙木材加工公司许可给第三方公司使用。于是，贵格燕麦公司进一步查清了该商标的使用状况，发现无论金沙木材加工公司还是第三方公司均没有用该商标销售任何商品。这期间，金沙木材加工公司用1美元回购了“Thirst-Aid”商标，同时在一周时间内依据兰哈姆法和州成文法、普通法提起了商标侵权诉讼。美国地方法院认为贵格燕麦公司实际将“Thirst Aid”作为商标使用并导致商品之间产生了混淆可能性，因此判决贵格燕麦公司侵犯金沙木材加工公司的商标权成立。美国联邦第七巡回上诉法院确认了该判决，但驳回了初审法院判定的由贵格燕麦公司支付的赔偿数额。在重审中，初审法院减少了赔偿数额，从4199多万美元降至2600多万美元。贵格燕麦公司再次上诉，美国联邦第七巡回上诉法院再次驳回了该赔偿额，并指出“Thirst-Aid”商标基本上是属于现有术语，在其现有业务中几乎并未附着商誉。美国联邦第七巡回上诉法院在该案中承认反向混淆是对商标权的一种可纠正的损害。该法院从判断正向混淆的“七因素检测法”中提炼出用于反向混淆案件的“两因素检测法”：第一，美国联邦第七巡回上诉法院

[1] Sands, Taylor & Wood Co. v. Quaker Oats Co., 978 F.2d 947, 957 (7th cir.1992).

认为在后商标使用人的商标的商业强度比在先商标权人的商标的商业强度更重要；第二，法院认为，在判定主观恶意因素时，要看是否属于在后商标使用人明知在先商标权人在使用商标而继续使用该商标。

这起案件暴露出了一些反向混淆理论引起的难以解决的问题。尽管美国地方法院和巡回上诉法院均判定贵格燕麦公司构成商标侵权，但在贵格燕麦公司使用"Thirst-Aid"时消费者并不可能发生混淆，因为"Thirst-Aid"没有代表相应的产品，也就无从与"佳得乐"产生混淆。如果"Thirst Aid"对社会公众而言没有什么实际意义，也就不会导致任何来源混淆，也不会有助于降低搜寻成本。该案的初审法院和巡回上诉法院均坚定地认为该案是类似商标使用在相同商品上，他们主要考虑的是金沙木材加工公司对该商标的潜在许可利益与其将来的商业活动中控制该商标的能力。因此，该案中法院保护的利益并不在于当前，而是在于过去和将来。[1]

1998 年的 DreamWorks Production Group v. SKG Studio. 案中[2]，同样证明了运用传统商标混淆理论分析商标反向混淆案件的困难。该案的原告梦工厂制片集团公司是"一家几乎没人听说过的公司，起诉娱乐行业中的巨头梦工厂动画公司商标侵权"[3]。1984 年，梦工厂制片集团公司从为《星际迷航》的粉丝们举行集会着手开展业务，

---

[1] Sands，Taylor & Wood Co. v. Quaker Oats Co.，34 F.3d 1340，1344（7th cir.1994）.

[2] DreamWorks Production Group v. SKG Studio.，142 F.3d 1127（9th Cir.1998）.

[3] 同[2].

并在 1992 年进行了商标注册。梦工厂动画公司是 1994 年成立的一家好莱坞电影制片厂。梦工厂制片集团公司的反向混淆诉求认为，如果购买《星际迷航》演出票的顾客受到误导，以为该演出与梦工厂动画公司有关，就会感到失望，则梦工厂制片集团公司的商誉可能会受损，同时梦工厂制片集团公司也将不再能够为该商标积累商誉，其未来的发展空间也会因梦工厂动画公司标记的使用受到阻塞。美国联邦第九巡回上诉法院驳回了支持梦工厂动画公司的简易程序判决，发回地方法院重审，由地方法院决定是否依据反向混淆理论对梦工厂制片集团公司的商标予以保护。

正如亚历克斯·科津斯基法官所指出的那样，如果该案是一起普通的商标侵权案件，而不是一起反向混淆侵权案件，换言之，如果是梦工厂动画公司先于梦工厂制片集团公司使用商标开展娱乐有关的集会业务，那么毫无疑问梦工厂动画公司将会获得充分的法律保护和判决，理由是梦工厂动画公司影响非常深远。那么是否反向混淆侵权案中因为在后使用人具有深远影响而结果就会截然相反呢？我们不这样认为。[1]尽管结论已经作出，但亚历克斯·科津斯基法官还是敏锐地指出了适用反向混淆理论面临的一些固有困难。他指出，梦工厂动画公司所主张的诉求——“希望扩展其业务进入相关领域，而且如果梦工厂动画公司先使用该商标，梦工厂制片集团公司的发展道路将会被堵死”，可以被概括为“渴望实现的目

---

[1] DreamWorks Production Group v. SKG Studio.，142 F.3d 1127（9th Cir.1998）.

标”。[1]如果商标近似，那么这种诉求可以随时被提出，其唯一证据便是在先使用人将来的投资计划。这种论证的主观性和预测性使其诉求难以评估，并完全在在先使用者的掌控之下。[2]

此后，反向混淆理论在一系列案件中得到美国法院的采纳。到2003年，美国联邦第二、第三、第五、第六、第七、第九、第十巡回上诉法院已经全部认可、采纳并运用反向混淆理论处理案件。[3]同样，这些美国法院均有一套自身的反向混淆判定标准。

当前，反向混淆理论在美国虽然仍然存在一些小范围的争议，但主流观点和基本趋势是予以承认和应用的，反向混淆已经作为一项独立的商标侵权模式，在美国法院得到普遍运用。“当前所有的联邦法院均承认反向混淆理论及其所产生的危害。”[4]

---

❶ DreamWorks Production Group v. SKG Studio.，142 F.3d 1127（9th Cir.1998）.

❷ DOMENICO D D.Mark Madness：How Brent Musburger and The Miracle Bra May Have led to a More Equ itable and Efficient Understanding of the Reverse Confusion Doctrine in Trademark Law［J］.The Virginia Law Review，2000，86（3）：615.

❸ FELDMAN J R.Reverse Confuson In Trademark：Blancing the Interest of the Public，the Trademark Owner，and the Infringer［J］.Journal of Transnational Law & Policy，2003（8）：169.

❹ KAMINER I.Set the Statutes Straight：Amending the Lanham Act to Dispel the Confusion Regarding Reverse Confusion［J］.Loyola Of Los Angeles Entertainment Law Review，2015，36（1）：87.

二、反向混淆理论在美国适用所存在的问题

如上所述，尽管反向混淆理论逐渐被承认，但美国巡回上诉法院并没有形成一套判断反向混淆的可行标准，由此导致司法判决的不一致。此外，美国最高法院也没有确定一个指导性案件为标准，以致反向混淆并无一个统一判定标准。因此，对于处于弱势地位的在先商标权人而言，不幸的是，由于并非所有的美国巡回上诉法院采取统一的判定方法，他们并不能总是得到其应得的保护。❶

美国联邦第六巡回上诉法院认为，当谷物制造专家克洛格介绍了心形早餐麦片后，晨星农场生产的肉类早餐也都带有“心形”商标。商标权利人可以基于反向赞助混淆理论，通过诉讼寻求法院的初步禁令救济，因为 1998 年《兰哈姆法》修正案第 43 条清晰表明了商标权人有权提出该主张。这种混淆的恶果在于在先商标权人失去了商标使用人的价值——产品身份、公司身份、对商誉和声望的掌控，以及开拓新市场的能力。要证明基于该诉求的混淆可能性需要两个要件：一是在后商标使用人赞助在先商标权人的商品，或者使在先商标权人的商品与在后商标使用人存在联系；二是当事各方的商品相关性达到赞助混淆、关联混淆的程度。美国联邦第六巡回上诉法院为分析混淆可能性相关因素建立了影响因素清单（与正向混淆分析原告商标强度略微不同）：原被告商标使用的标志密切相关，原告必须举示被告的商标在市场上比自己的商标获得更多消费

❶ FELDMAN J R.Reverse Confuson In Trademark：Blancing the Interest of the Public，the Trademark Owner，and the Infringer［J］.Journal of Transnational Law & Policy，2003（8）：93.

者认可的证据，被告的商标影响力掩盖或即将掩盖原告的商标影响力。也就是说，原告主张消费者在看到被告的商标时因与原告的商品联系起来而产生了混淆。美国联邦第六巡回上诉法院已证实反向赞助混淆已获该法院承认。在考量原告商标强度时，该法院考虑其固有强度，并不考虑在后商标使用人吞没在先商标权人商标时是否发现其商标的存在。

1982 年，美国联邦第六巡回上诉法院提到反向混淆时，认为原告作为上诉人的案件对于原告而言，就像是被设计为一种原告如同大卫面对一个极具侵略性的巨人的态势，而地区法院法官就如同偷走了大卫的弹弓一样。《美国季报》(《美国季报》是一种针对小众群体的小型出版物，在纽约时代公司发行了《美国》杂志后再发行的一种个性化的随笔性杂志）的出版者在纽约时代公司发行了《美国》杂志后就不能继续出版该杂志。显然，《美国》杂志的大规模发行和市场占有扼杀了《美国季报》走向成功的机会。基层法院认为，由于两种杂志在内容、版式和介绍方面的差别将使理性、谨慎的购买者避免混淆，并且在后使用人没有侵占在先使用人的商誉。但是，上诉法院认为，理论上原告通过举出其处于被在晚使用者或在后使用者侵占了名称选择资格的证据，可以认为反向混淆成立。巡回上诉法院裁定认为，虽然不存在假冒，但并不能对抗反向混淆的主张，因为假冒在密歇根州关于反不正当竞争法中并非本质要件。该法院判决认为："承认在商标与反不正当竞争法领域内的这一现代趋势，即使被控在后商标使用人并无侵占在先商标权人商誉的意图，也要考虑在先商标权人所受到的损害。在这类不寻常的案件中，被告采用其商标的主观恶意在于衡量了禁令救济的公平性之后作出的选择。”

1987年，美国联邦第六巡回上诉法院在Ameritech，Inc. v. American Information Technologies Corp.案中认为，俄亥俄州在保护正向混淆商标所有人权益上有很长的历史，在反向混淆中具有同样的政策考量。上述法院进一步阐述道，在先商标权人的发展利益会将在先商标据为己有的在后商标使用人所扼杀，并且消费者可能会产生混淆，误认为在先商标权人提供的产品来源于在后商标使用人，或者在先商标权人与在后商标使用人之间有关联关系。然而，尽管美国联邦第六巡回上诉法院承认反向混淆中在后商标使用人更具实力、是与正向混淆不同的问题，但该法院却对反向混淆与正向混淆运用同样的分析判断标准，从而导致不一致与不公正的判决结果。❶

美国联邦第一巡回上诉法院认为，在已将“pump”注册为商标的音乐娱乐服务组织起诉史密斯航空有限公司将其发行的专辑冠名“pump”时，该法院法官表示，像史密斯航空有限公司这种举世闻名的企业绝对没有理由窃取这种并不知名的商标以销售其产品。也就是说，旁普有限公司的最佳理由是反向混淆。然而，美国联邦第一巡回上诉法院并未明确接受反向混淆的概念，意味着其只会是在适当的条件下才对反向混淆予以接受。该法院对反向混淆的可诉性并未予以质疑，否则其反对意见将会构成“回归到19世纪那种认为只有假冒才是可诉的”观点。但是，无论原告提起的是所谓的

❶ FLETCHER A L.The Curious Doctrine of Reverse Confusion-Getting it Right In Reverse［J］.The Trademark Reporter，2005，95（6）：1289-1290.

正向还是反向混淆，混淆可能性仍需要成立才行。法官的最后一句话当然是对为什么混淆可能性没有在某个特定案件中成立的经典解释。然而，在另一件马萨诸塞州地区法院判例中混淆可能性得以成立。该案中，“360度”商标注册在鞋子上，起诉被告锐步公司在系列鞋产品中的一个型号上使用该商标造成侵权，最终原告获得诉前禁令。

美国联邦第一巡回上诉法院仅仅是冒险进入了撇开特定语境不谈时双方意见可能均具合理性的主题。第一，该案先于 Big O Tire Dealers，Inc. v. Goodyear Tire & Rubber Co. 案。反向混淆并没有什么新奇。商标立法并未提到什么“普通”或“反向”混淆，只是提到“可能引起混淆”，并未区分混淆类型。标志性案件 Big O Tire Dealers，Inc. v. Goodyear Tire & Rubber Co. 案是在美国联邦第一巡回上诉法院判决的 De Costa v. Viacom Internation, Inc. 案两年后才判决的，在这一案件中，美国联邦第一巡回上诉法院清晰地表达了商标权人可以基于反向混淆提出诉讼。但是，在判决中该法院没有指出其主张依据的是一项全新的或新颖的原则。第二，该法院作出的判决中表述道：“表明原告……能够弥补其所受到的损害……因为公众错误地认为原告攫取了被告的商誉。”该法院因为认为“这种变化不合乎法律，我们认为没有正确表述商标法”而摒弃了反向混淆的概念，这种观点是正确的。[1]

美国联邦第四巡回上诉法院认为，一家地区法院在一份否认诉

[1] FLETCHER A L.The Curious Doctrine of Reverse Confusion-Getting it Right In Reverse［J］.The Trademark Reporter，2005，95（6）：1290-1292.

前禁令的判决中承认反向混淆理论，但自己从未表述过其概念。[1]

美国联邦第二巡回上诉法院认为，在第一起关涉反向混淆的案件——Lang v. Retirement Living Publishing Co., Inc. 案中，涉及新选择出版社的业主——发行过《魅力的秘密：它是什么以及怎样得到它》的出版商，该书没有引起大众的关注。一家读者文摘协会的附属机构决定重新打造一款杂志，将其重新命名为《最好时代的新选择》。许多这款新杂志的潜在订阅者纷纷致电新选择出版社以寻求订阅，直到读者文摘附属机构获取并列举自己的电话号码。尽管这些电话是否反映出存在消费者混淆还值得商榷，但假定其反映了存在消费者混淆，法院认为这一点并未有助于原告，理由是原告并不能提供任何证据。这样谈似乎有些空洞。换句话说，假如误导的电话代表了混淆，其也是关于在先使用人明显比在后使用人更为知名的混淆，这似乎是法律所规定的“压倒性”的覆盖。即使不是反向假冒或反向混淆，而是正向混淆，也是如此。那么，既然成文法支持正向或反向混淆（侵权）的诉讼，为什么其不可诉呢？1995 年，美国联邦第二巡回上诉法院认为，从反向混淆的目的来看，尤其重要的是，在后商标使用人的商业强度及其明知在先商标权人的商标存在而仍然恶意使用。1998 年，该法院又认为，根据《兰哈姆法》，反向混淆是可诉的，由于商标在先使用人与在后使用人力量的不对称，只有确立反向混淆可诉规则才能得到公正的结果。

1994 年，美国联邦第三巡回上诉法院在 Fisons Horticulture,

---

[1] FLETCHER A L.The Curious Doctrine of Reverse Confusion-Getting it Right In Reverse [J] .The Trademark Reporter, 2005, 95 (6): 1292.

Inc. v. VigoroIndustry，Inc. 案中指出："虽然以前我们没有接受反向混淆理论，但现在我们接受了。"该法院运用了有别于正向混淆判定规则的三条特别规则处理反向混淆案件。第一条特别规则，在反向混淆案件中，在先商标权人商标的商业强度不如正向混淆案件中那么重要。换言之，在后商标使用人商标的商业强度更加重要。第二条特别规则，法院认为，由于在后商标使用人的商标的商业强度均强于在先商标权人，在先商标权人的商标的固有强度（如商标显著性）应当比其商业强度被更加予以重视。第三条特别规则，法院认为，由于在后商标使用人并非试图攫取在先商标权人商标的商誉，反向混淆案件中的主观善意因素应当着眼于分析在后商标使用人在搜寻在先商标时存在疏忽大意，或者在发现这样的商标使用人时未尽调查义务。

1992 年，美国联邦第七巡回上诉法院在 Sands，Taylor & Wood Co. v. The Quaker Oats Co. 案中破天荒地指出，根据《兰哈姆法》，反向混淆是可以得到救济的。该法院进一步解释道，在反向混淆案件中保护商标所有人利用其商标所承载商誉进入新市场的权利，是刻不容缓的。反向混淆中在后商标使用人严重挤压在先商标权人的发展空间，导致在先商标权人反而被视为侵权行为人，这种情况在在先商标权人正试图努力进入新的领域，但在后商标使用人已经在该领域将自身的商品与在先商标权人的商标之间建立强有力的联系时，更可能出现。该法院意见的关键在于，其指出在反向混淆案件中考量商标与后使用商标者的商品之间联系的强度更具重大意义。被侵权商标与在后商标使用人商标之间的密切关联是导致反向混淆的原因，并且这种关联是在后商标使用人的行为导致的，这种主观上明知在后商标与在先商标存在密切关联，是一项确定侵权责任的加重情节，而不是判定是否构成侵权的必要条件。在反向混淆案件中主观意图因素基本不用考虑。[1]

经过几十年的发展，商标反向混淆侵权已经从最开始的零星承认和认可，发展到现在普遍性地承认其具有依据《兰哈姆法》第 32 条与第 43 条 a 项的可诉性。尽管不是所有的巡回上诉法院都接受该理论，但没有一家巡回上诉法院对其予以否认。[2]

对于商标反向混淆案件，采用一套清晰实用的判断标准对于保护相对处于弱势地位的在先商标权人十分必要。在反向混淆中，由于在后商标使用人使用与在先商标权人相同或相似的商标，使得社会公众容易误认为在先商标权人侵占了在后商标使用人的商誉，导致在先商标权人丧失了商标的价值。如果更多有实力的在后商标使用人都可以任意侵占他们所想要的商标，那么对于实力较弱的商标使用人而言，商标法对其商誉的保护就毫无作用。而且，如果商标反向混淆问题不能得到正确对待，那么在后商标使用人将没有理由为了使用在先商标权人的商标而支付报酬。如果在先商标权人不具有可诉的权利基础，则其权利更加容易被侵犯。如果法律始终局限于传统商标侵权范畴，如正向混淆，那么拥有强大实力和资源的任何人将可能占用任何商标，并且在其之上开发用以区分自己商品来源的新的含义。如果不正视反向混淆问题，不仅弱势的在先商标权人会受到损害，消费者也会受到损害。如果在后商标使用人的商品

---

[1] FLETCHER A L.The Curious Doctrine of Reverse Confusion–Getting it Right In Reverse [J] .The Trademark Reporter，2005，95 (6)：1294–1295.

[2] 同[1]1305.

质量低于在先商标权人的商品质量，那么被混淆的消费者就将这种低劣质量与在先商标权人的商标联系起来，并难以消除这种混淆认识。然后，当消费者认为在先商标权人是假冒在后商标使用人的商品时，这种混淆认识将使在先商标权人的商标从拥有商誉的财产变为恶意的负债，从而进一步损害在先商标权人的利益。反向混淆导致对商标所有人和消费者的损害后果恰恰是《兰哈姆法》所保护的对象，包括保护免于对商品来源的欺骗、免予不劳而获、玷污在先商标权人的商誉和声望。如果不承认反向混淆或者拒绝对现存的正向混淆分析进行修改，法院不仅会剥夺许多小规模商事主体的利益，而且会阻碍消费者在选择商品时能够作出明智的决定。

从美国法院适用反向混淆理论处理相关反向混淆案件中，可以看出反向混淆理论在实践运用中主要存在以下三个方面的问题。[1]

一是反向混淆案件的结果不可预测。根据案件事实很难预测一宗反向混淆案件的结果，这一点令当事双方都感到沮丧。换言之，案件结果似乎特别依赖于律师们的辩论，这种不可预测性由于模糊了责任承担问题而不利于争议解决程序的顺利进行。

二是反向混淆案件常由于侵权行为人的高销售额而涉及大额的损害赔偿金。在 Sands，Taylor & Wood Co. v. Quaker Oats Co. 这起关于反向混淆损害赔偿具有开创性意义的案件中，美国巡回上诉法院认为，在缺乏主观恶意的情况下，合理的判决应当准确地反映出在后商标使用人不当得利的程度与在先商标被侵犯的权益。因此，原

[1] FELDMAN J R.Reverse Confuson In Trademark：Blancing the Interest of the Public，the Trademark Owner，and the Infringer［J］.Journal of Transnational Law & Policy，2003（8）：167–168.

告常常收到的判决是给予被告获利的 10% ~ 30%，这个比例对于原告而言是一笔不小的费用，可能大大超出其商标许可费。

三是反向混淆案件中由于损害赔偿的性质使原告所冒诉讼风险很小，诉讼的预期价值被获得大额赔偿的机会所扭曲。例如，Sands，Taylor & Wood Co. v. Quaker Oats Co. 案是宗商标侵权大案，金沙木材加工有限公司作为原告获得了大额赔偿。保守地讲，由于在商标反向混淆侵权案件中起诉的至少都是中等规模的公司，原告有望获得的赔偿数额在 1000 万美元左右，而一起商标侵权案的一般诉讼成本是 50.2 万美元。因此，从收支平衡的角度讲，原告仅需要略大于 5% 的胜诉概率就有动力发动起诉。

三、反向混淆理论在欧洲和日本的“冷遇”

虽然美国在其判例法中确立了商标反向混淆理论并经过多年的实践，在其国内得到广泛的应用和接纳，但该理论在欧洲却受到了“冷遇”。欧洲学者杰里米·菲利普斯指出，欧洲并不将反向混淆视为与常规混淆有区别的概念，因为是基于混淆的事实，而不是它产生的方向来决定着责任的承担。但是，如果混淆是反向混淆的事实，则会影响禁令救济的适用、损害赔偿金额及利润返还救济措施的可适用性。[1]

日本商标侵权认定标准是：注册商标的商标权人以外的其他

[1] 杰里米·菲利普斯．商标法实证分析［M］．马强，译．北京：中国人民大学出版社，2014：311.

人，在指定商品、服务的类似范围内，使用类似注册商标的行为构成对商标权的侵害（《日本商标法》第25条、第37条）。[1]可见日本商标侵权判定的标准是一种形式标准，没有涉及混淆可能性。由于商标反向混淆在形式上完全符合《日本商标法》规定的侵权判定标准，当然属于商标侵权行为，所以反向混淆在日本不是一种有争议的问题，也就没有探讨的必要。

第三节 商标反向混淆理论在我国的实践

随着商标反向混淆理论在美国的发展和应用，该理论对我国商标侵权判定也产生了重要影响，我国一些法院在司法实践中也开始运用反向混淆理论处理商标侵权案件。据统计，2002—2015年，平均每年约有3件反向混淆案件诉至法院，涉及反向混淆的民事案件中，原告的胜诉率占85.11%。[2]案例检索结果显示，2015—2019年也基本保持了这样的比例，表明反向混淆理论已初步受到我国多数法院的接纳。其中较为典型的重庆“冰点”商标侵权案、海尔与厦新“游龙”商标侵权案、浙江“蓝色风暴”商标侵权案和“新百伦”案等。

---

[1] 田村善之.日本知识产权法［M］.周超，等译.北京：知识产权出版社，2011：130.

[2] 毕文轩.商标反向混淆类案件实证研究——以51例判决分析为视角（上）［J］.中华商标，2016（8）：87-88.

一、反向混淆理论在我国法院的初步适用

我国法院在2002年重庆“冰点”商标侵权案中，首次运用了反向混淆理论处理案件，认定被告“青啤冰点红茶”商标的使用行为构成对“冰点”商标的侵权。[1]

在该案中，原告为重庆必扬冰点水有限公司，被告为青岛青啤朝日饮品有限公司。当时，青岛青啤朝日饮品有限公司相对于重庆必扬冰点水有限公司而言，是一家知名度和市场影响力更大的公司。原告的商标被核定使用在第32类的两项商品上，另外，2001年，原告的“冰点”商标还被评为重庆市著名商标。2002年7月，原告发现被告在山东卫视发布的“青啤冰点红茶”电视广告，并且被告还在互联网上发布“青啤冰点红茶”招商广告。同时，原告在重庆市南坪东路一家饮料批发部内发现一批被告生产的“青啤冰点红茶”饮料，之后又陆续在全国许多城市发现被告生产的“青啤冰点红茶”饮料正在销售。原告认为，被告使用的“青啤冰点红茶”标记在宣传和外包装上占据突出位置的是“冰点”二字，其文字、读音、含义与原告“冰点”注册商标完全相同，属于相同商标；即使将被告的“冰点红”理解为该商品的商标，也与“冰点”注册商标的含义相同，仅仅是在其后添加了一个副词“红”，并没有改变“冰点”的含义，也属于近似商标；即使将“冰点”和“冰点红”作为商品名称或装潢理解，也构成侵犯原告注册商标专用权。被告的行为不但在客观上让消费者对“冰点”商标的权属、商品的来源

[1] 重庆市第一中级人民法院（2002）民初字第533号民事判决书。

产生混淆和误认，而且给原告产品销售和品牌传播造成了极大的负面影响，使其辛苦培育的商誉也遭受了巨大损失。被告辩称，原告的“冰点水”与被告的“青啤冰点红茶”属于不同商品，在商品分类上，原告的商品是水，属第32类商品，被告的商品是茶，属第30类商品；被告没有利用原告商标商誉的故意，原告商标虽被评为重庆市著名商标，但实际上市场影响力有限，被告商品名称“青啤冰点红茶”中青啤具有强大影响力、给人印象最为深刻，不会使公众产生混淆和误认；冰点表示水的特性，被告对冰点的使用是属于合理、善意的商业使用。

对于该案，重庆市第一中级人民法院审理后认为，按照相关公众对商品的一般认知和综合判断，“冰点水”和“青啤冰点红茶”属于类似商品，“冰点”二字在“青啤冰点红茶”中明显大于其他文字，易使相关公众对商品来源产生错误认识或者认为二者具有特定联系，且不构成合理、善意使用，从而判定被告商标侵权成立。法院运用了反向混淆理论处理该案。当时，青啤朝日饮品有限公司是一家较为著名的大公司，其商标“青啤”无论在国内市场上还是在国外市场上都具有较高的知名度，而原告重庆必扬冰点水有限公司的市场影响力处于相对劣势。在这种情况下，一般社会公众不会将侵权商品误认为来源于原告或与原告具有特定联系，相反会认为原告的商品来自被告或与被告具有特定联系。法院认为，这种反向混淆虽然没有在后商标使用人利用在先商标权人商标的声誉和“搭便车”，但也会造成混淆并损害在先商标权的信誉，因而也是一种商标侵权行为。因此，重庆市中级人民法院判决被告侵犯了原告的注册商标专用权，要求被告立即停止侵害，并在全国发行的报纸上公开向原告赔礼道歉、消除影响、恢复名誉，并判决被告赔偿原告损失36万元人民币。

在2003年海尔与厦新“游龙”商标侵权案件中，海尔公司注册的“游龙”商标核定使用在“电话机、传真机、计算机周边设备”等商品上，但其商标在注册后并未实际在电话机等商品上使用，而厦门厦新电子股份有限公司（以下简称“厦新公司”）在自己生产的手机上使用了“厦新游龙A6”标识，同时开展了大量广告宣传活动，因而被控侵犯海尔公司商标权。[1]在该案中，案件争议焦点在以下方面：一是商品是否类似。厦新公司认为海尔公司商标所核定使用的商品是电话机，而厦新公司被控侵权的产品是手机，二者不是同一种商品，同时在功能、用途、特点等方面又存在很多差异，也不是类似商品。二是是否容易误导消费者。厦新公司认为海尔公司的“游龙”商标根本没有使用，在消费者中没有任何影响力和知名度，而厦新公司的“厦新”商标已在全国范围内具有了较高的知名度，厦新公司以“厦新游龙A6”进行推广宣传，仅凭“厦新”商标就足以使消费者区分商品的来源，根本不会导致消费者混淆，不存在使消费者把被告的商品误认为来源于原告的可能。厦新公司主观上没有故意，客观上没有必要侵犯原告商标专用权。三是海尔公司有没有损失。厦新公司认为，海尔公司没有使用商标，就不存在客户流失、销售收入减少的问题。法院认为，该案从功能用途、生产部门、销售渠道、消费对象等方面分析，电话机和手机构成类似商品，同时海尔公司虽然现在没有使用“游龙”商

[1] 青岛市中级人民法院（2003）青民三初字第19号判决书。

标，但以后有可能使用，厦新公司将该商标在手机上进行广泛、大量使用，使相关公众在看到“游龙”商标时，会与厦新公司所生产的手机相联系，认为“游龙”是厦新公司手机的一种独有商品名称，如果海尔公司在电话机上使用“游龙”商标，基于相关公众将该商标与厦新公司手机的联系，就会降低该商标的显著性，使相关公众无法依据该商标识别商品来源，从而导致对海尔公司生产的电话机的来源产生混淆、误认，所以厦新公司侵犯了原告的注册商标专用权。厦新公司不服，上诉于山东省高级人民法院，后在法院主持下达成调解，厦新公司加大赔偿了海尔公司的损失，承诺停止侵权行为，并向海尔公司致书面致歉函，海尔公司放弃了要求公开赔礼道歉等部分诉求。[1]最后，海尔公司获得了完胜。在该案中，厦新公司抗辩意见依然沿用正向混淆的思维，认为没有利用海尔公司的商誉、没有给其造成现实损失等，而法院除了从注册商标专用权的角度以外，主要从商标所核定商品及商标权人未来发展方向的角度进行分析判决，实质上也是运用了反向混淆理论。

2006 年，浙江“蓝色风暴”商标侵权案中，经历一审败诉后，二审法院运用反向混淆理论最终支持了原告的主要诉讼请求。[2]该案中，原告为浙江蓝野酒业有限公司，其于 2003 年 12 月取得了“蓝色风暴”文字、拼音、图形组合商标注册，核定使用在可乐、水（饮料）等商品上，实际将该商标使用在啤酒上，并称其准备在茶饮料和碳酸饮料上使用该注册商标。被告为上海百事可乐有限

---

[1] 山东省高级人民法院（2003）鲁民终字第 29 号民事判决书。

[2] 浙江省高级人民法院（2007）浙民三终字第 74 号民事判决书。

公司（以下简称“百事可乐公司”）、杭州联华华商集团有限公司。2005年，百事可乐公司开展了以“蓝色风暴”为主题的促销活动，投入大规模的宣传、报道，并在世纪联华超市中销售了一种百事可乐瓶装饮料，该瓶装饮料由百事可乐公司生产，在其上方标有“百事可乐”文字商标标识，在“百事可乐”文字标识的两侧上方标有“蓝色风暴”的文字和红白蓝三色图形商标标识，瓶盖上也有“蓝色风暴”的文字和红白蓝三色图形商标标识。2005年11月，浙江省丽水市质量技术监督局以浙江蓝野酒业有限公司生产的蓝风牌蓝色风暴啤酒涉嫌冒用他人商标为由查封了107箱该品牌啤酒。第二天，因浙江蓝野酒业有限公司提交了商标注册证予以解封。一审过程中，浙江蓝野酒业有限公司认为，使相关公众产生误认不仅仅包括将知名度小的商标误认为来源于知名度大的商标，还包括“反向混淆”，本案即属于“反向混淆”。百事可乐公司认为，在本案中，消费者不会因为被告使用“蓝色风暴”标识而将百事可乐产品误认为是浙江蓝野酒业有限公司所使用“蓝色风暴”商标的产品，消费者也不会将该种百事可乐产品与浙江蓝野酒业有限公司所使用“蓝色风暴”商标的产品产生混淆。一审法院审理后认为，本案中百事可乐公司使用“蓝色风暴”标识不是作为商标或产品名称使用，而是仅作为商品的包装装潢和促销活动的主题名称使用，其主观上并没有利用该标识牟取不正当利益、误导公众的意图；而且，浙江蓝野酒业有限公司没有将该标识使用在包括可乐在内的饮料上，所以不会导致消费者对百事可乐公司的产品产生混淆。因此，一审认为百事可乐公司对“蓝色风暴”标识的使用不属于商标使用，同时也不会误导公众，最后判决驳回浙江蓝野酒业有限公司的诉讼请求。浙江蓝野酒业有限公司仍以反向混淆为由提起上诉，该案上诉至浙江省高级人民法院后，浙江省高级人民法院经审查认为，本案中“蓝色风暴”标识起到了区分商品或服务来源的作用，所以属于商标。百事可乐公司将其用于广告宣传、产品容器包装上，明显是一种商标使用行为，同时认为关于相关公众对商品来源的混淆或误认，不仅包括现实的误认，也包括误认的可能性，不仅包括使相关公众误认为在后商标使用人的商品来源于在先商标专用权人，也包括使相关公众误认在先商标专用权人的商品来源于后商标使用人。本案中，浙江蓝野酒业有限公司塑造企业品牌的价值将会受到抑制，企业发展空间将会受到限制。因此，浙江省高级人民法院判决百事可乐公司侵权成立，并赔偿经济损失 300 万元人民币，杭州联华华商集团有限公司停止销售侵权商品。

二、反向混淆理论在我国法院的普遍运用

如果说前十余年间反向混淆理论在我国法院的适用对法律界的影响如同湖面的涟漪，泛起了一丝丝波澜，那么近几年来的几件反向混淆案件在我国法律界却掀起了惊涛骇浪，引起了巨大的争议和关注。同时也将反向混淆问题引入更深层次的探讨，引起了人们对反向混淆更加深入的反思和探究。

2016 年 6 月作出终审判决的“新百伦”案是一起典型的反向混淆商标侵权案。[1] 在该案中，原告为周某伦，其注册商标“百

[1] 广东省高级人民法院（2015）粤高法民三终字第 444 号民事判决书。

伦”“新百伦”，核定使用在第25类商品“服装、鞋、袜等”上；被告为新百伦贸易（中国）有限公司（以下简称“新百伦公司”）、广州市盛世长运商贸连锁有限公司（以下简称“盛世公司”）。一审中，周某伦起诉新百伦公司在天猫开设的网店中、在专卖店信息披露中、在产品介绍和说明中，以及视频广告中均使用“新百伦”商标，盛世公司在实体店销售活动和网络销售中也使用了“新百伦”商标。诉称由于新百伦公司的侵权行为造成大量相关公众产生来源混淆和误认，割裂了商标权人周某伦与“新百伦”注册商标之间的特定联系，且新百伦公司的侵权行为存在故意和恶意，因此要求新百伦公司赔偿周某伦经济损失9800万元人民币。新百伦公司辩称，关于反向混淆问题，反向混淆要求注册商标取得在先，反向混淆行为发生在后，但新百伦公司使用的商标早于周某伦取得“新百伦”注册商标的时间，且周某伦的商标核定使用的商品为第250003号“鞋（脚上的穿着物）”，并不是新百伦公司使用的第250132号“运动鞋”，所以不构成反向混淆。一审法院审理后认为，周某伦所有的注册商标“百伦”“新百伦”具有合法性，新百伦公司使用“新百伦”商标的行为属于商标性使用，新百伦公司对“新百伦”商标的使用构成商标侵权，盛世公司对所销售的商品和对“新百伦”商标的使用方式有合法来源，对其主张不承担赔偿责任的意见予以采纳，但仍应承担停止侵权的责任，同时应向周某伦支付5000元人民币的合理支出费用，因而判决新百伦公司应向周某伦赔偿9800万元人民币，盛世公司向周某伦支付5000元人民币。

新百伦公司不服一审判决，上诉至广东省高级人民法院。新百伦公司上诉称，新百伦公司对“新百伦”标识系与其他图形进行组合使用，不会使相关公众产生混淆，没有侵犯周某伦的“百伦”和“新百伦”的商标权；“新百伦”标识及图都是新百伦公司在先使用，并在中国大陆地区具有一定影响的未注册商标，周某伦系恶意取得和抢注与“New Balance”标识近似的“百伦”和“新百伦”商标，并利用该商标进行恶意诉讼，不应得到法律的支持，周某伦所提供的证据无法证明其实际生产、销售了使用“新百伦”商标的产品；新百伦公司拥有第35类“广告和替他人推销项目”服务上的“新百伦”注册商标，所以新百伦公司在宣传和销售上使用“新百伦”商标不构成侵犯周某伦商标权；周某伦没有举证证明自身因侵权所受损失、新百伦公司因侵权所获利益，或者周某伦的商标许可费，所以应当采用法定赔偿数额，即300万元人民币以下赔偿，9800万元人民币的赔偿违反民事赔偿的填平原则。周某伦答辩称其商标系以善意合理方式取得，虽经异议程序仍获国家商标局注册；根据商标法的规定，新百伦公司对“新百伦”字样的使用构成商标侵权；原判决所判赔数额合理合法，符合商标法及相关司法解释的规定；“新百伦”商标于2004年提出注册申请，新百伦公司2006年才成立，新百伦公司不可能因此拥有其字号的在先使用权，即使按新百伦公司所陈述其关联公司2003年11月就开始使用“新百伦”标识，也仅距周某伦申请“新百伦”商标半年时间，根据常理，半年时间内也不可能达到知名的程度，也没有证据证明其当时构成知名商品特有名称或者是具有一定影响的未注册商标；在第35类“广告和替他人推销项目”项目上的注册商标是属于服务商标，指商标注册人在向产品的生产者或经营者提供商品的推销服务、宣传广告时使用的商标，其指向的服务对象是商品的生产者或经营者，而非消费者，与本案情况不同，不能形成侵权抗辩。二审法院认定的事实与一审基本相同，但在侵权赔偿数额上综合考虑了多种因素，如周某伦因侵权遭受的经济损失、新百伦公司对“新百伦”标识的使用方式、新百伦公司侵权的规模和持续时间，以及周某伦为侵权所支付的合理开支等，对赔偿数额进行了大幅调整，判令新百伦公司赔偿额为500万元人民币。

近年来影响较大的、涉及反向混淆的案件还有金某欢与江苏卫视“非诚勿扰”商标侵权案。该案原告金某欢于2009年2月16日向国家商标局申请注册“非诚勿扰”商标，2010年9月7日获得第7199523号“非诚勿扰”商标注册证书，有效期10年，所核定的服务项目为第45类，包括“交友服务、婚姻介绍所”等。金某欢起诉江苏卫视《非诚勿扰》电视节目与珍爱网侵犯其商标权，要求停止使用。金某欢提交了深圳市盐田公证处对江苏电视台有关网页内容的公证、珍爱网有关网页内容的公证。公证书显示江苏电视台有关网页展示:《非诚勿扰》节目系江苏电视台所属江苏卫视的一个节目栏目，而长江龙新媒体有限公司系江苏电视台的下属单位；江苏卫视的《非诚勿扰》栏目网页中显示出“新派交友电视节目”“非诚勿扰”等文字，其中，“非诚勿扰”四字为突出使用；上述网页内容在节目简介中介绍“《非诚勿扰》是一档适应现代生活节奏的大型婚恋交友节目，我们将为您提供公开的婚恋交友平台，高质量的婚恋交友嘉宾，全新的婚恋交友模式。播放频道：江苏卫视。播出时间：每周六、周日晚21点20分；上述网页显示报名方法为‘在珍爱网登记报名资料、上传照片、填写个人文字（特征、专长、经历），丰富者优先’”。公证书显示珍爱网的报名网页展示，江苏卫视系通过珍爱网“火热招募男女嘉宾”，而且突出使用了“非诚勿扰”的文字标识。此外，金某欢为证明电视节目名称是可以作为注册商标的，还提交了深圳市盐田公证处与中国商标网站相关的两份公证书。而江苏电视台则提交了两份版权登记证书、《非诚勿扰》节目视频内容及相关的判决书、与珍爱网公司的合作协议书，拟证明长江龙新媒体有限公司是《非诚勿扰》节目的版权人，合作协议约定，江苏电视台在节目中应对珍爱网的品牌进行口播和标识展示，珍爱网则从其会员中进行筛选并推荐给《非诚勿扰》栏目组。珍爱网则提交了部分中国商标网的网页和《非诚勿扰》电影宣传册，以证明金某欢侵犯了案外人华谊兄弟传媒股份有限公司（以下简称“华谊公司”）的在先权利。

一审深圳市南山区人民法院审理后认为，第一，江苏卫视使用“非诚勿扰”构成商标性使用。“非诚勿扰”不但是江苏电视台电视节目的名称，而且是一种服务商标，否则如果仅仅将“非诚勿扰”认定为节目名称，而不承认其所具有的标识服务来源功能，与现实中大量节目名称注册为商标（其中包括江苏电视台自身也将电视节目名称注册为商标）的客观事实不相符合，也与江苏电视台在电视节目中所反复突出使用“非诚勿扰”标识并且进行广告招商的客观事实不相符合。第二，金某欢所有的文字商标“非诚勿扰”与江苏电视台电视节目的名称“非诚勿扰”是相同的。因此，两者的商标是相同的。问题的关键在于两者所对应的商品（服务）是否属于同类商品（服务）。第三，江苏卫视的《非诚勿扰》是一档电视节目，对应的商品（服务）是电视节目，属第41类，金某欢所有的“非诚勿扰”注册商标对应的商品（服务）是“交友服务、婚姻介绍”，属第45类，相关公众通常不会认为两者存在特定联系，两者分属不同类商品（服务），不容易造成公众混淆，因而判决不构成侵权，驳回金某欢的诉讼请求。❶

金某欢不服一审判决，提起上诉。二审深圳市中级人民法院审理后认为，对于“非诚勿扰”系商标相同和江苏卫视属于商标性使用问题各方均无异议，问题的关键在于两者是否属于相同或类似服务。金某欢的“非诚勿扰”商标核定服务项目包括“交友服务、婚姻介绍所”等，为第45类服务项目。江苏卫视的《非诚勿扰》节目，无论是从其节目简介，还是其主持人的开场白、结束语，以及节目中的男女嘉宾提问、介绍等都是为了交友、择偶，均印证了江苏电视台《非诚勿扰》栏目为相亲、交友节目。因此，深圳市中级人民法院认为，从服务目的、内容、方式和对象等各方面判定，江苏电视台的《非诚勿扰》节目提供的均是征婚、相亲和交友服务，与金某欢“非诚勿扰”商标注册证上所核定的服务项目“交友、婚姻介绍”构成相同。为此，深圳市中级人民法院二审判决江苏卫视侵犯金某欢注册商标专用权，珍爱网构成共同侵权。法院认为江苏卫视《非诚勿扰》电视节目会使相关公众误以为权利人的注册商标使用与其产生错误认识及联系，从而构成反向混淆，因而判定江苏卫视商标侵权成立，要求其立即停止使用“非诚勿扰”栏目名称。❷此判决一出，舆论一片哗然，江苏卫视也极为紧张，只能先把节目名称改为“缘来非诚勿扰”。广东省高级人民法院再审认为，江苏

❶ 广东省深圳市南山区人民法院（2013）深南法知民初字第208号民事判决书。

❷ 广东省深圳市中级人民法院（2015）深中法知民终字第927号民事判决书。

卫视对于“非诚勿扰”标识的使用，虽然属于商标性使用，但与现实中开展的婚介服务活动，无论是在服务目的、内容，还是方式和对象上均存在明显区别。由于金某欢的注册商标本身显著性很低，而被诉电视节目作为娱乐、消遣的综艺文艺节目收视率很高、广为公众所知，相关公众能够对该服务来源作出清晰区分，不会对两者产生混淆和误认，被诉商标使用行为并未损害金某欢注册商标的识别和区分功能，因此不构成商标侵权。[1]该案在深圳市中级人民法院二审审理中，虽然提到了反向混淆的概念，但并没有对其定义与构成进行详细阐述和深入剖析，显得十分武断和突兀，并不具有说服力。广东高级人民法院再审审理中并没有提到反向混淆，而是直接以两者不具混淆可能性得出了不侵权的结论，显然是认为此案不构成反向混淆，也为我们进一步探讨反向混淆理论提供了反面教材，引发深入思考，即反向混淆理论应当如何适用？认定反向混淆的条件是什么？何种情形下才构成反向混淆？

此外，近年来还有浙江凌普公司诉杭州卫厨科技有限公司“奥普”商标侵权案、李某之诉法国卡斯特兄弟简化股份有限公司“卡斯特”（CASTEL FRERES SAS）商标侵权案、上海高通诉美国高通“高通”商标侵权案、杭州联安安防工程有限公司诉小米通讯技术有限公司等“米家”商标侵权案等一系列案件均涉及商标反向混淆问题。

从商标反向混淆理论在美国、欧洲、日本和中国的发展历程来看，商标法的保护对象在认识上不断深化。从美国司法实践对商标反

[1] 广东省高级人民法院（2016）粤民再 447 号民事判决书。

向混淆的态度转变可以看出，对于商标法保护的对象在认识上存在一个不断深化的过程，即从仅保护商标所承载的现实的商誉到既保护商标所承载的现实的商誉，又保护商标所将可能承载的商誉转变。在最初，商标法保护的目的是让消费者免予受到欺诈和公平竞争的市场秩序，之后商标法把商标作为一项财产进行保护，准确地讲是把商标所凝结和承载的商誉作为一项财产来进行保护。在商标反向混淆思想获得接纳和运用之后，不仅把商标所凝结和承载的商誉作为一项财产来进行保护，而且对商标将要或可能要凝结和承载的商誉也进行保护。这反映了商标法保护对象在不断拓展和深化。现阶段，商标法不仅保护商标上承载的现实商誉，也保护商标将要承载的商誉。

小结

商标反向混淆的思想最早由美国法官霍姆斯提出，但在该思想提出后近 60 年并未得到美国司法实践的重视，直到 1977 年美国联邦第十巡回上诉法院运用反向混淆理论支持了原告的诉讼请求，判定固特异轮胎橡胶公司构成商标侵权，此后商标反向混淆理论才得到美国法院的普遍接受。在我国，商标反向混淆理论也受到大多数法院的采纳。欧洲学者不能理解反向混淆，他们认为，“欧洲的原则并不将反向混淆视为与常规混淆有区别的概念，因为是基于混淆的事实，而不是混淆的方向来决定责任的承担”。从商标反向混淆在美国、欧洲、日本和中国的发展历程可以看出，商标法保护对象在认识上不断深化，商标反向混淆理论的提出、冷遇和接纳过程都体现了这一认识过程。

第二章　商标反向混淆的基本范畴

商标反向混淆的思想和理论自 1918 年由美国霍姆斯法官提出以来，到被美国法院开始接受，经历了 60 年，再到逐渐得到普遍接受和采纳，也经历了近 100 年；而在我国的实践和运用，也不过短短十多年。就商标反向混淆问题而言，无论是在美国还是在我国，依然还存在较大的争议。正确认识商标反向混淆的概念、特征等本质性基本范畴问题，是解决这些争议问题的逻辑基础。

第一节　商标反向混淆的概念

一、提出商标反向混淆概念的意义

目前，学界对商标反向混淆是否应当成为商标法上的法律概念存在不同认识。

如前所述，美国法官霍姆斯于 1918 年在 International News Service v. Associated Press 案中最先提出反向混淆的思想，但并未直接提出反向混淆的概念。在 1968 年 Westward Coach Manufacturing Co.，Inc. v. Ford Motor Co.，Inc. 案中，承办法官虽然明确提到了反向混淆概念，但并未采纳反向混淆构成商标侵权的思想。总体上讲，反向混淆概念及其理论在美国虽然存在一些争议，但主流观点和基本趋势是予以承认和应用，并逐渐发展出一套相对成熟的司法处理规则。

在我国，虽然从2002年开始陆续产生了运用反向混淆理论处理商标侵权案件的司法判例，但实务界和学术界仍有反对商标反向混淆概念的声音。董晓敏法官认为，我国在引入相关法律概念时，应审慎地立足本国的立法、理论和实践的需要。因此，我国不必引入反向混淆概念。一是从商标法理论和实践上看，反向混淆的典型案例通常发生于双方在相同或者非常接近的商品上使用了高度近似甚至相同的商标，对于该种情形，按照通常的混淆可能性的标准足以认定构成商标侵权，所以反向混淆并没有存在的理论和逻辑前提，也没有实践的需要，混淆可能性理论就足以解决问题。二是与美国法律相对照来看，我国虽然也越来越强调商标的价值来自使用，但毕竟我国一直且仍然是商标“注册制”国家，对侵犯商标权的判定并不要求被告一定要有欺骗的意图，没有经过使用的注册商标仍然受到商标法的保护。而且，未注册商标在我国受到的保护有限，可见，反向混淆概念在我国目前的商标法理论、法律规定及实践状况下，没有必要存在。三是从混淆可能性理论为法律问题看，在先使用人拥有受法律保护的商标的情况下，在后使用人使用了与其相同或者近似的标识，是否具有混淆可能性是法律的一种拟制，是一种法律问题，而非事实问题，我们不必为混淆是正向还是反向而纠结，反向混淆没有存在的必要。[1]

---

[1] 董晓敏．论反向混淆之不必要［J］．知识产权，2016（5）：47-51．

反对商标反向混淆概念的人并不否认商标反向混淆行为的违法侵权性，只是认为该概念没有实际意义，通过传统混淆可能性侵权判定标准足以解决问题，因此没有引入商标反向混淆概念的必要性。事实上，商标反向混淆和传统的商标混淆（即商标正向混淆）虽然有一些共同特征，但在混淆主体、混淆对象、混淆方向和混淆后果等方面存在差异，引入或承认商标反向混淆概念是十分必要和具有重要意义的。可以借鉴发达国家在商标反向混淆理论和司法裁判规则上的合理做法，完善我国相关立法和司法裁判规则，为注册商标保护精准施策，更好地促进商标法制完善和社会经济发展。

如果不提出商标反向混淆概念，也不研究和发展其中的理论问题，对未经使用的注册商标和已经使用或高强度使用的注册商标予以同样的法律保护，对于投入了巨额资金的在后商标使用人科以承担与正向混淆一样的侵权赔偿责任是否公平合理？对并无实际使用意图或行为而仅仅抢注商标、圈占商标资源的在先商标权人不加区分、不考察其主观意图而对其施加同正向混淆一样的法律保护是否公平合理？这样的商标保护制度是否真的会沦为不诚实经营者“放水养鱼”、伺机而动、抢夺他人劳动果实的工具？这样的商标保护制度是否会鼓励不诚实经营者投机取巧、待价而沽？这样的商标保护制度是否会营造不良社会风气，吞噬社会良好道德风尚与公序良俗？当然，持此论者可以主张这些问题完全可以在个案中根据具体案件情节由法官予以处理。但是，如果这些完全可以预见且批量性、大概率性，而并非偶发性、个别性的问题没有制度和理论支撑的解决方案，而依然停留在传统的制度和理论窠臼中，仅仅依靠法官的个案裁决和自由裁量，是否可靠，是否能保证案件公正处理，是否属于法学理论工作者和立法工作者的懈怠和失职呢？此外，反向混淆或者混淆可能性是一个法律拟制问题，而并非事实问题，跟引入反向混淆概念有什么关系呢？反向混淆为法律拟制问题会成为阻碍我国引入反向混淆理论和概念的障碍吗？为什么只能法律拟制正向混淆问题而不能拟制反向混淆问题？这些都是对商标反向混淆概念持异议观点所需要面对且无法解决的问题。

二、商标反向混淆的定义

所谓商标反向混淆，是指由于在后商标使用人的商标使用行为致使相关公众误认为在先商标权人提供的商品或服务来源于在后商标使用人，或者认为在先商标权人提供的商品或服务与在后商标使用人具有赞助、许可、投资等关联关系。

商标反向混淆中的混淆作为商标法探讨的法律概念，与我们日常生活中所称的混淆既有联系，又有区别。区别如下。

第一，日常生活中所称混淆是由于社会成员或者消费者个体原因发生认识偏差，而对目标事物发生混同、误认，难以区分彼此。可能是社会成员个体的认知、识记能力欠缺，把本来一般社会成员不会发生混同、误认的事物和相对比较容易区分彼此的事物，却发生了混同、误认；可能是社会成员个体特有的经历、知识积淀导致对特有的事物非常敏感，而本来一般社会成员不会发生混同、误认的事物和相对比较容易区分彼此的事物，却发生了混同、误认；也可能是社会成员个体一贯疏忽大意、粗枝大叶的行事风格，导致其把本来一般社会成员不会发生混同、误认的事物和相对比较容易区分彼此的事物，却发生了混同、误认；还可能是社会成员虽然并没有一贯疏忽大意、粗枝大叶的行事风格，但在特定的时间因心不在焉、心有旁骛等原因导致本来一般社会成员不会发生混同、误认的事物和相对比较容易区分彼此的事物，却发生了混同、误认。

而商标反向混淆中的混淆是由在后商标使用人的商标使用行为产生的，而不是社会成员或消费者个体原因导致的混同、误认，同时也不是因为其普通使用行为产生的混同、误认。一方面，商标反向混淆中的混淆不是社会成员或消费者个体原因导致的混淆，而是在后商标使用人通过在与在先商标权人相同或类似的商品或服务上使用相同或近似的商标导致的混淆，这种混淆是一种一般社会成员的平均认识水平下，且排除社会成员或消费者个体原因导致的混淆。在后商标使用人的行为是使消费者和社会公众发生混淆的直接原因，正是因为在后商标使用人的这种行为造成了消费者和社会公众混淆的后果，其虽然没有侵占在先商标商誉和“搭便车”的意图，但其行为在客观上损害了公平竞争的市场秩序，增加了消费者的购物成本，挤压了在先商标的发展空间，侵占了在先商标的生存空间，应当受到商标法的规制和禁止。另一方面，商标反向混淆中的混淆是由于在后商标使用人的商标法意义上的商标使用行为产生的混淆。对于商标使用行为，根据商标法的界定，是指把商标用于商品、商品包装或容器，用于服务或与服务有关的物件上，商品或服务的交易文书、商品或服务的广告宣传中，以及其他商业活动中，以区分商品或服务来源的行为。而对于商标的合理使用行为则不构成商标使用，具体包括叙述性合理使用、指示性合理使用和说明性合理使用。叙述性合理使用是指如果在后商标使用人是为了提供商品或服务的基本信息而善意地使用他人商标中的商品通用名称或者地址、原产地等，就不属于反向混淆，不构成侵犯商标权。指示性合理使用是指在如果不使用该商标就无法描述该商品或服务的情况下，其使用商标的行为不会使消费者误认为其来源于在先商标权人或者与其具有许可、赞助、投资等关系，不属于反向混淆，不构成侵犯商标权。说明性合理使用是指在后商标使有人在说明其提供产品的质量、功能、主要原料、用途，产品型号等产品的基本信息时使用在先商标权人的注册商标，不属于反向混淆，不构成侵犯商标权。

第二，商标反向混淆中的混淆是对商标及其标示的商品或服务来源发生的混淆，而不是对其他事物发生的混淆。日常生活中所发生的混淆对象十分广泛，可能是人物，也可能是图案、物品或其他事物。商标是一种区分商品或服务来源的标记或者标记组合，是一种特殊的标记或标记组合。如果一种标记或标记组合不是用来区分商品或服务来源的，也不构成商标，就不可能发生反向混淆。同时，基于消费者和社会公众在社会实践中识别商标的实际，在看到一件商标之后，无论观察何等仔细，消费者和社会公众不可能对一件商标的全部细节记忆犹新，只能是对该商标的主要特征留下印象，随着时间的推移和记忆的遗忘，消费者和社会公众更加不可能对该商标的全部细节保有印象，只会对该商标的主要特征和大致轮廓留有印象，以此来作为识别商品或服务来源时的比对对象。相应地，商标反向混淆中的在后商标使用人在使用商标时，只要使用了与在先商标近似的、具有在先商标主要特征的商标，就可能达到混淆商品或服务来源的效果。这一点也符合商标能量圈辐射性和传递能量的特点，商标因为凝结和承载了能量之后，形成了一个耀眼的能量圈或光环圈，发射出“光芒”和信息，其在消费者和社会公众心目中的形象，是其主要特征和大致轮廓，而不是该商标的全部细节。因此，在后商标使用人只要使用了在先商标的主要特征，就可以起到混淆商品或服务来源的效果，就可能构成商标侵权。

第三，商标反向混淆中的混淆不是事实上发生的混淆，而是法律拟制的混淆，即其不是事实问题，而是法律问题。董晓敏法官也认为，商标混淆可能性是一个法律问题，而非单纯的事实问题。[1]因为商标混淆可能性及反向混淆的判断是需要综合考虑商标显著性和知名度、商品类似程度、商标近似程度、消费者注意程度、实际混淆、主观意图这些因素对相关公众认识的影响之后才能对相关公众是否容易发生混淆得出结论，所以是一种法律拟制，而不是也不可能是一种事实判断。商标反向混淆是商标能量圈的反向覆盖、重叠和交叉，由于商标所凝结和承载的能量是一种心理能量，这种能量虽然与自然界的其他能量没有实质上的差异，但其具有无形性，无法用任何仪器或者工具测量或测算、衡量，没有度数、温度、做功等计量单位。

第四，日常生活中发生混淆的主体是全体社会公众，一切社会成员都可能在自然状态下发生混淆。商标反向混淆的主体主要是案涉商标所指代商品或服务的相关消费者或购买者，同时也包括影响消费者购物决策的一些主体。至于具体包括何种、哪些主体，则需要根据具体案件进行具体分析。相关消费者是指正在购买特定商标

[1] 董晓敏．论“反向混淆概念”之不必要［J］．知识产权，2017（5）：50.

所指代商品或服务的消费者，或者将要购买特定商标所指代商品或服务的消费者。他们是消费商标所指代商品或服务的主体和主要群体，也是最可能对商标所指代商品或服务发生混淆的主体，也是由于商标反向混淆而增大购物成本、降低搜寻商品或服务的效率，甚至被误导而作出错误购物决策的群体。如果一名社会成员虽然对某一商标所指代的商品或服务发生了混淆，但其根本就不可能购买该商品或服务（例如，他的职业是一名工程师，他不可能去购买律师袍这样的商品，或者他年届不惑、无儿无女，他就不可能对提供幼儿英语培训的服务有购买意愿），在这种情况下，他对于指代有关商品或服务的商标发生的混淆，就不是相关消费者的混淆，因为他既不是相关商品或服务的即时消费者，也不是相关商品或服务的潜在消费者，就不应纳入商标反向混淆的规制范围。他虽然对指代相关商品或服务的商标发生了混淆，但并不是正在或者将要购买这些商品或服务，这样的混淆就对公平竞争的市场秩序没有破坏，商标标示来源的功能就没有受到侵害，也没有损害商标权人的利益，商标法就没有必要介入。只有在正在或将要购买商品或服务的消费者或潜在消费者对指代相关商品或服务的商标发生了混淆时，商标标示商品来源的功能才受到了侵害，公平竞争的市场秩序才受到了破坏，商标权人的利益才受到损害，相关消费者也才降低了搜寻效率、增加了购物成本。所以，商标反向混淆的主要主体是相关消费者，在多数情况下判断是否构成商标反向混淆只要判断相关消费者是否发生了混淆即可。

商标反向混淆的主体除了诉争商标所指代商品或服务的相关消费者，即现实消费者和潜在消费者之外，还有购买商标所指代商品或服务的非消费者或称为其他购买者。之所以有消费者与购买者之分，是因为《中华人民共和国消费者权益保护法》明确对消费者进行了界定，该法第 2 条的规定，消费者限于为生活消费的需要而购买商品或者接受服务的购买者。因此，并非所有的商品或服务的购买者都是消费者，对于那些并非因生活消费需要而购买商品、服务的购买者，即不是用于“自己用”的购买者，如是为了工作需要、生产经营需要和倒卖赚取差价等目的而购买商品或服务的购买者，就被排除在消费者的范围之外，包括批发商、经销商和投资者等。但是，这些购买者虽然被排除在消费者的范围之外，但不能被排除在商标反向混淆的主体之外。因为这些购买者也会因为商标侵权人的行为而对指代相关商品或服务的商标发生了混淆，从而侵害商标标示商品来源的功能，破坏公平竞争的市场秩序，损害商标权人的利益，同时其自身会降低搜寻效率、增加了购物成本，所以需要商标法对其进行规制。在判断是否构成商标侵权时，也要判断这部分购买者是否发生了混淆。

商标反向混淆的主体还包括一部分影响消费者购物的主体，可称为间接消费者。这部分主体与直接消费者不同，他们不是直接出资购买商标所指代商品或服务的购买者，却会对直接出资购买商标所指代商品或服务的购买者的购物决策产生重大影响，其往往与直接消费者并无区别，所以商标反向混淆的主体也应把他们包括在内。例如，在指代儿童玩具或儿童食品的商标中，儿童的购物选择对父母的决策就具有重要影响，父母通常都是根据儿童的选择和要求，以满足儿童的愿望为目的来进行购物，如果儿童对于所要购买的商品发生了混淆，就会要求父母购买自己选择的侵权人的商品，即儿童的混淆导致父母的混淆。虽然父母在此时充当了消费者出资的角色，但父母的购物决策是根据儿童的选择作出的，因此儿童就是间接消费者。

综上，我们在分析了提出商标反向混淆概念的重要意义，明晰了商标反向混淆中的混淆与日常生活中的混淆的区别后，可以发现商标反向混淆所具有的独特内涵，从中可以得出商标反向混淆的定义。

第二节　商标反向混淆的特征

商标反向混淆是相对于商标正向混淆而言的，无商标正向混淆则无商标反向混淆之说，因此有必要通过商标反向混淆与正向混淆的对比研究，分析商标反向混淆的特征来更加深入地认识商标反向混淆，以便于解决商标反向混淆问题。

一、混淆主体的特殊性

商标反向混淆与商标正向混淆主体的共通之处在于：二者都属于商标混淆，具有商标混淆的共性。在商标混淆中，混淆的主体是包括了相关消费者、其他购买者和间接消费者等其他相关主体在内的相关公众，由于相关消费者的用语仅仅把混淆主体单纯限定在直接购买商品或服务且其用途仅仅是直接消费上，不符合社会实践中那些并未直接购买商品或服务的人也会由于商标侵权人的商标使用行为发生混淆的实际，以及那些购买商品作为原材料、购买商品或服务用于生产经营，而不是用于消费的购买者，所以用相关公众的用语更为准确。在商标反向混淆和商标正向混淆中，混淆主体均为相关公众，这是二者的共通之处。

商标反向混淆与商标正向混淆主体的区别在于：虽然二者的混淆主体均为相关公众，即包括直接消费者、潜在消费者、间接消费者和其他购买者在内的相关公众，但相关公众的具体范围存在差别。

第一，由于混淆类型不同导致混淆主体存在差别。在商标正向混淆中，如前所述，存在来源混淆、关联混淆、售前混淆和售后混淆等四种混淆类型。其中，来源混淆、关联混淆的主体都是正在购买商品或服务的相关公众。来源混淆侵害了商标权人商标标示来源的功能；关联混淆侵害了商标权人商标的质量保证功能，他们在购买特定商标所指代的商品或服务时，对商品或服务的来源关系或关联混淆发生了混同、误认，误认为在后商标所指代的商品或服务提供者是在先商标权人或者与在先商标权人存在投资、赞助和许可关系。售前混淆的主体是准备或者将要购买商品或服务的相关公众，售前混淆侵害了商标的广告宣传功能，使准备或者将要购买商品或服务的相关公众在购买之前发生混淆，所以售前混淆又称初始兴趣混淆，他们由于受商标侵权人的误导，在购买前误以为商标侵权人提供的商品或服务来源于商标权人，或与其有关联关系而产生兴趣和发生兴趣转移，导致侵权人不正当地获得了其本不应获得的交易机会。售后混淆的主体是消费者身边的旁观者或者社会公众，售后混淆侵害了商标的彰显品位功能，消费者身边的旁观者或者社会公众由于受到侵权人的误导，以为该商标所指代商品或服务的消费者购买的是正品，而消费者自身并没有发生混淆，他们是知假买假，他们所追求的就是让旁观者混淆，让旁观者误以为他们所消费的就是该商标所指代的商品或服务即正品，导致的后果是久而久之，该商标所指代的商品或服务就会泛滥，变成随处可见的大众商品或服务，商标权人所塑造的高端、稀缺品牌形象荡然无存，其商标价值大打折扣。而在商标反向混淆中，由于是在后商标强度大于在先商标强度，导致消费者和相关社会公众容易误认为原告的商品直接或间接来源于被告，即反向混淆中也存在来源混淆（直接混淆）和关联混淆（间接混淆）两种类型。

但是，商标反向混淆与商标正向混淆不同，商标反向混淆中不存在售前混淆（初始兴趣混淆）和售后混淆（旁观者混淆）。原因在于，在商标正向混淆的售前混淆中，被告在其商标使用行为中利用和侵害了商标权人商标自身存在的广告宣传功能——这是由原告商标所凝结和承载能量的辐射性所决定的，使消费者和相关公众在购买前产生了混同、误认，发生了注意力转移。虽然消费者和相关公众在购买时已经消除了混淆，但由于已经引起消费者的消费兴趣和购买注意力转移，不正当地获取了更多交易机会，对商标权人而言同样产生来源混淆，侵占商标权人“商誉”，“搭商标权人商标商誉的便车”，损害了公平竞争的市场秩序，应当受到商标法的规制，所以同样是一种商标侵权行为。因此，商标正向混淆的售前混淆存在的前提是商标权人的商标自身具有较高的知名度、影响力，即其自身具有广告宣传功能。但是，在商标反向混淆中，由于是在先商标的知名度和影响力小于在后商标，在先商标所凝结和承载的能量小于在后商标，其所辐射的能量也就弱于在后商标，因此在后商标自身存在的广告宣传功能比在先商标更强，在后商标使用人不可能也没有必要利用和侵害在先商标自身存在的广告宣传功能，因此商标反向混淆中不存在售前混淆，也就不存在售前混淆的主体——准备或者将要购买商品或服务的相关公众。与此类似，对于正向混淆中的售后混淆而言，由于在后商标使用人是利用和侵害了商标权人商标的彰显品位功能，其没有使消费者在购买前和购买时发生混淆，而是在购买后容易使旁观者和社会公众发生混淆，使其误以为在后商标使用人提供的商品或服务直接来源于或者间接来源于商标权人。售后混淆存在的前提是商标权人的商标具有彰显品位功能，而具有彰显品位功能的商标必须是凝结和承载了巨大能量的驰名商标，而且是指代稀缺、高端商品或服务的那类驰名商标。然而，对于商标反向混淆而言，在先商标的强度不但小于在后商标，而且在先商标也不可能是驰名商标，否则就不是反向混淆，所以在先商标不可能具有彰显品位功能，因此反向混淆中不存在售后混淆类型，也就不存在售后混淆的主体，即消费者身边的旁观者或者社会公众。

第二，由于混淆方向不同导致混淆主体存在差别。在商标正向混淆中，由于商标权人商标凝结和承载的能量更大，其知名度和显著性更强，在先商标的能量圈对在后商标的能量圈形成了覆盖、重叠或交叉。由于在后商标使用人多具有“搭便车”的故意，在后商标自身所凝结的能量很弱或几乎没有，所以绝大多数情况下是在先商标的能量圈对在后商标的能量圈形成了覆盖、重叠。因此，确定混淆的主体基本只需要考察与在先商标所指代的商品或服务发生关联的相关公众即可。而在商标反向混淆中，是在后商标的能量圈对在先商标的能量圈形成了反向覆盖、重叠或交叉。如果在先商标自身从未使用过，那么其并未凝结能量，即其自身不具有知名度和显著性，则无能量圈，意味着在后商标的能量圈对在先商标的能量圈形成了反向覆盖、重叠，那么确定混淆的主体只需要考察在后商标所指代的商品或服务的消费者和相关公众即可。如果在先商标经过使用已经凝结了能量，即其自身具有一定知名度和显著性，自身也有一个能量圈，则意味着在后商标的能量圈对在先商标的能量圈形成了反向交叉。这就是说，一部分是在先商标所指代商品或服务的消费者和相关公众发生了混淆，一部分是在后商标所指代商品或服务的消费者和相关公众发生了混淆。因此，在这种情况下，确定混淆的主体既要考察在先商标所指代商品或服务的消费者和相关公众，也要考察在后商标所指代商品或服务的消费者和相关公众。

二、混淆对象的独特性

正向混淆中，由于在后商标使用人基于通过“搭便车”、侵占商誉而使消费者产生混淆、增加自己商品销量的目的，所以其所选择的侵权对象常为具有较高强度、较高知名度和影响力的商标。尤其是那些具有极高强度的驰名商标，更是侵权行为人的首选对象，因为这些商标具有巨大的知名度和影响力，侵权行为人通过与这些商标混淆的商标使用行为，使消费者产生误买误购，可以为自己所提供的商品或服务增加更多的交易机会，赚取更多的利润。而如果在后商标自身是驰名商标的话，由于其自己就具有很高的商誉，不可能再通过模仿他人的商标去侵占他人的商誉、搭他人的“便车”，所以在后商标根本不可能是驰名商标，只可能是普通商标。因此，在正向混淆中，在先商标有可能是驰名商标，而在后商标则不可能是驰名商标。

反向混淆中，如果在先商标是驰名商标，那么其就具有极高的强度，其所凝结和承载的能量极强，也就不可能被在后商标的能量圈所反向交叉、覆盖。那么，既然在先商标的能量圈被在后商标反向交叉、覆盖，表明在先商标的强度较低，所以在先商标不可能是驰名商标。在后商标的强度虽然大于在先商标，但即使经营者投入大量宣传推广，形成了很高的知名度和影响力，即便达到了相对驰名的程度，也属于未注册驰名商标。根据《中华人民共和国商标法》第13条的规定，未注册驰名商标与注册驰名商标不同，其并非法律意义上的驰名商标，不能得到跨类保护。那么根据权利义务相一致的原则，反向混淆中的未注册驰名商标也不应予以跨类禁止。更何况要造就一件驰名商标也绝非易事，还需要长期、全面的投入，绝非一朝一夕之功，反向混淆中的在后商标难以企及。美国著名商标法学者麦卡锡教授也指出，反向混淆不可能在不具竞争关系的商品或服务中存在，因为不具竞争关系的双方，各自的市场和广告是分离的，且其广告针对的是不同消费者群体，即使有零星的消费者发生了混淆，也不会产生“淹没”“覆盖”的效果。[1]而即使真正有确实、充分的证据证明在后商标实现了“淹没”“覆盖”的效果，达到了真正驰名的程度，也需要在我国商标法修改之后，确

[1] MCCARTHY J T.McCarthy on Trademarks and Unfair Competition［M］.4th ed. New York：Thomson West，2010：10.

认对非注册驰名商标和注册驰名商标予以同等保护，同时在现实生活中这种情况也极为少见，通常仅在理论上存在。这决定了现阶段反向混淆案件处理中必须考虑商标所指代商品或服务应限于相同或类似的商品或服务，而不必考虑不相同或不相类似的商品或服务。但是，如果在后商标强度很大，其能量圈可以反向覆盖的范围也更大，也因此造成的混淆可能性也更大，这时如果商品或服务的类似程度较低，也应认定为具有类似性。反之，如果在后商标强度不是特别强，则需要其代表的商品或服务的类似程度较高才可以认定为具有类似性。对此，1997 年美国密苏里东部联邦地区法院就认为，在反向混淆案件中，即使在不相关的产品上消费者也更可能将原告的商标与被告联系在一起。[1] 这是因为反向混淆中通常被告投入商标宣传推广的力度都比较大，使得其商标强度、知名度和影响力也比较大。

而在反向混淆中，在后商标最初为注册在不相同、不相类似商品或服务上的商标，后来逐渐发展为驰名商标，在先商标却依然为普通商标，与正向混淆中在先商标最初为注册在不相同、不相类似商品或服务上的商标，后来逐渐发展成为驰名商标，在后商标却依然为普通商标的情况并无实质区别。这种情况下，双方均为合法商标权人，均为正当使用商标，双方的商标应当共存于市场之中，并可以自主选择是否附加适当区别标识。

因此，与正向混淆不同的是，反向混淆的混淆对象中不可能存

---

[1] Dream Team Collectibles，Inc. v. NBA Props，Inc.，958 F.Supp.1401，1413（E.D.Mo.1997）.

在商标法意义上的驰名商标，不可能实行跨类禁止，反向混淆的混淆对象具有独特性。

三、混淆方向的逆向性

混淆方向相反是反向混淆与正向混淆最主要、最直观的区别，也是反向混淆“得名”的原因。正向混淆中，消费者或社会公众容易误认为在后商标使用人提供的商品或服务直接或间接来源于在先商标权人，即误认为后者直接或间接源于先者，这在混淆方向上也被称为顺向混淆；反向混淆中，消费者或社会公众容易误认为在先商标权人提供的商品或服务直接或间接来源于在后商标使用人，即误认为前者直接或间接来源于后者，这在混淆方向上与顺向混淆或正向混淆完全相反。

正向混淆，又称为顺向混淆，或者一般混淆，之所以把一般混淆称为正向、顺向混淆，除了这种混淆类型在历史传统上就是一种主要的商标混淆类型以外，还存在一种逻辑上的合理性、顺畅性。因为，先者为强、后者为弱，先者为权利人、后者为侵权人，消费者或社会公众误认为后者所提供的商品或服务直接或间接来源于先者，就是后者侵占了先者的商誉、搭载了先者的便车。

反向混淆，又可称为逆向混淆，之所以称为反向、逆向混淆，除了这种混淆类型在历史传统上本身并非一种主流商标混淆类型而被冠以反向、逆向之名以外，其还存在一种逻辑上的非传统性、非顺畅性。既然先者在先、后者在后，先者为权利人、后者为侵权人，为什么又会先者反而弱于后者，从而使消费者或社会公众误认为先者所提供的商品或服务直接或间接来源于后者？后者究竟侵占了先者的什么权利和利益？这也是反向混淆理论自问世以来，长达数十年不为世人所认同、所理解的原因所在。

商标反向混淆与正向混淆之所以会使消费者和相关公众混淆方向相反，其直接原因就在于反向混淆和正向混淆中商标强弱的易位。由于商标本质上是凝结和承载能量的标记或标记组合，因此商标所凝结和承载能量的强弱就决定了商标本身的强弱。

在正向混淆中，在先商标的强度大于在后商标，即在先商标所凝结和承载的能量大于在后商标所凝结和承载的能量。商标如同夜空中的星星，在先商标能量圈、光环圈对在后商标能量圈、光环圈形成了交叉、重叠或覆盖。由于在后商标采取与在先商标相似的形状或结构，使得在后商标的“星光”被淹没、被模糊，导致在后商标自身并无独立地位，不能发挥独立指示商品或服务来源的作用，使消费者和相关公众在观察时误以为其所代表的商品或服务直接或间接来源于在先商标权人。在反向混淆中，在先商标的强度小于在后商标，即在先商标所凝结和承载的能量小于在后商标所凝结和承载的能量。在后商标能量圈、光环圈对在先商标能量圈、光环圈形成反向交叉、反向重叠或反向覆盖，在先商标的“星光”被淹没、被模糊，导致在先商标丧失自身独立地位，不能或不能正常发挥独立指示商品或服务来源的作用，使消费者和相关公众在观察时误以为其所代表的商品或服务直接或间接来源于在后商标使用人。

因此，正向混淆中在先商标的强度大于在后商标，反向混淆中在先商标的强度小于在后商标。这是正向混淆与反向混淆的一个基本区别，也是主要区别。同时，商标强度的强弱易位同时也是产生正向混淆和反向混淆的直接原因。

但是，商标强弱仅指商标本身的强弱，并非完全等同于商标使用人经营实力和市场支配地位的强弱。尽管商标强弱与商标使用人所具有的经营实力和市场支配地位的强弱密切相关，而且通常情况下二者呈正相关关系。但是，在有的情况下，即使商标使用人具有强大的经营实力和市场支配地位，其商标却仅为弱商标。因为，在有的情况下，即使商标使用人的经营实力和市场支配地位很强，但其在一种或几种商标上的投入不大，也会导致其所拥有的商标属于强度较弱的商标，从而成为反向混淆的侵权对象。“游龙”商标侵权案就是如此。[1]在该案中，海尔公司实力雄厚，具有强大的经营实力和市场支配地位，但是海尔公司对其所申请注册的“游龙”商标投入并不大，也仅使用在其生产的笔记本电脑和掌上电脑产品上，尚未在电话机上使用，使得“游龙”商标所凝结和承载的能量并不大。在厦新公司的“厦新游龙 A6”手机进入市场销售，并开展大规模的广告宣传后，对海尔公司的“游龙”商标构成了反向混淆。因此，商标反向混淆的混淆方向具有逆向性，不能仅根据商标使用人经营实力和市场支配地位的强弱来判断商标的强弱。

四、主观意图的复杂性

在正向混淆中，在先商标已经具有一定显著性、知名度和影响力，有的商标强度还很大，在先商标权人主观上没有任何过错，不

[1] 青岛市中级人民法院（2003）青民三初字第 19 号民事判决书。

存在故意或过失。而在后商标使用人主观上均存在过错，其主观意图要么存在疏于查询、检索在先商标的过失，要么是存在“搭便车”、侵占在先商标商誉的故意。所以在正向混淆中，不需要分析在先商标权人的主观意图，只需要分析在后商标使用人的主观意图。

在反向混淆中，在先商标强度都不大，有的在先商标未经实际使用，还不具有商标强度。对于不具有强度的商标，需要结合实际情况具体分析其主观意图。如果在先商标已经注册了较长一段时间（如三年），没有正当理由仍然未经实际使用，或仅是象征性使用，则基本可以判断其主观上具有故意圈占商标资源、进行商标投机或者疏于管理、缺乏积极使用的意图，而不具有真诚使用商标的意图，具有主观过错。同时，对于虽然经过实际使用具有一定强度的在先商标，也还存在商标权人明知或者应知在后商标使用人侵权行为的存在，没有正当理由而怠于、疏于主张权利的情况。这种情况下商标权人的主观意图可能是出于“放水养鱼”，等待时机成熟时发起维权，也可能是对于自身权利的懈怠和轻视，这两种情形下商标权人就存在故意或过失的主观过错。对于在后商标使用人而言，则要么具有疏于查询、检索在先商标的过失，要么明知在先商标的存在而试图凭借自身经营实力将该商标据为己有的故意，但不会存在“搭便车”、侵占在先商标商誉的故意。例如，美国联邦第三巡回上诉法院就认为，在反向混淆案件中，应当审查在后商标使用人是否存在将在先商标权人挤出市场的主观意图。[1]而将在先商标权人挤出市场的最终目的还是在于将该商标据为己有。

因此，反向混淆中，在先商标权人和在后商标使用人的主观意图与正向混淆均有所不同，在反向混淆案件中需要根据案件情况进行深入细致的分析。其中，既需要分析在先商标权人的主观意图、是否存在过错，也需要分析在后商标使用人的主观意图。

五、损害后果的隐蔽性

在正向混淆中，由于在后商标强度小于在先商标，在后商标使用人的侵权行为使其商标与在先商标发生混淆。不同的混淆类型侵害商标不同的功能。在正向混淆的来源混淆中，在后商标使用人的侵权行为侵犯商标的标示来源功能，导致消费者和社会公众无法根据商标有效地识别商品或服务的来源；在正向混淆的关联混淆中，在后商标使用人的侵权行为侵害商标的质量保证功能，导致消费者和社会公众无法根据商标来对其所指代的商品质量作为判断，使在先商标所代表的商品或服务质量失去控制和保障，从而对其所指代的商品品质产生怀疑，使商标不能正常发挥质量保证功能；在正向混淆的售前混淆中，在后商标使用人的侵权行为侵害商标的广告宣传功能，导致消费者和社会公众对商标权人商标的信赖程度和吸引力、宣传效果降低，在再次见到商标权人的商标时会产生疑惑和犹

[1] Freedom Card，Inc. v. JPM organ Chase & Co.，432 F.3d 463，479（3d Cir.2005）.

豫，商标权人的商标不会再像以前一样对消费者和社会公众产生召唤和吸引，不能正常发挥广告宣传功能；在正向混淆的售后混淆中，在后商标使用人的侵权行为侵害商标的彰显品位功能，导致消费者和社会公众对商标所代表的高端、稀缺等品位的评价降低，使商标不能正常发挥彰显品位功能。这些正向混淆类型对商标权人产生的损害后果是：不但使商标所凝结和承载的商誉、价值、能量受损，而且导致一部分本来要购买在先商标所指代商品或服务的消费者，却在在后混淆商标的指引下买到了侵权人提供的商品或服务，造成商标权人的利润流失。这些损害对于商标权人而言，都是一种现实利益的损害。

在反向混淆中，由于在后商标强度大于在先商标，对于商标权人产生的损害后果是：由于在后商标使用人的侵权行为，导致消费者和相关公众广泛地将在先商标与侵权人联系起来，使其商标能量圈持续扩大，反向覆盖和淹没在先商标，使在先商标的未来生存和发展空间被窒息和挤压，失去独立市场地位，致使在先商标权人逐渐丧失对自己商标的控制和拥有。但是，在反向混淆中除了可能存在的一些“生产假冒产品”等错误指责之外，通常不会产生商标权人直接商誉受损和利润流失的情况，相反还往往会使商标权人无意间分享了在后商标使用人大力投入广告宣传等商标使用行为所带来销量增加的利益。也就是说，这种损害后果是一种预期的生存和发展空间、发展利益受损，而不是现实利益受损，在现实利益方面还会使商标权人短期利益得到增加。因此，反向混淆与正向混淆损害后果的不同在于损害预期利益和现实利益之别。

商标反向混淆对于商标权人和消费者、社会公众所产生的损害是十分隐蔽的，短时间内不易察觉。对于商标权人而言，在商标反向混淆案件中，其无商誉可供侵占，这是导致反向混淆长期以来不被认定为商标侵权的最主要因素。不仅如此，在商标反向混淆案件中，商标权人的经济利益往往并未因在后商标使用人的商标使用行为受到损失，反而由于在后商标使用人的大规模广告宣传和促销活动提高了知名度，产生“反向搭便车”的效果，使商标权人提供的商品或服务的销量获得一定幅度的增长，提高了商标权人的经济效益。但是，这些均为表面现象，反向混淆对于商标权人的损害是隐蔽的。由于在后商标使用人的商标使用行为，导致消费者和社会公众将该系争商标与在后商标使用人联系起来，一提到系争商标就会联想到在后商标使用人，久而久之，就会割断系争商标与商标权人的联系，商标权人就会在事实上失去系争商标，从而无法再对系争商标进行投入，也无法掌控其商誉和价值。这种损害是长期的、渐进的，短时期内不易察觉，因此非常隐蔽。而对于消费者和社会公众而言，表面上看不会产生什么损害后果，但如果在商标权人也对系争商标投入了使用，使其具有了一定程度的知名度和影响力，即也使系争商标凝结和承载了一定商誉的情况下，就会使消费者和社会公众根据系争商标的指引进行购物时发生混同、误认和误购误买，如可能导致本来想买商标权人提供的商品却买到了在后商标使用人提供的商品、本来想买在后商标使用人提供的商品却买到了商标权人提供的商品，白白地增加了购物成本，降低了经济效率。因此，商标反向混淆的损害后果无论对于商标权人还是对于消费者和社会公众都具有其隐蔽性。

第三节　商标反向混淆的类型

商标反向混淆和商标正向混淆都属于商标混淆的类型。商标正向混淆分为四种类型，这四种类型的混淆均侵害了商标的相应功能。商标反向混淆中的商标所具有的商标功能不同于正向混淆中的商标，商标反向混淆的类型也与商标正向混淆的类型不同。

一、商标混淆的类型

随着社会的发展，商标作为一种标记，其发挥的功能与作用也在不断拓展，与之相应，其侵权判定标准也不断发生变化，表现形式也不断扩大。最初商标并不具有区分商品来源的功能，仅具有一种标示所有和便于监管的作用，在具备了区分商品来源功能之后，相应地就产生商标混淆问题，逐渐出现了多种混淆类型。根据不同的划分方法，可以对商标混淆进行如下分类。

（一）直接混淆与间接混淆

以商标混淆含义的广狭为标准划分，混淆有广义和狭义之分。狭义的混淆又称直接混淆或出处混淆、来源混淆，是指商标使用行为导致消费者对商品或服务的来源或出处产生的混淆，即商标使用行为导致消费者误认为此商品或服务与彼商品或服务源自同一家企业或组织；广义的混淆又称间接混淆或联想混淆，是指商标使用行为导致消费者虽然能够分辨某商标标示的商品或服务并非源自同一企业或组织，但却可能会导致消费者认为该企业与实际生产者之间有某种许可、赞助、参股、控股或其他关系，但实际上并不存在这种关系。

1. 直接混淆

直接混淆，即来源混淆，是最基本、最常见的商标混淆类型。商标作为一种标记、符号，“其历史足可等同于商业交往本身”[1]。最初商标的作用主要在于：一是表示归属。早在原始社会和古埃及时期，人们就开始在砖块、陶器、盾牌和木棍等物上使用标记，这些标记的作用在于表示这些物品归属其主人所有，便于主人识别其物品。二是确定责任。经济发展到一定阶段，市场和贸易发展起来，国家根据监管需要设立了市场管理机构，在物品上打上标记就是确定商品来源、厘清责任，便于进行市场监管。在西方中世纪时期，法律、行政命令、行会规范等强制要求使用一些产生标记，也是便于确定责任、开展市场监管。随着中世纪后商品经济的发展，商业交往的繁荣及商品种类的增多，商标客观上自发地具有了标示商品来源的作用。随之相伴，商标具备了基本功能——标示来源。

与此相应，市场上那些代表信誉良好、质量可靠商品的商标逐渐积累了商誉，更受消费者的青睐。其他一些经营者见状便通过仿冒其商标，冒充其商品来走捷径，获取不正当利益，导致商标混淆的基本类型——直接混淆，即来源混淆产生了。16 世纪之后，基于商人防止他人冒用其商标的需求，英国政府开始颁布法令，制裁各种仿冒他人商标的行为。[2] 这一阶段商标侵权判定的理论基础在于

[1] 李雨峰．重塑侵害商标权的认定标准［J］．现代法学，2010（6）：50.

[2] 余俊．商标法律进化论［M］．武汉：华中科技大学出版社，2011：64.

规范商业活动中的不诚信竞争行为，维护良好的市场竞争秩序，因此这一时期商标侵权判定的标准在于被诉侵权人是否具有欺诈的主观意图，原告必须证明被告主观上具有欺诈的意图才能胜诉。20世纪初之后，由于商标权人要证明侵权人具有主观恶意的难度很高，混淆可能性所具有的客观特征更容易适用和操作，因此混淆可能性标准逐渐代替了主观欺诈标准。但是，商标侵权判定标准无论是哪种，其指向的目标都是使消费者会产生来源混淆。对于主观欺诈标准而言，如果消费者不具有产生来源混淆的可能性，侵权行为人就不可能存在欺诈行为，不会产生仿冒的后果，混淆可能性标准只不过更直接、更明确和更易于操作而已。

2. 间接混淆

随着商品经济的发展和市场竞争的激烈程度加剧，面对现代社会激烈的市场竞争，培育一个全新的知名商标不但需要大量的成本投入，而且要承担不可预知的发展后果。同时，所谓“逆水行舟，不进则退”，企业单一商标产品的单线经营会面临上下游供应商、销售商变化带来的巨大市场风险，难以生存。因此，许多现代企业选择依托现有商标的知名度和影响力，将现有品牌扩展使用到新产品上，以较低的成本将新产品快速打入目标市场，迅速抢占细分市场份额和区域市场份额，形成多元产品组合，使企业不断发展壮大。相应地，同一企业在不同商品上使用相同或近似商标的情况越来越普遍。此外，企业为了充分运用商标的资源优势，最大限度地挖掘经营潜力、拓展经营规模，越来越多地采用特许经营和商标许可。随着市场与消费者的密切接触和互动，商家和企业的这些经营模式也越来越为消费者所普遍熟悉和了解。

在这种背景下，关联混淆（间接混淆）应运而生。所谓关联混淆，是指侵权行为人的商标使用行为虽然不会使消费者混淆商品的来源，即不太可能会使消费者误认为这些商品来源于同一生产者，但可能使消费者误以为这些商品生产者之间具有投资、许可或者赞助等关联关系。

3. 直接混淆与间接混淆的关系

如果运用欧盟商标联想可能性的理论和思想来观察和分析商标混淆中的直接混淆和间接混淆问题，可以发现二者涉及的使消费者产生的联想程度是存在差别的。根据程度的不同，联想可以分为三种情况：第一种情况是消费者对商标所指代商品、服务的来源产生混淆、误认，即直接混淆或直接联想。第二种情况是不会产生直接混淆或直接联想，但会使消费者误认为商标所有人之间存在关联联系，即间接混淆或间接联想。第三种情况是使消费者对商标不会产生任何混淆、误认，仅使消费者唤起记忆，产生单纯的、轻度的联想，即纯粹联想。[1] 该理论实际上是说在第一、第二种情况下，消费者会产生来源混淆（直接混淆）和关联混淆（间接混淆），即混淆性联想，在第三种情况下会产生商标淡化，即淡化性联想。第一种情况下消费者所产生的是一种深度联想，会导致来源混淆；第二种情况下消费者所产生的是一种中等程度联想，会导致关联混淆；第三种情况下公众所产生的是一种轻度、浅层次联想，会导致商标淡化。轻度联想，又可称为浅层次联想或淡化性联想。

因此，直接混淆与间接混淆所引发的公众联想程度不同，直接

[1] 黄晖．驰名商标和著名商标的法律保护［M］．北京：法律出版社，2001：126.

混淆引发消费者深度联想，间接混淆引发消费者中度联想。

（二）现实混淆和可能混淆

以商标混淆是否实际发生为划分标准，可以分为现实混淆与可能混淆。现实混淆指消费者在客观上已经发生了混淆、误认的事实；可能混淆则不要求已经产生混淆的事实，而只是具有混淆的可能性，足以发生混淆即可。

商标混淆作为商标侵权判定标准，区分现实混淆和可能混淆的意义在于是以现实混淆作为商标侵权判定标准还是以可能混淆，即混淆可能性作为商标侵权判定标准。

为什么要将商标混淆可能性作为商标侵权判定标准，而不以现实混淆、商标显著性或者商标近似等作为商标侵权判定标准？这主要由以下三个因素决定。

1. 由商标自身的存在基础决定

商标作为一种区分商品或服务来源的标记或标记组合，其自身存在的基础就是能够区分商品或服务的来源，其关键词是“区别”“区分”“识别”等。而与此相对应和对立、直接破坏商标存在基础的只有商标混淆，其关键词是“混淆”“混同”“误认”等。所有侵犯商标权行为的实质是破坏了商标的存在基础，使商标不能够区分商品或服务来源，从而使商标“泯然众人矣”，沦为普通的标记或标记组合。也就是说，在商标侵权判定中，是否造成商标权人的商标混淆才是最核心、最基本的标准。商标混淆标准着眼于商标的存在基础，一针见血、切中肯綮，把握住了商标侵权行为的实质和核心。

其他商标侵权判定标准，如商标构成要素近似、商标显著性、商标使用[1]、联想可能性[2]等，均只是某一方面的因素或只在某种特定环境下，需结合其他因素共同、综合判断是否使商标不能区分商品或服务来源，从而破坏了商标的存在基础。例如，商标构成要素近似要结合商标显著性、商品相同或类似等因素来判断是否使商标不能区分商品或服务来源；商标使用要结合具体商标使用情况、使用效果来判断是否使商标不能区分商品或服务来源；联想可能性只适合针对驰名商标，如果用于作为所有商标的侵权判定标准，则其并未破坏商标的存在基础，不适当地扩大了商标的保护范围。也就是说，其他商标侵权判定标准只是外围地、间接地、碎片化地触及商标的存在基础，并未像商标混淆一样直接触及商标的存在基础。

因此，确立商标混淆作为商标侵权判定标准是由商标自身的存在基础决定的。

2. 由商标使用的实践历程决定

在西方商品经济发展的早期即 16 世纪末 17 世纪初，商标权还不被认为是一种独立权利类型，普通法和衡平法规制的重点都是市场竞争中的不诚信商业行为，即从维护和规范市场竞争秩序的角度来维护社会公共利益，因而这一时期的商标侵权判定标准是主观欺诈。经营者要想获得法律的救济，必须证明被告主观上存在故意欺

---

❶ BARRETT M.Internet Trademark Suits and the Demise of “Trademark use”［J］. Davis Law Review，2006，39：375.

❷ 黄晖 . 商标法［M］.2 版 . 北京：法律出版社，2016：125-126.

诈的意图。[1]随着商品经济的发展和繁荣，市场上商品种类日益繁多，商标权也逐渐发展为一项独立权利。对于经营者的权利仅能通过假冒之诉来获得保障的主观欺诈侵权判断标准，由于其严苛的举证要求等已越来越不适应社会实践的要求，由此引发的矛盾越来越突出。商标权人、消费者的利益都因为市场上商标的混淆问题而受到损害。对商标权人而言，由于市场上的商标混淆，商标权受到侵害，使消费者不能购买到商标权人的商品而购买其他发生混淆的商品，造成其交易机会的丧失和利益的损害；对消费者而言，由于商标混淆而买到了其他商家的商品，不能购买到自己想买的、称心如意的商品，不能认牌购物，造成自己利益的损害。因而在19世纪中期之后，混淆可能性标准逐渐作为商标侵权判定的标准得以确立。[2]

由此可见，混淆可能性作为商标侵权判定标准的确立是在近三百年时间里，商标使用实践是一个渐进的、自然的和历史的过程。商标权人通过商标、商品与消费者发生紧密联系，消费者对商标产生混淆必然损害商标权人的利益，以商标混淆可能性作为商标侵权判定标准，表面上看是以消费者是否发生混淆为着眼点，是消费者中心主义[3]，实际上其有机整合了商标权人与消费者的共同利益，抓住了双方共同利益的交会点。所以，商标侵权判定以混淆可能性为标准既是伴随着商标财产权观念的兴起而出现的、立足于保

---

[1] CASAGRANDE T L.A Verdict for Your Thoughts? Why an Accused Trademark Infringer's.Intent Has No Place in Likelihood of Confusion Analysis［J］.The Trademark Reporter，2011，101（5）：1450.

[2] 姚鹤徽．商标混淆可能性研究［M］．北京：知识产权出版社，2015：64.

[3] 李雨峰．重塑侵害商标权的认定标准［J］．现代法学，2010（6）：46.

护商标权人利益的需要，也是其所具有的全面兼顾商标权人利益和消费者利益的综合性特点而决定的，因而具有历史必然性。

3. 由商标显著性与混淆可能性的关系决定

商标显著性是商标的突出特征和区别性。近年来，有学者提出显著性是商标的本质，商标侵权判定标准应为“显著性受到损害之虞”[1]。对此，笔者不能苟同。

商标在本质上是商标使用人投入劳动转化的能量的载体，商标权在本质上是法律对商标所凝结和承载能量的保护，商标只有在凝结和承载了能量之后才建立起与所指代商品或服务的联系。同时商标显著性主要是指其获得显著性，而不是固有显著性。[2]商标显著性是商标在凝结和承载了能量之后所表现出来的外部特征和识别性、区别性，是一种现象，并非商标的本质。“商标显著性受到损害之虞”并未触及商标权的本质，仅是损害了商标权的外部特征，不宜作为商标侵权判定标准。

同时，由于商标显著性是商标在凝结和承载了能量之后所表现出来的外部特征和识别性、区别性，实际上就是商标强度。商标所凝结能量的强度越大，商标显著性也就越强；商标所凝结能量的强度越小，商标显著性也就越弱。“世界上最强的商标在消费者的意识中占有一席之地。”[3]如果把商标比喻为夜空中的星星，由于每一

[1] 李雨峰．侵害商标权判定标准研究［M］．北京：知识产权出版社，2016：196.

[2] 商标固有显著性是商标所具有适宜凝结和承载能量的适载性，实质上是一种法律假定、拟制。商标获得显著性才是商标已经凝结和承载能量之后的现实性。

[3] TUSHNET R.Gone In Sixty Milliseconds：Trademark Law And Cognitive Science［J］.Texas Law Review，2008，86：516.

个商标都有一个能量圈、光环圈，因此商标显著性就是商标包括其能量圈、光环圈在内而呈现出的整体亮度或者说耀眼度。如果把商标比喻为发光的电灯泡，则该商标所凝结或承载的能量就相当于该灯泡的功率（瓦数），该商标的显著性就相当于该灯泡的亮度。灯泡的功率越大，灯泡也就越亮；灯泡的功率越小，灯泡也就越暗。商标显著性与混淆可能性的关系在于，商标显著性决定了商标能量圈的大小和范围，而商标混淆可能性在本质上又是商标能量圈交叉、重叠或覆盖的可能性，因此，商标显著性就决定了商标混淆可能性的大小和范围。也就是说，当一个商标的显著性越强时，它的能量圈就越大、覆盖面就越广，就越容易和其他商标产生混淆；反之，当一个商标的显著性越弱时，它的能量圈就越小、覆盖面就越窄，就越不容易和其他商标产生混淆。所以，商标显著性与商标混淆可能性是正相关的关系。对于国内外一些认为商标显著性越强就越不容易与其他商标产生混淆，消费者越容易分辨的认识[1]，其实是一种基于感观上的错误认识，误以为商标的显著性是其标记或标记组合自身的显著性，没有认识到当商标所凝结和承载能量很强时，构成商标的标记或标记组合自身的形状和状态就会受到一定程度的包裹和遮盖，因而商标的显著性是商标所凝结能量和整个能量圈的显著性。

因此，以混淆作为商标侵权判定标准，从其一诞生采用的就是可能混淆理论，当前所指的商标混淆，通常就是指商标混淆可能性。

---

[1] 彭学龙．商标法基本范畴的心理学分析［J］．法学研究，2008（2）：42-43.

（三）售前混淆、售中混淆和售后混淆

以商标混淆发生的时间段为划分标准，商标混淆可以划分为售前混淆、售中混淆和售后混淆。

售前混淆是指侵权行为人的商标使用行为使消费者发生了混淆、误认，以为侵权行为人提供的商品或服务来源于消费者有兴趣的商品或服务提供者，或者与其具有赞助、许可或投资等关联关系，引发了消费者最初的购买兴趣，但在消费者实际购买时已经消除混淆、明辨了商品或服务的来源。售前混淆是伴随着现代经济活动的发展而产生的。随着经济社会的发展，在社会生活中出现了不同于传统的未经商标权人同意而使用与其商标相同或近似的标识，导致消费者对商品或服务的来源产生混淆的新型商标使用"搭便车"的行为。行为人有意通过使用商标权人的商标，既使消费者能够在购买商品或服务之前发生直接混淆或间接混淆，又通过适当的区别方式等手段，能使消费者在购买商品或服务之时可以分清商品来源，不会发生直接混淆或间接混淆，从而吸引或激发消费者的购买兴趣，不正当地获取了不该属于自己的交易机会。例如，侵权行为人在商店门口、广告牌上通过使用与商标权人相同或近似的商标，使消费者误以为商店内有该商标权人的商品或服务，或者使消费者误以为商店内有该商标权人授权、投资、许可的商品或服务，而吸引消费者进入店内。当消费者进入商店内察看商品或服务之后，发现并非自己原来感兴趣的商品或服务，无论消费者是选择留下还是选择离开，此时的侵权行为都已经成功吸引了消费者的兴趣与注意，就有可能使一部分消费者基于时间紧张或者好奇等因素改

变自己的选择，转而购买侵权的商品或服务。售前混淆行为同样扰乱了市场竞争秩序，增加了消费者搜寻商品或服务的成本，是一种新型“搭便车”行为，应当受到法律规制。美国国会1962年修订《兰哈姆法》时把1946年版《兰哈姆法》中的限定词购买者、来源等用语删除，使其法条表述为“商标使用行为很有可能导致混淆、误认，或者造成欺诈”，使一些法院陆续运用售前混淆理论，即初始兴趣混淆理论来处理案件。

售中混淆，又称来源混淆、直接混淆，是指消费者在实际购买商品或服务时发生的混淆。

售后混淆，是指消费者在购买商品或服务时并未混淆，但其随后对商品或服务的使用可能导致其他消费者或者社会公众等旁观者的混淆，故又称旁观者混淆。这种商标侵权现象多发生于“知假买假”和“知假买像”的情形。“知假买假”，如好虚荣的女士A故意购买假冒的LV包，向闺密B炫耀其购买了真品，但使用不久就可能严重损坏，闺密B从此失去了购买LV包的兴趣。B为旁观者，也是潜在购买者。“知假买像”，如一牛仔裤生产商在自己生产的牛仔裤后袋上使用了某著名牛仔裤标志，同时又在其牛仔裤的标牌上明确地标明了自己的商标，这样消费者在购买牛仔裤时因为其明白无误地使用了自己的商标，不会发生混淆，但消费者在穿着该牛仔裤时必然会取下该商标，而牛仔裤后袋上与某著名牛仔裤标志相同的标识则会使旁观者产生混淆。在这种商标侵权现象中，消费者基于价格、侵权行为使用明显的区别标志不会发生售前混淆和售中混淆，但却很可能发生售后混淆。

（四）正向混淆与反向混淆

以消费者对商标混淆的方向为划分标准，可以把商标混淆划分为正向混淆与反向混淆。正向混淆，又称顺向混淆，是指由于商标侵权人的商标使用行为，使消费者误以为在后商标使用人提供的商品或服务来源于在先商标权人，或者误以为在后商标使用人提供的商品或服务与在先商标权人具有关联关系，是一种常见的、传统的商标侵权行为；反向混淆是指消费者误以为在先商标权人的商品或服务来源于在后商标使用人，或者误以为在先商标权人的商品或服务与在后商标使用人具有关联关系。

正向混淆在实质上是商标侵权人通过自己的商标使用行为，使用与商标权人商标相同或者近似的商标，实现对商标权人商标所凝结能量和商誉的侵占，使消费者误以为商标侵权人所提供的商品或服务与某商标权人所提供的商品或服务具有同一来源或具有关联关系，从而发生混淆、误认和误导，产生购买冲动，是一种“搭便车”“傍名牌”的行为。在社会实践中，绝大多数商标侵权行为都表现为正向混淆。

反向混淆则与正向混淆不同。反向混淆实质上对于商标侵权人而言，由于商标权人的商标并未凝结太大或太多的能量和商誉，在市场上表现为一种“弱势商标”，并未实现对商标权人商标所凝结能量和商誉的侵占，商标侵权人也无此意图，而只是对商标权人商标标记本身的侵占，即对商标载体的侵占。所以反向混淆产生之初在美国就具有很大的争议，很长一段时间都不为社会与司法实践所接纳。反向混淆产生的通常原因是在后商标使用人投入强大、巨额广告宣传，为商标注入强大能量、商誉，从而使消费者产生与正向混淆方向相反的混淆、误认。

二、不同类型商标正向混淆所侵害的商标功能

（一）来源混淆侵害商标标示来源功能

商标作为一种区别商品或服务来源的标记或标记组合，其基本功能是标示来源。商标之所以能够标示来源，是由商标所凝结和承载能量的辐射性特点所决定的。商标所凝结和承载的能量不断以信息的形式向外辐射能量，向消费者和社会公众以信息发送的方式进行能量输送和传递，向他们传输有关该商品或服务的相关信息、有关该商品或服务的经营者的相关信息，影响他们的购物决策，并使他们作出实际购买行为，从而完成物质、能量交换。来源混淆可能性，简称来源混淆或出处混淆，侵犯了商标标示来源的功能，使商标能量圈很可能发生交叉、重叠或覆盖，使商标不能正常进行能量辐射和信息传递，导致消费者和社会公众容易产生混淆、误认，不能正常认牌购物。

来源混淆是消费者在购买时对商品或服务来源发生的混淆、误认，因此又可称为销售混淆、直接混淆，是商标混淆可能性最主要、最基本的混淆类型。从 19 世纪中期混淆可能性取代主观欺诈作为商标侵权判定标准，直到 1962 年美国国会对《兰哈姆法》进行修订之前的百余年，英美国家在适用混淆可能性作为商标侵权判

定标准时，此时的混淆可能性仅指来源混淆。[1]这是由当时商品生产关系相对单一的结构所决定的，市场上所提供的商品都直接通过商标与特定的经营者联系在一起，商标直接对应着特定的商品来源或出处。直至当代，来源混淆依然是商标混淆可能性最主要、最基本的混淆类型。只不过，由于商标的使用对象已由商品扩展到商品和服务，因此，此时的来源混淆不仅指对商品生产者、制造者和加工者的混淆，也包括了对销售者、进口者和其他各类服务提供者的混淆。我们通常所讲的商标混淆可能性，在很大程度上就是指来源混淆可能性。

（二）关联混淆侵害商标质量保证功能

关联混淆是指商标侵权使用行为不会使消费者和社会公众误认为其使用者与原始商标权人存在同一来源关系，而是容易使消费者和社会公众误认为其使用者与原始商标权人之间存在某种附属、赞助、许可等关联关系。附属、赞助、许可等关联关系实际上是指一种间接来源关系，所以同样可以采用来源混淆的具体认定标准，只不过关联混淆是在符合来源混淆全部具体认定标准的同时，又被侵权人通过有意识的商标使用行为标明了真实来源或其他标志区分直接来源，以使消费者不会发生来源混淆的情形。

在商标功能扩展到质量保证功能之后，基于商标所代表商品或服务质量水平的稳定、持续或一致，即使经营者开展各类扩大规模的生产经营活动，运用多种经营模式和关联关系，将商标运用到其

[1] PATTISHALL B W.The Lanham Trademark Act：Its Impact over Four Decades［J］.The Trademark Reporter，1986，76：208.

他不相同或不相类似的商品或服务中去，也为消费者和社会公众所熟悉和认可，经营者和消费者双方的利益均可以得到维护，社会经济秩序得以正常运转。但是，一些侵权者对此产生了投机心理，为了利用商标权人的商誉，同时又能规避侵权指控，在未得到商标权人许可、同意的情况下，在自己经营的商品或服务上使用与商标权人相同或近似的商标，同时有意地标明商品或服务的真实来源或出处，这样就不会造成消费者和社会公众在来源上的混淆，从而故意给消费者和社会公众制造一种与商标权人有关联关系的假象。这样，一方面，对于消费者而言，不会发生来源上的混淆，但会发生具有关联关系的混淆，但由于并不存在真实的关联关系，商标所代表的商品或服务的质量无法得到保证，或者说使商标所代表的商品或服务质量处于失控和高度危险状态，容易导致消费者发生误买误购，导致购买到质量不佳的商品或服务，使消费者自身的利益受损。另一方面，对于商标权人而言，由于消费者经常在该商标的指引下购买到质量不佳的商品或服务，其会对商标作出负面评价，损害商标所凝结和承载的商誉、价值、劳动和能量，从而损害商标权人利益。归根结底，侵权人的行为实质上是对商标质量保证功能的侵害。由于消费者信任商标所指代商品或服务的质量才依据商标实施了购买行为，侵权人的侵权行为导致消费者权益受损，感到上当受骗，就会对该商标所具有的质量保证功能产生怀疑和否定，认为该商标所代表的商品或服务质量水平参差不齐，不值得信任，不再购买该商标所代表的商品或服务，严重妨碍该商标今后的使用、生存和发展。

那么，是不是商标侵权人所提供的商品或服务质量较高，就不会损害商标的质量保证功能呢？对此，笔者认为，即使侵权人所提供的商品或服务质量较高，也会损害商标的质量保证功能。一方面，商标权人之所以能够保证其商品或服务的质量，一件商标之所以能够真正保证质量稳定，通常都是经过商标权人多年实践和磨炼，有很大程度的经验和技术支撑，有的还含有专利技术或商业秘密，未取得商标权人支持的侵权人贸然使用该商标或近似商标，即使其所提供的商品或服务一时质量较高，也难以保证能长期持续。另一方面，侵权人的行为脱离了商标权人的授权和控制，违背了商标权人的意愿，难以保障商标所凝结的商誉、价值、劳动和能量的维持，难以保证商品或服务的质量水平。商标权人所经营的商标一般都是商标权人自身通过长期艰苦创业、不断投入的结果，只有商标权人自身才最珍惜商标的商誉，即使侵权人所提供的商品或服务质量一时较高，也不能保证其能够一如既往地珍惜商标的商誉，从而使商标权人的商誉处于极大的危险和不确定性之中。

美国1962年《兰哈姆法》修正案对1946年《兰哈姆法》进行了修改，删除了混淆对象中“商品或服务的来源”的规定[1]，由此为关联混淆的确立奠定了基础，之后又分别在1988年《兰哈姆法》修正案和第三次不正当竞争法重述中明确确立了关联混淆规则。《德国商标法》中规定有直接混淆和间接混淆制度，相当于来源混淆和关联混淆。[2]《中华人民共和国商标法》没有明确规定关联混淆规则。2002年《最高人民法院关于审理商标民事纠纷案件适用法

[1] PATTISHALL B W.The Lanham Trademark Act：Its Impact over Four Decades［J］.The Trademark Reporter，1986，76：209.

[2] 彭学龙．商标法基本范畴的心理学分析［J］．法学研究，2008（2）：209.

律若干问题的解释》第 9 条将商标近似规定为“易使相关公众对商品的来源产生误认或者认为其来源与原告注册商标的商品有特定的联系”，据此可以认为初步确立了关联混淆规则；2007 年公布的《关于审理不正当竞争民事案件应用法律若干问题的解释》第 4 条规定，“对商品的来源产生误认”包括误认为“具有许可使用、关联企业关系等特定联系的”，则明确了关联混淆规则适用于《中华人民共和国反不正当竞争法》第 6 条第 1 款第（六）项规定的“有一定影响的商品名称、包装、装潢”。

（三）售前混淆侵害商标广告宣传功能

美国 1962 年《兰哈姆法》修正案中不但删除了混淆对象中“商品或服务的来源”这一规定，还删除了“购买者”的规定[1]，即混淆时间不限于购买时，还扩展到了购买前后，扩大了混淆可能性的适用范围。此后，在美国和欧盟的司法判例中均确立了初始兴趣混淆理论，即售前混淆理论。

所谓售前混淆，是指商标侵权人的商标使用行为容易导致消费者和社会公众在购买商品或服务之前发生混淆，在进一步了解情况后和实际购买之际又消除了混淆可能性，而在购买时混淆已不存在，但已经使消费者消费兴趣和购买注意力转移至侵权商标，致使商标权人丧失交易机会的一种商标混淆可能性类型。售前混淆可分为基于来源关系的售前混淆和基于关联关系的售前混淆。基于来源关系的售前混淆，是指侵权商标导致消费者和社会公众在购买商品

[1] PATTISHALL B W.The Lanham Trademark Act：Its Impact over Four Decades［J］.The Trademark Reporter，1986，76：208.

或服务之前，误以为侵权商标与原始商标具有同一来源关系。基于关联关系的售前混淆，是指侵权商标导致消费者和社会公众在购买商品或服务之前，误以为侵权商标与原始商标具有关联关系。

那么，既然消费者在购买时已经消除了混淆和误认，为什么售前混淆也被认为是一种商标侵权行为呢？这是因为售前混淆实质上是对商标广告宣传功能的侵害，而不是对商标标示来源功能的侵害。如前所述，商标具有广告宣传功能，可以通过多种方式，以现代传媒为载体，向消费者和社会公众传递信息，吸引、召唤他们前来认牌购物。对于一些一定范围内知名度较大的商标而言，在特定场景下，其自身的存在就具有广告宣传功能。侵权人选择通过不正当使用商标权人的商标或近似商标，利用商标权人商标存在的广告宣传功能，故意向消费者传递虚假、错误信息或者含混、模糊信息，制造假象，不但在行为上违反了市场交易活动中应该遵守的诚实信用原则，是一种不诚信的经营行为，而且也造成了损害商标权人利益、增加消费者购物成本的不良后果，扰乱了市场竞争秩序。之所以损害了商标权人的利益，是因为售前混淆使商标广告宣传功能受到侵害，误导消费者，侵占了商标权人的交易机会，容易导致商标广告宣传功能弱化乃至丧失，失去社会公众的信赖。售前混淆问题不仅在传统有形市场中存在，尤其在网络领域中更为突出，如将他人商标用作元标签、关键词广告等。

有学者认为，售前混淆不应纳入商标侵权行为范畴，因为其为消费者提供了更多选择机会，增加了消费者的福利。[1] 这种观点是

---

[1] 黄汇．售前混淆之批判和售后混淆之证成——兼谈我国《商标法》的第三次修改［J］．电子知识产权，2008（6）：12.

值得商榷的。我们先不谈售前混淆损害了商标权人的权益，仅针对消费者而言，尽管消费者在售前混淆发生后有可能确实多了一些选择机会和所谓的“福利”，但是，一方面，我们不应该以一项行为产生的偶然良性后果来评判该行为是否合法，而应该以行为本身的性质来评判该行为是否合法，就如同我们不能因为盗窃犯因盗窃贪官的巨额财产偶然揭露了贪腐，为社会消除了毒瘤而认为该盗窃犯的行为不构成犯罪一样。此外，并不是所有情境下消费者都需要这些选择机会和所谓的“福利”，提供这些选择机会和“福利”反而违背了消费者的意愿和初衷。另一方面，在现代市场竞争环境下，消费者很容易获取各种信息甚至经常会被灌输很多信息，本来就有许多选择机会和所谓的“福利”，而不应以侵权人欺骗消费者、违背消费者初始本意的方式提供。如果所有经营者都采取这种方式来给消费者提供选择机会和增加“福利”，那么市场交易中还有什么是可以相信的呢？市场交易活动还要不要遵守诚实信用原则呢？

有学者认为售前混淆规则舍弃了混淆可能性的侵权认定标准，系不恰当地扩张了商标权人的权利[1]，对此笔者持不同意见。售前混淆规则并未舍弃混淆可能性的侵权认定标准，而只是将混淆可能性认定的时间点从售中提前到售前。售前混淆规则保护了商标的广告宣传功能，防止其受到侵害，并未不恰当地扩张商标权人的权利，而是合理地保护了商标权人的权利，同时使消费者免受误导和欺骗，捍卫了诚实信用原则。

---

[1] 张德芬，韩萌．商标售前混淆理论的发展及其适用规则［J］．公民与法，2011（4）：14.

还有学者认为售前混淆理论最大的弊端在于忽视了消费者购买的注意力和谨慎度。[1]其实，在当今的“注意力经济”时代，对于利用商标广告宣传功能的侵权人而言，无论是基于来源关系的售前混淆，还是基于关联关系的售前混淆，他们以与商标权人的商标相同、近似或者高度一致的商业外观这样的方式和手段，吸引消费者和社会公众的注意力。在这个时候，只要使消费者发生了售前的初始兴趣混淆，就达到了目的。在此过程中，侵权人就是利用消费者的注意力和谨慎度，消费者无论怎样注意和谨慎也没有意义，也只是在购买的时候不会发生混淆而已。不仅如此，往往是消费者和社会公众越注意、越谨慎，就越容易发生售前混淆，因为越注意、越谨慎才会更容易、更有机会发现侵权人设置的商标或商业标识。

当然，售前混淆理论也要受商标合理使用和适用条件的限制。社会公众和其他经营者可以对商标进行指示性合理使用、叙述性合理使用和说明性合理使用等。同时，售前混淆理论也只适用于具有一定显著性、知名度和强度的商标，因为只有这些商标才谈得上具有广告宣传功能，也才谈得上广告宣传功能被侵害。否则，一个籍籍无名的商标就是不具有广告宣传功能的，也就不可能有广告宣传功能被侵害的问题。

（四）售后混淆侵害商标彰显品位功能

售后混淆是指商标侵权人的商标使用行为没有导致消费者在购买商品或服务时发生混淆，但在购买后极可能导致旁观者或社会公

[1] 刘敏．论“初始兴趣混淆”原则在中国司法中的适用［J］．法律适用，2014（4）：64.

众看到该商标后发生混淆，误认为该商标所代表的商品或服务来源于原始商标权人，或与原始商标权人具有关联关系的一种商标混淆可能性类型。20世纪中期以来，在商业贸易实践中出现了售后混淆况，1962年美国《兰哈姆法》修改后，美国法院作出了一系列售后混淆判例，确立了售后混淆规则。

售后混淆实质上是对商标彰显品位功能的侵害。在现代社会激烈的市场竞争中，为了取得竞争优势和获取利润，很多经营者在推出自己的商品或服务时都会结合生产成本等因素，针对消费群体进行精心地设计与定位，有的定位为大众化、普通产品，有的定位为精英化、高端产品。对于大众化产品，则主要着眼于以“量”取胜、“薄利多销”；对于精英化产品，则主要着眼于以“质”取胜、“厚利少销”。这都是经营者针对市场竞争作出的商业战略选择，无可厚非。所谓“物以稀为贵”，一部分商标所代表的商品或服务在社会上具有稀缺、高端的形象，是经营者运用商标彰显品位功能所主动选择和积极追求的结果。而售后混淆中的侵权人因为商品价格设定、固定标记与可拆卸标牌的结合使用等原因，虽然没有使消费者在购买时发生混淆，却导致旁观者和社会公众容易发生混淆，使仿冒品在市场中泛滥，损害了商标所指代商品或服务的稀缺、高端形象，侵害了商标的彰显品位功能。这样就会导致旁观者和社会公众认为该商标所代表的商品或服务是大众化、普通产品，该商标不再具有彰显品位功能，使经营者所针对的消费群体流失，不再购买这样的商品或服务，商标丧失销售能力和价值，从而损害商标权人的利益。同时，售后混淆不会因商品质量低劣而导致旁观者对商标的评价降低，因为旁观者在绝大多数情况下只能进行外部观望，而不能深入鉴别，能够分辨出商品质量的概率极低，不会有损商标商誉的评价，该理由不应成为确立售后混淆规则的依据。

有学者认为，侵权人的这种行为属于淡化问题，不应以售后混淆规则来规制[1]，笔者认为不妥。售后混淆不同于淡化侵权，淡化侵权是降低驰名商标指示和区别商品或服务来源的能力[2]，使商标有可能沦为商品或服务的通用名称，或者无法指示和区别商品或服务的来源，不再具有区分、标示来源的基本功能，使商标不再成为商标。售后混淆是使商标所代表的商品或服务沦为大众化、普通的商品或服务，不再具有彰显品位的功能，损害商标的销售能力。也就是说，在淡化侵权严重的情况下，经营者的商标权将会荡然无存、无所依归；而在售后混淆严重的情况下，经营者的商标权还会存在，还不至于彻底消亡，在理论上还可以通过转变经营方向、调整商业战略（如转向大众路线）等方式予以挽救。两者侵害的商标功能不同，淡化侵害的是商标的标示来源功能，售后混淆侵害的是商标的彰显品位功能。而且两者侵害的具体对象也有差别。在驰名商标中，有的驰名商标指代的是精英化、高价格的稀缺产品，有的驰名商标指代的是大众化、平民价格的常用产品，而淡化侵权行为侵害的对象包括所有的驰名商标，售后混淆侵害的对象仅是驰名商标中的那部分指代精英化、高价格稀缺产品的驰名商标。因此，售后混淆与淡化侵权也是不同的。

---

[1] 姚鹤徽．商标法售后混淆规则适用范围之反思与界定［J］．东方法学，2016（2）：29.

[2] 李明德．美国知识产权法［M］．北京：法律出版社，2014：661；魏森．商标侵权认定标准研究［M］．北京：中国社会科学出版社，2008：115.

三、商标反向来源混淆

商标反向混淆可以分为商标反向来源混淆和商标反向关联混淆两大基本类型。

商标反向来源混淆是与商标来源混淆（即商标正向来源混淆）相对而言的，是指由于在后商标使用人的商标使用行为使消费者和相关社会公众容易误认为在先商标权人提供的商品或服务来源于在后商标使用人。来源混淆是商标混淆的基本类型，同样，商标反向来源混淆也是商标反向混淆的基本类型。在商标反向混淆中，由于是在后商标强度大于在先商标强度，导致消费者和相关社会公众容易误认为原告的商品或服务直接来源于被告，这就称为商标反向来源混淆。

商标反向来源混淆之所以导致在后商标使用人的商标使用行为使消费者和相关社会公众容易误认为在先商标权人提供的商品或服务是直接来源于在后商标使用人，原因在于在后商标使用人在使用标记时，要么没有在自己提供的商品或服务中明确地标明其商品或服务的真实产地、真实来源，要么其虽然在自己提供的商品或服务中明确标明了商品或服务的真实产地、真实来源，但并没有产生区分商品或服务的来源作用，仍然导致消费者或社会公众产生了来源上的混淆、误认。

商标反向来源混淆是一种理论上存在的商标反向混淆类型。因为从理论上看，既然存在商标来源混淆（即商标正向来源混淆），而商标反向混淆与商标正向混淆仅是混淆方向相反而已，即要么是在先商标权人的商品或服务被误认为来自在后商标使用人，要么是在后商标使用人的商品或服务被误认为来自在先商标权人，所以必然存在商标反向来源混淆。但是，从实践来看，由于商标反向混淆中在后商标使用人并无侵占在先商标商誉的意图，所以在后商标使用人不会采取不在自己提供的商品或服务中标明其真实产地、来源的商标使用行为，即不会产生来源混淆，所以，商标反向来源混淆仅是一种理论上存在的商标反向混淆类型。

四、商标反向关联混淆

商标反向关联混淆是指在后商标使用人的商标使用行为使消费者和相关社会公众容易误认为在先商标权人提供的商品或服务间接来源于在后商标使用人，或者与在后商标使用人具有赞助、许可或投资等关联关系。反向关联混淆是商标反向混淆在实践中存在的一种主要类型。

小结

商标反向混淆是商标法的重要概念，具有独立存在价值。反向混淆是由于商标侵权人的商标使用行为，使消费者误以为在先商标权人提供的商品或服务直接或间接来源于在后商标侵权人。混淆方向与正向混淆四种混淆类型完全相反，所以说反向混淆是一种特殊的商标混淆类型。日常生活中所称混淆是由于社会成员或者消费者个体原因发生认识偏差，而对目标事物发生混同、误认，难以区分彼此；而商标反向混淆中的混淆是由于在后商标使用人的商标使用行为产生的，而不是社会成员或消费者个体原因导致的混同、误认，同时也不是因为其普通使用行为产生的混同、误认，而是其在商标法意义上的商标使用行为产生的混同、误认。商标反向混淆中的混淆是对商标发生的混淆，而不是对其他事物发生的混淆。具体而言，是对商标主要特征发生的混淆。商标反向混淆中的混淆不是事实上发生的混淆，而是法律拟制的混淆，即其不是事实问题，而是法律问题。商标反向混淆的主体不同于自然状态下发生混淆的主体，其主要是购买商标所指代商品或服务的相关消费者。商标反向混淆的特征在于混淆主体的特殊性、混淆对象的特殊性、混淆方向的逆向性、主观意图的复杂性和损害后果的隐蔽性。

由于商标反向混淆具有独特性，反向混淆中的在先商标不具有广告宣传功能和彰显品位功能，也就不存在广告宣传功能和彰显品位功能被侵犯的可能，即不存在售前混淆和售后混淆，因此不可能存在反向售前混淆和反向售后混淆，只存在反向来源混淆和反向关联混淆，或称为反向直接混淆和反向间接混淆。

第三章　商标反向混淆的性质

商标反向混淆行为的性质属于价值评判问题。如前所述，商标反向混淆的思想自 1918 年诞生以来便争议不断，从最初的不被认可，到现在在实务界逐渐被接受，但在国内外理论界依然存在很大争议。支持者认为反向混淆理论是正确的，应当将反向混淆纳入商标侵权范畴；反对者认为反向混淆理论危害甚巨，无益反而有害。深入研究认识商标反向混淆行为的性质，有利于澄清理论上的模糊认识，正确指导司法实践。

第一节　商标反向混淆性质的理论探讨

一、商标反向混淆性质在美国的理论探讨

尽管商标反向混淆理论及规则已在美国法院的实践中得到普遍采纳和应用，但同时该理论在美国理论界也引起了广泛讨论，学者们从不同视角观察和分析商标反向混淆，针对商标反向混淆提出了不同的观点。

（一）从产权规则和责任规则角度观察商标反向混淆

法律权利可以被视为产权规则或者责任规则的理念，源于卡拉布雷西教授与梅拉米德教授在 1972 年的文章。他们的基本观点是，几乎所有的法律制度均属于两种权利保护规则类型之一。第一种权利保护规则类型是产权规则，指在某种程度上是某人要想从他人处获得权利，必须采取自愿交易方式购买。第二种权利保护规则类型是责任规则，即无论何时，某人如果愿意为其支付客观价值，其可以破坏他人的原始权利。也就是说，在责任规则之下对侵权行为的制裁是由事实认定者所确定的客观损害成本是什么，而不是原告因为丧失其权利而提起的主观损害成本。传统观点认为，当交易成本较低时产权规则会受到青睐，当交易成本过高以致阻碍了自愿交易进行时，则责任规则会得到适用。[1]

存在于民间传说中，某种程度上还存在于文字作品中的一种理念认为，对物品予以保护的产权规则是一种良好的制度，因为该制度迫使想要得到该物品的人必须与其所有人进行交易。该理念隐含的逻辑是“产权规则鼓励市场交易，而责任规则则模仿市场交易”。因此，各方当事人应当尽可能地适用产权规则，因为仅在当事人有赖于市场交易的具体情景既不合理也无必要时，才有必要去模仿市场交易，否则便不必去模仿市场交易。在侵犯财产案件中，高效的法律不会去鼓励模仿一次不存在的交流，而是应鼓励当事方直接进

[1] DOMENICO D D.Mark Madness：How Brent Musburger and The Miracle Bra May Have led to a More Equi table and Efficient Understanding of the Reverse Confusion Doctrine in Trademark Law［J］.The Virginia Law Review，2000，86（3）：627.

行交流。因此，物质财产被产权规则所保护，免予被其他民事主体所侵占，法律如果允许当事双方在交换前计算价格，而不是在财产被侵占后在法院上确定其价值，将更加高效。相反，责任规则适用于典型的人身伤害案件，因为这类案件无论事前还是事后交易，成本都太高了。说事前交易成本高，是因为不可能知道侵权人是谁，不可能进行交易；说事后交易成本高，是因为当事方都被锁定在一种双边独占的情境中，任何一方都无法选择。正是因为这些案件中的交易成本高得离谱，所以法律发展出了一种责任规则保护的制度，使法官或陪审团可以强令被告向原告支付适当的损害赔偿。❶

基于上述对产权规则和责任规则的分析，在面临商标法律原则适用的两个不同时刻时，就必须在这两种法律规则中作出选择。第一个必须作出决定的情形是，在考虑是否制止违法行为还是任其持续而仅评估损害。第二个必须作出决定的情形是，在损害阶段如何确定责任的承担。这个选择需要确定一个如何保护回顾过往的权利。从这个意义上讲，合理的使用费可以被视作是责任规则的运用，而利润合议的达成与产权规则制度相关。

商标反向混淆问题是法律中相对研究较少的领域，法院在面临这一问题时一般都试图运用传统商标理论处理。美国许多法院已经对该问题采取新的解析。通过减少投机行为的机会和鼓励提起维权法律诉讼，都可以提高经济效率。当诸多案例被确定时，可以确

❶ DOMENICO D D.Mark Madness：How Brent Musburger and The Miracle Bra May Have led to a More Equi table and Efficient Understanding of the Reverse Confusion Doctrine in Trademark Law［J］.The Virginia Law Review，2000，86（3）：628.

定，在后使用人的商标将会牢牢占据社会公众的意识。如果社会公众与在后使用人相联系的商标，突然成了在先商标权人的排他权利，混淆似乎无可避免。考虑到这一因素的判决更可能倾向于双重使用或有条件的禁令处理方案，反向混淆案件不适于简单归纳。但是，有一点可以归纳出来，就是当前所运用的理论，为那些目的在于被从缺乏同情心的大型公司被告中挤出而提供解决方案的原告，提供了简便处理方式。然而，这并非所有反向混淆诉讼背后的动机，而是一个在处理反向混淆问题应予以考虑的因素，因为它涉及法律制度的两个主要问题：公平与效率。双重用途商标和有条件的禁令不能解决本领域的所有问题，但他们应该受到加倍重视。❶

（二）从洛克理论与精神权利理论角度观察商标反向混淆

通过强力的反向混淆保护，主要是基于公平公正地保护小规模在先商标使用人的观念。其中一种基础商标保护理论是，因为法律对商标的保护使商标所有人清楚竞争对手无法通过模仿其商标来“搭便车”，所以法律对商标的保护是对商标所有人专注于“提供高质量商品和服务”的一种激励。这一点与洛克的劳动理论一致，该理论认为，“我们必须为劳动提供报酬”❷。商标所有人将其商标从公共领域中剥离出来并与特定产品相联系，使该单词或符号对社会

❶ DOMENICO D D.Mark Madness：How Brent Musburger and The Miracle Bra May Have led to a More Equi table and Efficient Understanding of the Reverse Confusion Doctrine in Trademark Law［J］.The Virginia Law Review，2000，86（3）：647.

❷ HUGHES J. The Philosophy of Intellectual Property［J］.Georgetown Law Journal，1988，77：296.

更加有用。因此，强力的商标保护鼓励对商标的投资，弱商标保护阻止对商标的投资。反向混淆仅是一种特殊商标保护形式，其保护较小的在先使用人。没有反向混淆的保护，一家拥有稳固商号和强大经济实力的公司将会通过大规模的广告任意从竞争对手那里攫取商标而免予诉讼。因此，反向混淆的存在为所有的商标拥有人——不论其规模大小，提供了平等的商标保护，也提供了商标拥有人发展其商标的必要鼓励。根据洛克劳动理论的分析，在后使用人应该丧失其商标权，因为在先使用人已经为发展该商标投入了时间和金钱。但是，在后使用人却将商标发展得很好，并且在绝大多数案件中，在后使用人并无“搭便车”的主观意图，往往还不知道已经侵犯他人商标权。因此，根据洛克的劳动理论，在后使用人也有权获得劳动果实。但是，根据强力的反向混淆保护制度，这一点将会被消除。❶

精神权利理论拓展了这一思想，其认为创造者应该掌控其创造。在著作权法中，这一思想被表述为“作者的书是他的财产”。同样，当商标所有人把一个标记发展成一个可识别的商标时，其付出劳动，因此精神权利理论也可以应用于商标上。精神权利将决定商标所有人对其商标使用的控制权，无论是正向混淆还是反向混淆，这一控制权可以阻止未经授权的侵权行为。因而，自然权利理论能够支持赋予商标所有人对其商标的强大的财产权，并因此针对反向混淆提供强力保护。精神权利的主张是限定在商标范畴之中

---

❶ FELDMAN J R.Reverse Confuson In Trademark：Blancing the Interest of the Public，the Trademark Owner，and the Infringer［J］.Journal of Transnational Law & Policy，2003（8）：1172.

的。虽然商标具有财产方面的特性，但在传统意义上，其作为来源标识符号更大程度上还是属于公共资源。与著作权不同，商标并不等同表达创作者的“人格”。因此，商标侵权产生的损害主要是经济损害，精神权利并未损害多少，洛克理论已经为商标所有人的劳动成果提供了保护。❶

（三）从功利主义和经济效率理论角度观察商标反向混淆

虽然许多支持强力反向混淆保护的论证引人注目，但它们在法律和经济学领域并不能找到多少支持。效率问题主导了商标反向混淆的经济分析，商标权的授予这一事实赋予商标使用人对该标记的垄断使用。因此，基于强力的反向混淆保护，商标所有人可以禁止任何人使用该商标，即使该商标对于侵权人而言可能更具价值。第一种可以运用来对此进行分析的经济效率理论是帕累托效率理论。该理论是一种被称为“帕累托最优”的分配制度理论，是指当没有别的分配方案时，那么一种没有使别人境况变坏而可以使某人境况变好的分配方案就是最优分配方案。假如，基于制定法或普通法的优先权，商标被分配给在先使用人。虽然该商标可能对于在后使用人而言更有价值，但转移给侵权人任何权利都将会如同上述分析的所受损害一样，使在先使用人在经济上境况更差。因此，当前的商标权利分配制度符合帕累托最优理论。第二种经济效率理论是卡尔多－希克斯效率理论。根据该理论，一种判断财富最大化的标准是

❶ FELDMAN J R.Reverse Confuson In Trademark：Blancing the Interest of the Public，the Trademark Owner，and the Infringer［J］.Journal of Transnational Law & Policy，2003（8）：1172.

考虑一种交易是否增加了全社会的整体财富。如果反向混淆保护力度薄弱，将有利于权利转移到在后使用人。因此，根据卡尔多 - 希克斯效率理论来决定是否允许在后使用人侵权，应当调查允许在后使用人使用侵犯商标所产生的利益是否超过了对在先使用人所产生的损害。根据这样的分析，是否取得在先使用人的同意无关紧要，支付能力才重要。但是，在反向混淆案件中，由于在后使用人均具较大规模，其通常有能力支付在先使用人所提出的最低费用要求。[1]

在后使用人侵犯在先使用人的商标案件中，会有两个受益人。从财产角度来看，在后使用人受益无疑。当发生商标反向混淆侵权案件时，既然已经出现了在先使用人商标泛滥或市场饱和的商标反向混淆问题，则在后使用人很大可能为开发该商标已经投入了大量资金。虽然会阻碍在先使用人对该商标的发展，但阻止在后使用人使用该商标可能在经济上并不符合效率原则。而更微弱但更受支持的观点是，在后商标使用人使用该商标已具有了公共利益属性，尤其是该侵权行为不具有恶意的主观意图时，消费者能够从该商标使用中所获利益是减少搜寻成本。因此，如果具有绝对多数的消费者因使用在后商标使用人的商标比使用在先商标权人的商标而减少了搜寻成本，那么在后使用人的商标使用产生的一个积极作用就是降低搜寻成本。根据上述卡尔多 - 希克斯效率理论来比较在后使用人与消费公众的利益、在先使用人的危害，当利益超过损害的时候，基于在后商标使用人对商标的投资，似乎经济效率的解决方案是允

---

[1] FELDMAN J R.Reverse Confuson In Trademark：Blancing the Interest of the Public，the Trademark Owner，and the Infringer［J］.Journal of Transnational Law & Policy，2003（8）：1173–1174.

许侵权行为存在，尽管对在先使用人有害，也具有商标混淆可能性。[1]

当然，经济效率分析也必须考虑弱保护对小型公司发展所产生的阻碍。还应进一步考虑的是，阻碍小型公司发展商标是否会对社会整体产生不利影响。如前所述，阻止在后使用人继续使用商标的危害，应当在案件审判时考虑，而不是在商标采用时考虑。因为把一个大众知名的商标逐出市场对社会所产生的危害，比将一个与在先商标完全不同的商标和对该商标代表的产品介绍同时投放市场所生产的危害更加突出。因此，不考虑洛克的劳动理论，根据卡尔多－希克斯效率理论的经济效率解决方案，允许在后使用人侵犯在先使用人的商标权。

（四）从科斯定理角度观察商标反向混淆

科斯定理通常被认为是法律经济学的基础。其主要内容是，在产权明晰、交易成本较低的情况下，只要经过当事各方自愿协商和谈判，就能够产生一种有效率的结果。在纠纷和解的时代，有人可能会疑惑为什么商标反向混淆案件会闹上法庭。经验表明，实力更强的侵权行为人通常愿意为商标支付大笔费用。在使用“Explorer”作为浏览器名称之前，微软公司曾支付了一家小型搜索软件公司将近 500 万美元。这笔费用与 Big O Tire Dealers，Inc. v. Goodyear Tire & Rubber Co. 案中支付给原告的 1960 万美元、Sands，Taylor &

---

[1] FELDMAN J R.Reverse Confuson In Trademark：Blancing the Interest of the Public，the Trademark Owner，and the Infringer［J］.Journal of Transnational Law & Policy，2003（8）：175.

Wood Co. v. Quaker Oats Co. 案中支付给原告的 2600 万美元相比微不足道。既然实力较弱的在先使用人缺少发展其商标的资金，当在先使用人收到现金、在后使用人收到商标使用权时，则一项有意义的交换就达成了。自愿交易令双方满意时，当事方均理性地使自身利益最大化，大大降低了交易成本。一些学者认为，科斯定理是公平与效率问题之间的最终和解。因此，科斯定理值得考虑。[1]

绝大多数新公司是从小型公司起步，预计将会获得无限发展。因此，当美国专利商标局根据《兰哈姆法》授予商标使用权时，不可能决定商标将来的使用程度。当商标获得联邦商标注册时，在先使用人应该被认为得到了商标权的原始分配。因而，主要调查的是侵权人是否愿意为获得商标权，而以等于或大于在先使用人愿意接受的最低数额费用支付给在先使用人。就交易成本而言，许可或转让的费用为法律费用。考虑法律费用与商标侵权案件密切相关，有理由认为交易费用比应对商标侵权更低。所以，科斯定理展现的是公平与效率问题的和解，也表明在后使用人与在先使用人会达成涉及各方利益的协议。科斯定理假定强力的商标反向混淆保护将会迫使在后使用人与在先使用人进行谈判协商，但并未假定一项涉及当事各方和消费者利益、既公平又有效率的商标权利转让会一定发生。这种分析改变了根据普通法而产生的权利。当两家公司对商标使用权产生争议时，也许调查应当不仅考虑使用的优先权，还应当考虑所涉商标的强度。根据科斯定理，在后使用人不用必须与在先

---

[1] FELDMAN J R.Reverse Confuson In Trademark：Blancing the Interest of the Public，the Trademark Owner，and the Infringer［J］.Journal of Transnational Law & Policy，2003（8）：176.

使用人谈判，只要在后使用人使用商标比在先使用人使用商标更加有利于社会公众，那么其将会被自动授予商标权。但是，这种处理方式的缺点在于模糊了反向混淆与正向混淆的区别，使得在先使用人值得反向混淆保护与在先使用人值得传统商标保护之间没有确定的区别。无论如何，科斯定理使得双方当事人能够找到让双方得到有价值的资源的、友好的解决方案。

二、商标反向混淆性质在我国的理论探讨

在我国，商标反向混淆理论也引发了学界诸多探讨。多数学者认为，商标反向混淆构成商标侵权，并借鉴国外研究成果对反向混淆的危害、禁止反向混淆的正当性，以及我国如何规制反向混淆等问题进行了深入研究和分析；少数学者认为商标反向混淆不构成商标侵权。

彭学龙教授认为，禁止反向混淆的正当性在于：一是基于公平角度的考量，二是基于功利和效率原则的考量，三是基于科斯定理的考量。[1]张玉敏教授认为，禁止商标反向混淆在客观上承担了许多社会功能。从微观层面看，反向混淆剥夺了商标所有人的商标专用权和使用该商标商品的自由销售权，挤压商标所有人的经营发展空间；从宏观层面看，反向混淆也是对保护市场经济、追求正义和公平竞争的法治精神的破坏，同时也导致消费者对商品来源产生混

[1] 彭学龙．商标反向混淆探微——以“蓝色风暴”商标侵权案为切入点［J］．法商研究，2007（5）：143–145.

淆。[1]杜颖教授认为，我国在商标法立法上应充分借鉴美国的经验，商标法不对反向混淆作排除规定，在商标法实施条例中对反向混淆的构成要件进行具体的规定。[2]罗斌博士认为，从渊源上看，反向混淆是对法律公平正义的思考，是对商标保护功利主义的纠正，防止占据优势地位一方无限制地索取排他性权利而肆意侵犯另一方的权利，符合罗尔斯的正义观，体现了对商标权人合法权益的平等保护；从经济整体效率上而言，也有利于提高经济效率；同时，禁止反向混淆也再次明确了商标原始取得原则，防止后用者肆意夺取先用者的权利；从商标法宗旨来看，禁止反向混淆也是保护商标权人和消费者利益的重要手段，防止消费者在购物中产生混淆，损害商标的区分来源功能。[3]张耕教授认为，禁止反向混淆的理由在于：一是保护在先商标权人的考虑，反向混淆损害在先商标权人商标的独立价值和经济利益，使其无法在其商标上建立商誉，也会阻碍在先商标权人进入新市场；二是基于维护消费者利益的考虑，反向混淆增加了消费者的搜寻成本，妨碍其行使商品自由选择权，使其认识确定性无法确立；三是基于公平竞争的考虑，反向混淆的存在不但会使大企业恣意抢夺小企业的商标和在先劳动成果，从而使小企业逐渐丧失独立的市场地位，而且会导致弱肉强食的恶性竞争。所以反向混淆本质上是一种商标侵权行为，具有潜在的危害性。反向

---

[1] 张玉敏，李扬．商标反向混淆探微——由“蓝色风暴”商标侵权案引起的思考［J］．江西社会科学，2008（5）：161.

[2] 杜颖．商标反向混淆构成要件理论及其适用［J］．法学，2008（10）：56.

[3] 罗斌．论商标的反向混淆理论——以 ipad 案为视角探讨反向混淆规则［J］．河北学刊，2012（11）：169.

混淆在司法实践中为解决现实问题拓展了空间和视野，将会逐渐成为解决商标侵权问题的重要理论依据。[1]黄武双教授认为，反向混淆就是指消费者在购买商标在先使用人的商品或服务时，错误地认为自己购买了商标在后使用人的商品或服务。反向混淆理论的宗旨在于防止大鱼吞小鱼，在反向混淆的情况下，商标在后使用人并不想从在先使用人的商标上获取“搭便车”等利益，而是为渗透进入相关市场或排挤商标在先使用人，其结果往往会导致商标在先使用人的商标的价值、产品识别度和商誉控制力等丧失。反向混淆的判断标准源于传统混淆，但应考虑特殊因素，其特殊因素在于竞争市场与主观意图。竞争市场是指双方之间是否存在竞争关系，如果不存在竞争关系则二者的市场分离，二者的广告所针对的购买者不同，不太可能发生反向混淆；主观意图是指商标在先使用人是否有意弥补差距、商标在后使用人是否存在疏忽，即商标在先使用人是否合理期待进入将来市场的机会、商标在后使用人是否为防止侵权进行了适当检索。[2]邓宏光教授认为，商标反向混淆是商标混淆的一种类型，尽管反向混淆与正向混淆间存在一些差别，但是二者本质上是相同的，只是其考量因素的侧重点有一些不同而已。同时，在确定商标反向混淆案件中被告的损害赔偿责任时，应当注意适用比例原则，避免使其成为商标权人收割他人劳动果实的镰刀。[3]

---

[1] 张耕，游楠．商标反向混淆研究［J］．重庆理工大学学报（社会科学），2012（5）：14.

[2] 黄武双．反向混淆理论与规则视角下的“非诚勿扰案”［J］．知识产权，2016（1）：29-33.

[3] 邓宏光．商标反向混淆的司法应对［J］．人民司法，2017（10）：16-21.

也有学者认为商标反向混淆不构成侵权。2016年10月15日，李扬教授在知识产权司法保护前沿问题研讨会上进行发言，认为就我国现状，动辄以商标反向混淆为依据判决被告侵害原告商标权并赔偿原告高额损失，至少存在“七宗罪”。罪一是反向混淆理论欠缺理论基础，制止商标反向混淆除了引发大规模的商标恶意抢注行为之外，还会打击商标在后使用人真实、勤勉使用商标的积极性。罪二是反向混淆理论违反知识产权法定原则，《中华人民共和国商标法》第57条第1款第（二）项未明确规定“混淆”包括“反向混淆”，所以对于该条不宜进行扩张解释，否则就会导致扩大注册商标权排他的边界，如果认为该条规定包括反向混淆，就会违反知识产权法定原则，会严重限制他人选择和使用商标开展自由竞争。罪三是以反向混淆理论为依据认为商标在后使用人构成商标侵权，违背了商标法设立商标权的目的。反向混淆案件中商标在先使用人基本上均为知名度低，甚至没有知名度、不思进取的企业或个人，而商标在后使用人则大都是规模大、知名度高、积极进取的企业，如果允许认为商标在后使用人构成反向混淆侵权，则显然违反商标法设立商标权的目的。罪四是以反向混淆为由判决商标在后使用人高额赔偿，严重违背了权利懈怠的衡平法理。商标反向混淆中绝大多数是商标在先使用人“先放水养鱼、再杀鱼”，商标反向混淆的形成是一个缓慢的过程，是商标在先使用人权利懈怠的结果，判决高额经济损失与在先商标的知名度和价值背离。罪五是商标反向混淆案件中“混淆”要件很难成立，由于在后商标与在先商标在显著性、产品质量和价格等方面相差很大，根据“宝丽来”9要素，很难得出二者会导致公众发生混淆的结论。罪六是商标反向混淆理论所主张的反向混淆缺少实证数据支持，实务上未见在先商标使用人的市场主体地位、产品独立品格及未来市场的发展空间因为反向混淆而被剥夺的真实案例。罪七是商标反向混淆不但对商标在先使用人无害，反而有利，不应主张商标在后使用人侵权，商标反向混淆理论主张在法律上不具有可责难性的商标使用行为构成商标侵权不当。

三、对商标反向混淆性质理论探讨的反思

通过上述美国与我国理论界对商标反向混淆理论探讨的情况来看，针对商标反向混淆是否应当作为商标侵权来处理分歧很大，从不同角度观察会得出不同结论。

学术界从正反两个方面分析了禁止商标反向混淆的正当性，针锋相对、各有道理。但是，反对对商标予以反向混淆保护的观点引发了以下问题。

第一，根据卡尔多－希克斯效率理论，基于在后使用人为开发该商标已经投入了大量资金，消费者也可因此而降低搜寻成本，可见利益超过了损害，在商标反向混淆中把一个大众知名的商标逐出市场对社会所产生的危害，比将一个不同商标与产品介绍同时投放市场所生产的危害更加突出。尽管商标反向混淆对在先使用人有害，也具有商标混淆可能性，经济效率的解决方案是允许反向混淆侵权行为，即允许商标反向混淆的存在。该观点有两个问题需要回答：其一，对社会危害后果的计算是否准确？根据卡尔多－希克斯效率理论，在计算制止在后商标使用人侵权对社会产生的危害时，

这种危害计算具体如何进行的？是一种精确计算还是一种模糊计算？从其理论的阐述过程来看，是根据在后商标使用人的投入和消费者的搜寻成本来计算的，显然并非一种精确计算，而只是一种模糊计算，那么其计算的准确性就大打折扣，也就是说，这种计算得出的结果不可信。其二，对社会危害后果的计算是否全面？对于商标反向混淆行为对社会产生的危害，仅计算在后商标使用人的投入和消费者的搜寻成本是否以偏概全？是否应当把在先商标权人的未来无限发展可能、消费者当前的搜寻成本和今后的搜寻成本，以及全社会公平竞争、市场竞争秩序的维护等也要计算进去呢？

第二，对反向混淆持异议者还认为，反向混淆欠缺理论基础，会引发大规模的商标恶意抢注；我国商标法也未明确规定混淆包括反向混淆；反向混淆违反了知识产权法定原则，保护了没有知名度、不思进取和懈怠权利的在先商标权人；反向混淆中的混淆要件很难成就，实务中缺少反向混淆实证数据支持；反向混淆对在先商标权人非但无害，反而有利。异议者需要回答以下问题：其一，反向混淆欠缺理论基础，难道就不能加强对其的理论研究吗？判断其理论基础欠缺和充实的标准是什么？何为欠缺、何为充实？其二，反向混淆理论与引发大规模商标恶意抢注现象之间是否具有必然因果关系？商标恶意抢注现象到底是商标注册制度引发的还是反向混淆理论引发的？我国商标法未明确规定混淆包括反向混淆，那么我国商标法所规定的混淆是什么？是否只是规定了正向混淆？其未规定混淆方向是否也包括了反向混淆在内？其三，反向混淆保护了没有知名度的在先商标权人不假，但是否保护的全部是不思进取和懈怠权利的在先商标权人？是否没有保护积极进取但处于起步期的在先商标权人？是否没有保护公平竞争的市场秩序？是否没有保护消费者的利益？其四，反向混淆中的混淆要件是什么？为什么很难成就？为什么一定要将“宝丽来”9要素作为反向混淆的混淆要件？如何确定反向混淆的混淆要件标准？其五，对于实务中的反向混淆实例，有没有全面、准确、客观地收集这类实例？关键在于能不能、可不可以全面、准确和客观地收集这类实例？而且，反向混淆中在先商标已被扼杀在摇篮之中，其生存发展的机会已经被剥夺，又如何能够找到其发展壮大，进而发展成为驰名商标的实例呢？其六，反向混淆会让在先商标权人有短期内的利润增加就是对在先商标权人有利吗？在先商标权人的利益仅是短期的销量增加，而没有长远的发展利益吗？

对于上述问题，都是对商标予以反向混淆保护持反对观点的学者无法回答、也无法回避的问题。

第二节　商标、商标混淆、商标反向混淆的本质探究

中外学者对商标反向混淆问题的深入研讨无论持何种观点，均具有积极意义，有助于我们打开思路，多角度、多视野地观察商标反向混淆问题。但是，如果就事论事、就商标反向混淆而谈商标反向混淆，始终难以深入问题的实质和核心。对商标反向混淆的性质进行分析，探讨商标反向混淆是否构成商标侵权，必须回到商标法的本源，即商标法的保护对象（商标）来进行分析。商标既是商标法的保护对象，也是商标法理论研究和制度构建的基础和基石。无

论是商标反向混淆还是商标正向混淆，其均归属于商标混淆的一种类型，所以探究商标反向混淆的本质问题必然离不开探究商标混淆的本质。

一、商标在本质上是凝结和承载能量的载体

根据世界知识产权组织的最新定义，商标是指能够将一家企业的商品或服务与其他企业的商品或服务区别开来的标志。在当代人类社会中，商标代表着满足人们物质生活与精神生活需要的各种各样的商品与服务，与人们的生活方式、生活状态有着密不可分的联系。可以说，“无商标，则无现代社会”。不仅如此，有的商标自身的品牌价值已达数千亿元人民币，企业之间、企业与个人之间、个人与个人之间的商标争夺战此起彼伏、旷日持久、连绵不绝。那么，商标作为一种标记或符号，为什么具有如此强大的魔力？商标的本质究竟是什么？

（一）商标在本质上是商标使用人投入的劳动所转化的能量的载体

之所以说商标在本质上是商标使用人投入的劳动所转化的能量的载体，是从商标与商誉、价值、劳动，以及能量的逻辑关系渐次推出的。

1. 商标凝结商誉

商标本身仅作为一种标记或标记组合。如果商标从诞生开始便脱离其所代表的商品或服务，或者说商标之上没有什么凝结、承

载、蕴含和代表的物质的话，就没有任何作用和意义，就不能称其为商标。

随着英美等西方国家进入商品经济社会，他们的商标法实践和理论走在了我们前面。英美等西方国家的法官和学者起初认为，商标是一类可以被他人单独占有使用的词汇或标记，这些词汇或标记或者是臆造的，或者是对现有的词汇或标记的独特使用（称之为专门性商标）[1]，因而商标权人基于对其单独占有使用而享有标记财产权。但是，后来他们发现标记财产权的理论和实践的困境在于以下三方面：一是仅适用于专门性商标，无法对描述性商标和商品包装装潢等非专门性商标提供保护。按照该理论，非专门性商标由于不能被他人独占，所以不能作为商标权的客体受到保护。二是不能解释商标地域性限制问题。既然商标权是一种标记财产权，为什么又只能限定在某一地域范围内，而不能在任何地域范围内享有？三是导致实践中经营者只能通过创造臆造性商标等专门性商标才能获得商标权，以致商标制度沦为“鼓励创造标记”的制度。[2]

因此，英美国家的法官和学者在20世纪初便普遍接受了商标之所以受到法律保护是因为商标所代表的是商誉这一观点，认为商标权不是一种标记财产权，而是一种商誉财产权。他们认为：商标法保护的对象是商标向公众传递产品信息并推销所附着产品的能力，这种推销能力就是商标的商誉；商标不过是商誉的有形载体，商誉才是受法律保护以防止他人侵占的财产；商标不过是获取财产

---

[1] PAUL A C.The Law of Trade-Marks，Including Trade-Names and Unfair Competition［M］.St. Paul，Minn.：Keefe-Davidson Co，1903：22.

[2] 李阁霞．论商标与商誉［M］．北京：知识产权出版社，2014：63.

收益的手段；等等。[1]之后商誉财产权论又受到诘难，他们认为其除了无法予以准确定义、容易引发市场垄断之外，重大逻辑缺陷还在于循环论证：一方面说法律之所以保护商誉，是因为商誉具有财产价值；另一方面又说商誉之所以具有财产价值，是因为有法律的保护。[2]于是，人们不再将商誉归入某种财产之列，而是开始将商誉概念重塑为制定商标政策的理由，并运用商誉概念防止消费者混淆[3]，即转而以商标上所承载的商誉为制定商标法的理论基础。实际上，即使不认为商标权是一种商誉财产权，商标承载商誉的观念却深入人心。各种对商誉的比喻层出不穷，如“商誉是环绕着商标的磁性光环，能一次又一次地吸引顾客”“吸引回头客的能力”“连续光顾的预期”等，不一而足。[4]其中日本学者小野昌延对商标和商誉关系的比喻更加形象，他认为已经注册的商标相当于一个可以用来装载商誉的“器皿”。[5]对于商标承载和凝结商誉的观点，也得到了我国学者的普遍赞同，很多学者还主张我国应当设置独立的商誉权。[6]

商标凝结商誉，这是当前国内外学者几乎一致同意的看法。

---

❶ 彭学龙．商标法的符号学分析［M］．北京：法律出版社，2007：85.

❷ COHEN F.Transcendental Nonsense and the Functional Approach［J］. Columbia Law Review，1935，35：836.

❸ 同❶89.

❹ 同❶88.

❺ 李阁霞．论商标与商誉［M］．北京：知识产权出版社，2014：97.

❻ 梁上上．论商誉和商誉权［J］．法学研究，1993（5）：41；吴汉东．论商誉权［J］．中国法学，2001（3）：91；冯跃芳，冯潇．论商誉权［J］．知识经济，2007（8）：174.

2. 商标凝结价值

但是，如果说商标凝结的物质是商誉，会带来以下问题。

一是在概念界定方面，是商誉“不能承受之重”。多年以来，国内外的法官和学者始终不能给出大家普遍接受的商誉概念。英国大法官埃尔登将商誉定义为“老顾客倾向于去老地方的可能性”，英国法官伍德将商誉定义为“消费者对企业的好印象”等。美国著名商标法学者麦卡锡教授认为，商誉的概念难以界定，它不是有形的实体物，而是一种购买动力，也是企业在有形资产以外的价值。[1]我国学者也认为商誉的概念难以界定，如“商誉不仅是商标看不见的本质，而且也包含了刺激消费者重复购买某种产品的原因，但这些原因究竟为何物，长期以来甚至到现在也仍然不够确定”[2]等。其根本原因在于大家对于商誉概念主观、人为地赋予了太多内涵，试图把商标所承载和凝结的物质如价值等都纳入商誉的概念体系，使其承担了许多“不能承受之重”的内容，以至于其无法包罗、无法被定义。归结起来，抛开商誉之外的其他附加因素，回到商誉概念的本真，其核心是商品或服务的声誉，而不是其他事物，因此我们当然可以将商誉定义为“相关公众对经营者提供商品或服务的良好评价和声誉”。这也给我们提供了一个思考的方向：难道商标所承载、凝结的真的就是商誉吗?

二是在目的实现方面，单纯商誉对于经营者而言不具实际意义。单纯商誉，即纯粹商誉，就是脱离其所指向或将要指向的其

---

[1] 李阁霞．论商标与商誉［M］．北京：知识产权出版社，2014：39-42.

[2] 彭学龙．商标法的符号学分析［M］．北京：法律出版社，2007：92.

他物质的商誉本身。如果我们运用原点思维，即从思维的原出发点——经营者使用商标的目的实现方面来考虑问题，我们就会发现，经营者在商品或服务上使用商标以区别来源的目的并不在于获得消费者对自己提供商品或服务的赞誉和良好评价，而是在于获得消费者对自己提供商品或服务赞誉和良好评价所能够带来的物质——交换价值，是为了销售自己所提供的商品或服务、扩大市场占有率，以更多、更好地实现商品或服务的交换价值。[1]这也是马克思所强调的关于资本的逐利性问题。同时，在交换过程中，“物的有用性使物成为使用价值，交换价值首先表现为一种使用价值同另一种使用价值相交换的量的关系或比例”[2]。法律赋予经营者商标权利的目的也并不在于使相关公众对其商标所代表的商品或服务予以赞扬，而是为了保障其经济权益的实现。单纯商誉不是物质的交换，不能让经营者收回成本、获取利润，更不能扩大商品或服务的再生产，推动社会生产力发展进步。单纯商誉必须实现下一步的转化才能对经营者具有实际意义。

三是在作用发挥方面，商誉仅起到召唤和指引作用。商誉所发挥的作用仅在于召唤和指引消费者购买商品或服务。商誉通常表现为一定范围的人们认为某种商品“质量好”“性价比高”“物有所值”，或者某种服务“技术好”“水平高”“服务周到”等。在现代社会，商誉的产生是由外部的广告宣传和内部的质量水平两方面因

---

❶ 服务是一种特殊的商品，因为商品是为交换而生产的劳动产品，而服务也可以视为一种为交换而生产的劳动“产品”，只不过其本身就是产品而已。

❷ 卡尔·马克思．资本论：第1卷［M］．中共中央马克思恩格斯列宁斯大林著作编译局，译．北京：人民出版社，2004：48.

素综合决定的，外部广告宣传离开内部质量水平的支撑很可能滑向虚假广告、虚假宣传，即使可能盛极一时，但从长远来看，不但不能积聚商誉，还会起反作用。最好的广告形式是口口相传，即“口碑”，而商品或服务的内部质量水平是“口碑”的决定性因素，外部广告宣传只是起到辅助性作用，尽管在现代社会这种辅助性作用也十分必要。在商品交易过程中，商誉的作用在于召唤和指引两个方面。一方面，商誉发挥着召唤作用。对于还没有具有明确购买某种商品或需要某种服务意向的潜在消费者或社会公众而言，商品或服务的良好评价和声誉会向他们发出信号，会让他们产生“这件商品物美价廉，先买回去放着，以后用得上”等想法，从而诱发他们的购买欲望，完成交易过程，实现其交换价值。另一方面，商誉发挥着吸引作用。对于已经对某种商品或服务有明确需求意向的现实消费者而言，他们需要从琳琅满目的同类商品或众多服务中选择合乎自己心意的商品或服务，这时商品或服务的商誉就发挥着“指南针”的作用，指引他们“直奔主题”，直接选购中意的商品或服务，完成交易过程，实现交换价值。而所有的所谓“老顾客回老地方的可能性”“购买者的惯性”“磁性光环”等最终指向的都是召唤和指引消费者购买商品或服务，实现交换价值。

四是在关照实践方面，商誉理论无法解释商标淡化中的弱化问题。如果按照商标所凝结或承载的是商誉的理论，对于驰名商标而言，他人将驰名商标广泛运用于各种既不相同也不相类似的商品或服务之上，只要不是丑化和贬损商标形象，且不会导致社会公众产生混淆和误认，对驰名商标的商誉就不会产生任何损害，相反还能进一步增加驰名商标的知名度和影响力，商誉能够得以增加和积累，达到“锦上添花”的效果。可是为什么会最终导致驰名商标丧失显著性，不再具有商标的功能，不再成为一件商标，或者沦为普通的标记或标记组合，或者沦为商品或服务的通用名称呢？这是商誉理论所无法解释的。

通过以上分析我们可以发现，商誉最终指向的都是使提供商品或服务的经营者实现交换价值，也就是说商标凝结的不是商誉，而是交换价值。而交换价值是价值的表现形式，价值是交换价值的实质内容，因此，我们可以得出结论，商标凝结价值。

3. 商标凝结劳动

价值是什么？价值是怎么产生的？马克思主义政治经济学关于“商品二因素”和“劳动二重性”的基本原理，在当代同样可以用来考察商品或服务的价值。

“商品二因素”是指商品具有使用价值和价值。除了通常意义上的商品之外，在当代社会，服务同样可以被视作一种商品。因为商品是为交换而生产的劳动产品，而服务也是一种为交换而生产的劳动“产品”，本身就是产品。只不过通常意义上的商品是看得见摸得着的有形物，而服务是看不见摸不着的无形物；通常意义上的商品是生产劳动的结果体，而服务是生产劳动的全过程。商品由使用价值和价值两个因素构成，服务同样由使用价值和价值两个因素构成。商品或服务的使用价值是指其有用性，“物的有用性使物具有使用价值，但这种有用性不是悬在空中的。它决定于商品体的属性，离开了商品体就不存在”[1]。商品或服务在交换过程中存在一个

[1] 卡尔·马克思．资本论：第1卷［M］．中共中央马克思恩格斯列宁斯大林著作编译局，译．北京：人民出版社，2004：48.

交换价值，就是一种使用价值同另一种使用价值相交换的量的关系或比例。各种使用价值不同的商品或服务之所以能够按一定比例交换，就是因为在各种商品或服务中存在共同的物质——价值。

商品或服务具有“二因素”，就是因为生产商品或服务的劳动具有“二重性”。“劳动二重性”是指抽象劳动和具体劳动。具体劳动是在一定的具体形式下，即在一定的目的、操作方式、对象、手段和结果下所进行的劳动。[1]具体劳动是各行各业的人们所从事的不同劳动，具体劳动产生商品或服务的使用价值。抽象劳动是人类一般劳动的耗费。如果撇开劳动的有用性，生产活动就只是人类劳动力的耗费，是人的脑、肌肉、神经和手等的生产耗费。[2]人类生产活动中这种同样的劳动，作为人类一般劳动，就是抽象劳动。抽象劳动形成商品的价值，它体现人与人之间的社会关系。[3]人类的劳动是脑力劳动与体力劳动的结合，随着时代的发展和科技的进步，脑力劳动在劳动中所占的比例越来越大，体力劳动所占比例会越来越小，而作为人类一般劳动，即抽象劳动则主要成为脑力劳动。

由此可见，商标所凝结的价值代表的是凝结在商品或服务中无差别的人类劳动，价值不是凭空产生的，而是由人类的劳动创造的，是由人类的一般劳动即抽象劳动创造的。有两个值得注意的问题：第一，商标是否属于智力成果。自20世纪90年代来，许多学者认为知识产权的客体应分为两类，一类是智力成果，另一类是经

[1] 洪远朋．通俗《资本论》[M]．上海：上海科学技术文献出版社，2009：38.

[2] 同[1]39.

[3] 同[1]39.

营标记。[1]还有学者认为，知识产权的客体应具体地分为三类，除了上述两类以外还有经营性资信。[2]也有学者认为，知识产权的客体是智力成果，识别性商业标志也具有智力成果属性，属于智力成果范畴。[3]商标仅是一种经营标记而不是智力成果的观点值得商榷。通过上述分析，我们知道作为知识产权客体的商标，包括但不是仅指一种标记或标记组合，不能仅把对商标本身选择和设计的劳动作为研究对象。商标必须凝结商品或服务中的人类的一般劳动才能成为商标权范畴中的商标，而在当代社会和未来社会中，凝结在商标中的劳动主要是一种脑力劳动，而脑力劳动产生的是智力成果。第二，关于洛克的财产权劳动理论。洛克认为，对于任何人而言，只要他使任何东西脱离自然所提供的和那个东西所处的状态，他就已经掺进他的劳动、掺进他自己所有的某些东西，因而使它成为他的财产。[4]洛克的劳动价值理论没有区分具体劳动和抽象劳动，把所有的劳动混为一谈，认为具体劳动也创造价值，没有认清抽象劳动创造价值、具体劳动创造使用价值的规律，是不能用来解释财产价值的来源的。

4. 商标凝结能量

如上所述，人类的抽象劳动是指人类劳动力在生理学意义上的耗费，即人的头脑、肌肉、神经和手等的耗费，这是人类所有劳动

---

[1] 吴汉东．知识产权法［M］．北京：法律出版社，2014：19.

[2] 同[1].

[3] 张耕．知识产权民事诉讼研究［M］．北京：法律出版社，2004：7.

[4] 约翰·洛克．政府论（下）［M］．叶启芳，瞿菊农，译，北京：商务印书馆，1997：19.

相同的地方，而不是在具体的、个别的、特殊的和有一定目的的形式上的耗费，这是具体劳动，也是人类的各种劳动形式不相同的地方。如果我们把人类的抽象劳动放在更为广阔的视野中观察，如放在自然科学领域和自然界中来看，一切人类劳动力在生理学意义的耗费，包括人类大脑的活动、肌肉的活动等，不论体力劳动和脑力劳动，都是在对外做功。

恩格斯在《自然辩证法》《反杜林论》等著作中全面总结和提炼了笛卡尔等哲学家和自然科学家所提出的运动不灭原理和力学上的能量守恒定律，并进行了深刻、透彻的分析和质的突破，创造性地将唯物辩证法与能量守恒定律结合起来，揭示了自然界中的一条普遍规律，即能量守恒与转化定律。[1]他还扩展了功的概念，把原来单纯力学上的功扩展到自然界的全部领域，认为“功是从量的方面来考察运动形式的变换”[2]。

根据能量守恒与转化定律的基本原理，人类个体在自然界中的活动过程可分为内部能量转化与外部能量转化两个过程。人类个体内部能量转化过程是指人体自身维持机体内部正常运转的能量转化过程。“从生理学观点看，人体包含着各个器官，从一个方面来看，这些器官的整体可以看作一架获得热并把热转化为运动的热动机”[3]。作为一个这样的“热动机”，人体为了保证各个器官和组织的

---

❶ 卡尔·马克思，弗里德里希·恩格斯．马克思恩格斯全集：第26卷［M］．中共中央马克思恩格斯列宁斯大林著作编译局，译．北京：人民出版社，2014：7.

❷ 同❶629.

❸ 卡尔·马克思，弗里德里希·恩格斯．马克思恩格斯全集：第26卷［M］．中共中央马克思恩格斯列宁斯大林著作编译局，译．北京：人民出版社，2014：757.

正常功能，为了维护自身机体的正常运转，就必须不断与外界进行能量交换。这样的能量交换包括呼吸、饮水、进食和活动等新陈代谢过程。新陈代谢实质上就是能量代谢。人类个体外部能量转化过程就是指人类个体对外做功的过程，实际上就是劳动。个体通过对外做功，对外界、自然界和人类社会输出能量，同时又从外界、自然界和人类社会获取能量，从而实现能量交换，为自身内部能量转化提供原料，便于继续向外部输出能量，周而复始，循环往复，实现人类的传承延续和发展进步。两者既互相对立、互相区别，又互相依存、互相支撑。内部能量转化为外部能量转化提供条件和基础，外部能量转化为内部能量转化提供能源和供应。

由于人类的劳动包括抽象劳动和具体劳动，所以对于具体劳动而言，仅是具体的、个别的、特殊的和有一定目的的形式上劳动力的耗费，则有可能做“无用功”，即付出能量被耗散，不能凝结，从而不能得到回报；对于抽象劳动，其是一般人类劳动，是人的头脑、肌肉、神经和手等的耗费，是所有人类劳动相同的地方，故都是做“有用功”，即都能实现能量交换和转化、都能凝结能量。商标凝结的能量的多少是由商标凝结的抽象劳动的多少决定的，即由商标上所凝结的社会必要劳动时间的多少决定的。恩格斯所揭示的能量守恒与转化定律除了具有量的规定性（即在转化前后总能量在量上不变）外，还具有质的规定性，即任何物质都具有能量转化的趋势和必然，物质和能量是自然存在的两种表现状态，二者在一定条件下可以互相转化。而经营者的抽象劳动则通过对商品和服务的做功把这种趋势和必然变成了现实和沉淀，实现对代表商品和服务的商标的能量的凝结。

由此可见，商标凝结的人类抽象劳动，实际上凝结的是能量。所不同的是，商标所凝结的能量是一种心理能量，作用于人类的心理意识，对其产生巨大影响甚至控制、支配人类的行为，其与外部世界中的能量存在形态和表现形式均存在很大差别，人们难以认知。但是，商标所凝结的能量既来自和作用于外部世界，又与外部世界的能量并无实质差异。因此，我们可以得出结论，商标凝结能量。

（二）商标所凝结能量的特点

1. 守恒性

从总量上来看，商标所凝结能量具有守恒性。恩格斯所揭示的能量守恒与转化定律表明，自然界中总能量在量上是恒定不变的，即具有守恒性，其既不能被创造，也不能被消灭，这是能量守恒与转化定律的量的规定。商标所凝结的能量同样如此。经营者通过对商标所代表的商品或服务投入劳动、对外做功，使商标得以凝结商誉、价值、劳动、能量。无论商标上所凝结能量大小、多少，其对自然界中存在的总能量都没有影响，即自然界中总能量是恒定不变的。商标所凝结能量的守恒性原理告诉我们，在人类的生产经营活动中，必须尊重自然、敬畏自然、顺应自然规律行事，我们人类的生产经营活动乃至一切创造性活动，都是大自然的产物和馈赠，人类只是自然界的一分子，不可能挑战自然规律和创造自然规律，否则就会受到大自然的惩罚。具体到商标使用和商业活动中，经营者应当立足于自己的辛勤劳动，诚实经营、开展商业活动，通过在商标中凝聚自己的智慧和汗水来追求交换价值，实现致富目标，而不应一门心思通过投机取巧、欺世盗名、走捷径来致富，否则必将遭受失败。

2. 转化性

从能量来源上看，商标所凝结的能量具有转化性。虽然自然界的总能量在量上恒定不变，但恩格斯所揭示的能量守恒与转化定律质的规定性也告诉我们，自然界中存在的任何物质都有能量转化的趋势和必然。商标所凝结能量是经营者通过辛勤的脑力和体力劳动，通过做功转化而来的。具体来讲，是通过内部做功和外部做功两个方面来实现能量转化和凝结的。内部做功就是为了不断提高商品或服务的质量、水平而不断付出有效的脑力和体力劳动，进行生理学意义上的劳动力耗费。外部做功就是为了提高商品或服务的知名度和影响力，加大广告宣传力度，运用现代传播媒介，直接和间接投入的脑力和体力劳动，其中投入金钱（交换价值）获得广告宣传是间接投入的脑力和体力劳动，也是做功的过程。因此，表面上看商标所获得的能量似乎是从无到有，实则不然，其能量是自然界中其他形式的能量转化而来的。商标所凝结能量的转化性原理告诉我们，人类虽然需要尊重自然、敬畏自然、顺应自然规律行事，但并不意味着我们人类只能消极服从、被动适应、无所作为。相反，人类应当充分发挥自身强大的主观能动性，发现自然规律、揭示自然规律、运用自然规律，不断探索自然、认识自然、改造自然，为人类自身的发展进步谋福祉。

3. 辐射性

从传递形式上来看，商标所凝结的能量具有辐射性。物理学研究表明，自然界中的一切物体，只要温度在绝对零度（–273.15℃）

以上，都以电磁波和粒子的形式时刻不停地向外传送热量，这种传送能量的方式被称为辐射。辐射是以辐射源为中心向外呈直线状放射能量，物体通过辐射所放出的能量称为辐射能。[1]根据恩格斯能量守恒与转化定律的基本原理，由于一切物体都在绝对零度以上，所以一切物体都会辐射以热量为表现形式的能量，但所辐射能量的来源不是单纯的热能，而是由多种能量转化而来的，这些能量是多种能量的集合，包括生物能、电能、机械能和热能等。而且辐射的方式和种类也是多样的，如太阳辐射、电磁辐射和热辐射等。商标所凝结的能量同样具有辐射性，其所凝结的能量越大，辐射性越强。商标所凝结的能量的辐射性具体表现为通过信息的方式对人们的感觉、知觉、思维和作出决定等心理活动产生的影响。从认知心理学的角度看，商标所凝结的能量的辐射性就表现在所辐射的能量以信息为表现形式对人们心理认知活动产生影响。而从生理心理学看，人类的感觉、知觉、思维和作出决定等心理活动同样是消耗能量和转化能量的过程。心理学研究表明，人类与其他动物的信息加工系统（即神经系统）的运作具有相似性，都是由神经细胞通过化学活动产生的电荷来进行信息传导。[2]“生存就是从外部世界和身体组织中获取信息，进行决策，并将信息和命令反馈到身体组织的过程。”[3]表明人类对信息进行加工处理的各种感觉、知觉、思维和作出决定等心理活动及付诸行动同样是化学能、生物能和机械能等各

---

❶ 卡尔·马克思，弗里德里希·恩格斯．马克思恩格斯全集：［M］．中共中央马克思恩格斯列宁斯大林著作编译局，译．北京：人民出版社，2014：757.

❷ 戴维·迈尔斯．心理学［M］．黄希庭，等译．北京：人民邮电出版社，2006：52.

❸ 同❷58.

种能量的转化过程，这同时也是商标所凝结能量在辐射之后的转化性的体现。

这里就产生一个问题：既然自然界一切具有能量的物体都可以辐射能量，而一切物体都具有能量，也就是说一切物体都可以辐射能量，那么商标与自然界其他物体又有什么区别呢？商标与自然界其他物体的区别就在于：商标是人类在物质生产活动中有目的、有计划、有意识地进行有序凝结和承载能量的载体，而自然界其他物体则是自发、无序地凝结和承载能量的载体，因此商标与自然界其他物体是特殊与一般、专门与普通的关系。商标是人类在生存和发展的过程中逐渐认识自然、改造自然，认识人类社会、调整社会生产关系的创造性结果，其所凝结和承载的能量来自人类有意识、有目的的创造性劳动，虽然也来源于自然界，但与自然界其他物体所凝结和承载的能量无论在种类上还是数量上都存在很大差别。

4. 耗散性

商标所凝结能量具有辐射性是从其能量的传递形式上来讲的，事实上，从能量的传递效果上来讲，其还具有耗散性。

恩格斯指出："世界不是既成事物的集合体，而是过程的集合体。"商标所凝结的能量也是如此，它不是静止不变的，而是不断与外界进行能量交换，要么接收能量，能量总量增加；要么失去能量，能量总量减少；要么保持动态的平衡。但是，就商标已经凝结的能量而言，无论其所凝结能量有多少，由于其不断通过辐射等方式向外传递能量，如果不能得到增加或补充，或者使用、管理不善，就会耗散殆尽，即从生理心理学上看，是商标所凝结的能量（通过信息的方式）在人们的神经系统中引发的能量转化效果和程度越来越小。从认知心理学的角度看，商标所凝结能量的耗散表现为商标及其所代表的商品或服务的信息逐渐从人们的记忆中模糊乃至消失。同时，在商标已经凝结和承载了极大能量时，如果使用和管理不善，无论商标所凝结能量有多大，都会导致商标成为商品或服务的通用名称，而不具备指示和识别商品或服务来源的功能，导致商标所凝结能量被稀释、溶解和吸收，被完全耗散，最终导致商标的淡化。

商标所凝结能量的耗散性是相对于自身及为其投入劳动的主体而言，而相对于自然界，由于能量总量守恒，所以是没有耗散的。

5. 正负性

从作用方向上看，商标所凝结能量还有正负之分，即可分为正能量和负能量。

正能量是指商标所凝结的能量具有正向、积极的作用，会进行自我肯定，召唤、吸引消费者前来购买商品或服务，并推动、形成良性循环，不断积聚新的、更强、更大的能量，具体表现为商誉、消费者的正面和积极评价等。负能量是指商标所凝结的能量具有反向、消极的作用，会进行自我否定，产生驱逐力和排斥力，驱逐、排斥消费者，使他们远离自己所代表的商品或服务，最终导致自身的湮灭和消亡，具体表现为消费者的差评、负面和消极评价等。商标所凝结的能量具有正负之分，是由于商标所凝结的能量系经营者对商品或服务投入的一般人类劳动转化而来，这种一般人类劳动是指人的头脑、肌肉、神经及手等的耗费，是所有人类劳动相同的地方。但是，从作用方向上看，一般人类劳动还可以分对人类有益的劳动和对人类有害的劳动两类。对人类有益的劳动转化而来的能量就是正能量，反之，对人类有害的劳动转化而来的能量就是负能量。

一般而言，知名度越高、影响力越大的商标，其正能量也越大，发挥的正向、积极作用也越大，但一旦作用力转向，变成了负能量，则对自身的反作用也是巨大的、是毁灭性的。商标所凝结能量的正负性原理告诉我们，正与负、存与亡、荣与衰从来都没有绝对的界限，知名度越高、影响力越大的商标，越要加强管理和使用，越要“如履薄冰，如临深渊”。

6. 无形性

从表现形式上看，不同于人类社会乃至自然界的其他能量的有形性，商标所凝结能量为一种心理能量，表现为对人们心理活动产生影响。尽管从实质上来讲，商标所凝结的能量同自然界和人类社会以其他形式存在的能量并无二致，同样遵循能量守恒与转化定律，同样由热能、光能、机械能及电能等转化而来，同样是人们的抽象劳动所创造的，但从表现形式上看，商标所凝结能量具有不同于其他能量的重要特征。商标所凝结能量的无形性在形式上就是对人们的心理活动产生影响，不能被任何物理、化学方法探测、检测出来。所谓“世界上最强的商标在人们的心目中占有一席之地”，就是指那些凝结了巨大能量的商标，对消费者的心理活动所产生的巨大影响、所留下的深刻印象，可以影响消费者的购物决策，也可以对潜在消费者和社会公众产生巨大的心理冲击力，以致衍生出对商标所指代商品或服务的购买者产生相应的尊崇之感。

（三）商标权本质上是法律对商标所凝结能量的保护

当我们揭开覆盖在商标身上的层层神秘面纱，我们可以发现，商标的本质是能量的载体，而不是其他物质的载体，商标只有在凝结和承载了能量之后，才建立起与其所代表的商品或服务的联系，才成为商标，否则就只是一些意义不大的标记或标记组合。对于商标是商誉的载体、价值的载体和劳动的载体的认识，也终归还是停留在现象层面观察商标，仍没有把握住商标的本质。如果我们对商标的本质进行规范的定义，则可以定义为“商标在本质上是一种凝结商标使用人投入劳动转化的能量的标记或标记组合”。而对于商标权的本质，则可以根据民法典中权利为“特定利益”和“法律上之力”相结合的基本原理，将商标权的本质定义为“法律对商标所凝结商标使用人投入劳动转化的能量的保护”。

二、商标混淆是商标能量圈的交叉、重叠和覆盖

基于商标在本质上是商标使用人投入劳动转化的能量的载体、商标权在本质上是法律对商标所凝结和承载能量的保护的认识，商标只有在凝结和承载了能量之后，才能成为法律意义上的商标，否则就只是一些意义不大的标记或标记组合。为避免仍然在现象观察层面打转，致力于解决问题，考察商标混淆的本质应当在此基础上进行。

构成商标的标记或标记组合，无论是平面标记、立体标记，还是可视性标记、可听性标记、可嗅性标记，无论是气态、液态还是

固态，也无论其质地、原料有何不同，它们在本质上都是能量的载体，都必须凝结和承载了能量之后才能成为法律意义上的商标。由于商标所凝结能量具有辐射性，商标会不断向四周辐射能量，并以信息发散、传递的形式作用于人类社会和外部世界，由此每个商标就具有了一个环绕其周边的能量圈，这个能量圈也就是商标禁止权的作用范围。[1]能量越强，能量圈也就越大；能量越弱，能量圈也就越小。作为法律意义上的商标，无论凝结和承载能量的量有多少，它们都必须对能量有所凝结和承载，如此才能建立起与其所代表的商品或服务的联系。一旦它们所凝结和承载的能量耗散殆尽，它们就会如同流星下坠一样，黯然退出历史和市场的舞台。这时，它们这样的标记或标记组合虽然在形态、构成上与以前相比什么都没有改变，但却不能再称作商标了。所以，商标所凝结和承载的能量，既是商标存续的原因和内容，又是商标存续的结果和形式。

从表面上看，商标混淆是由商标之间外在形态或者构成特征相同、近似造成的，或商标混淆可能性就是商标相同或近似可能性，实际上远不是如此。

首先，商标混淆如果等同于商标外在形态或构成特征相同、近似，则等于说商标混淆就是单纯标记混淆或者是标记组合混淆。然而，单纯标记或者标记组合之间的混淆对于消费者和社会公众而言是毫无影响、毫无意义的，或者说单纯标记对社会公众和消费者而言是不可能发生混淆的，因为单纯标记或者标记组合与其所代表的

---

[1] 为便于理解，可以形象地把在市场中存在的商标视为三维空间中的二维标记，或者立体空间中的平面标记。下文所称夜空中的星星就是对这种情况的一种形象比喻。

商品或服务之间没有任何联系，对消费者和社会公众不具有任何影响，还不能成为法律意义上的商标。只有在单纯标记或者标记组合凝结和承载了能量之后，建立起与其所代表的商品或服务的联系，形成了对消费者和社会公众的影响，才能成为法律意义上的商标。因此，商标混淆必然跟商标所凝结和承载的能量具有紧密联系。

其次，商标混淆在本质上是商标能量圈的交叉、重叠或覆盖，商标混淆可能性在本质上是商标能量圈的交叉、重叠或覆盖的可能性。每一个商标都有一个环绕其的能量圈、光环圈，它们在市场经济中存续和发展，消费者据其认牌购物，完成社会生产总过程中的交换、消费等重要环节。之所以发生混同、误认，使消费者和社会公众不能辨别来源、不能分辨彼此，唯一且本质原因在于其能量圈、光环圈的交叉、重叠或覆盖。具体而言，要么是由于一个商标和另一个商标的能量圈、光环圈强度都比较强、范围都比较大，但二者相差不大，二者之间的能量圈、光环圈发生了交叉，使得消费者和社会公众难以辨别，产生混淆、误认；要么是由于一个商标和另一个商标的能量圈、光环圈强度都比较弱、范围都比较小，但二者依然相差不大，两个商标的能量圈、光环圈完全或者几乎完全重叠，造成消费者和社会公众无法辨别，产生混同、误认；要么是由于一个商标和另一个商标之间的能量圈、光环圈强度、范围、大小相差悬殊，一个商标的能量圈、光环圈完全或者几乎完全覆盖了另一个商标的能量圈、光环圈，导致消费者和社会公众不能辨别，产生混同、误认。

再次，商标相同或近似程度对于商标混淆的影响与其所凝结能量强度呈负相关。当商标所凝结的能量强度越小时，商标的相同或近似程度对于商标混淆的影响就越大；当商标所凝结能量强度越大时，商标的相同或近似程度对于商标混淆的影响就越小。这是因为，商标能量圈环绕商标，不同商标的外在形态相当于夜空中不同星星的形状和颜色，当商标所凝结能量强度越小时，商标的能量圈、光环圈也越小、越弱，商标所呈现出的形状和状态就主要是构成商标的标记或标记组合自身的形状和状态（如正方形商标就呈现出正方形的形态、三角形商标就呈现出三角形的形态）。这时，如果两个商标之间的相同或近似程度越高，则商标之间越容易发生重叠和混同，导致商标混淆；如果两个商标之间的相同或近似程度越低，则两个商标之间外在形态的差别就越大，就越容易被区别和分辨，越不容易发生重叠和混同，也就越不容易导致商标混淆。反之，如果商标所凝结能量强度越大，商标的能量圈、光环圈也越大、越强，覆盖面也越广，商标所呈现出的形状和状态就主要是其能量圈或光环圈耀眼、夺目的外在形态，构成商标的标记或标记组合自身的形状和状态就会受到一定程度的包裹和遮盖，尤其是其细节特征更有可能被遮蔽和隐藏，而只展现出主要特征或轮廓。这时，即使两个商标之间的相同或近似程度不太高，在后商标也很容易被前商标的能量圈或光环圈所覆盖（双方所凝结能量相差悬殊时），或者使双方的能量圈或光环圈发生交叉（双方所凝结能量相差不大时），从而导致商标混淆。

最后，商品或服务的类似程度也对商标混淆具有重要影响。商品或服务的类似程度对商标混淆的影响与其所凝结能量强度呈负相关，即当商标所凝结的能量强度越小时，商品或服务的类似程度对于商标混淆的影响就越大；当商标所凝结能量强度越大时，商品或服务的类似程度对于商标混淆的影响就越小。这是因为，每个商标在市场交易中都占有一席之地，在消费者和社会公众的心目中，商品或服务的类别就决定了商标的位置，消费者和社会公众在认牌购物的过程中必然会自动根据商品或服务的类别把代表不同商品或服务的商标放在一起，来对指代商品或服务的商标进行归位和甄选。例如，人们想选购汽车，他们必然会自动把不同的汽车商标品牌放到一起比较，到代表汽车的商标品牌中去挑选，而不会去代表自行车的商标品牌中去挑选。当商标所凝结能量强度越小时，商标的能量圈、光环圈也越小、越弱，其影响范围也就越小、越有限，只有商品或服务相同或类似程度越高，即双方的距离越近时，商标能量圈、光环圈才会越容易发生交叉、重叠，商标之间也就越容易发生混淆。同样，由于商标能量圈、光环圈很小、很弱，当商品或服务类似程度越低时，双方的距离就越大，商标能量圈、光环圈越不容易发生交叉、重叠，商标之间也就越不容易混淆。反之，当商标所凝结能量强度越大时，商标的能量圈、光环圈也越大、越强，其影响力和覆盖范围也就越大、越广，此时的商品或服务相同或类似程度高低，对商标混淆的影响就越小。如果一个商标的能量圈、光环圈足够强大，它就可以覆盖夜空中所有的星星，即很容易发生混淆、误认，这时星星之间的距离远近对于是否会发生覆盖，即商标是否会发生混淆就没有意义了，所以此时商品或服务类似程度对商标混淆影响就极低，甚至可以忽略，商标权的保护范围就扩大到了不相同或不类似商品上。实际上，这就是所谓驰名商标的“跨类保护”。

另外，消费者个体差异因素虽对商标混淆具有影响，但一般不应考虑。商标混淆的认知主体是消费者和社会公众，虽然他们的个体差异也会对商标混淆具有一定影响。但是，研究表明，尽管消费者和社会公众的认知水平存在个体差异，但在排除了辨认、识别标志方面的识记能力和水平的极端个例后，绝大多数消费者和社会公众是基本一致或者大致相当的，只要具有普通及以上智力水平的人都可以正常认牌购物。只有极少数消费者个体存在认知障碍，其在消费者和社会公众中所占比例极低，通常情况下可以不予考虑。

根据上述分析我们可以得出结论，商标混淆在本质上是商标能量圈的交叉、重叠或覆盖，商标混淆可能性在本质上是商标能量圈交叉、重叠或覆盖的可能性，同时商标相同或近似程度、商品相同或类似程度也会对商标混淆可能性具有重要影响，商标所凝结能量的大小与商标能量圈交叉、重叠或覆盖的可能性呈正相关。

三、商标反向混淆是商标能量圈的反向交叉、重叠和覆盖

在清楚商标混淆的本质后，商标反向混淆的本质问题也就迎刃而解。由于商标本质上是能量的载体，商标所凝结能量具有辐射性，每一个商标具有一个环绕其周边的能量圈，商标正是依凭其能量圈的辐射作用来发挥识别来源的功能，使消费者能够认牌购物，而商标混淆的本质原因在于商标能量圈之间发生了交叉、重叠或覆盖，使消费者产生了混同、误认。其中，发生交叉是在双方能量圈都比较大的情况下，发生重叠是在双方能量圈都比较小的情况下，发生覆盖是在双方能量圈相差悬殊的情况下。因此，商标混淆可能

性本质上是商标能量圈交叉、重叠或覆盖的可能性。所不同的是，在正向混淆中，通常是在先商标的能量圈大于在后商标，因此，是正向交叉、重叠或覆盖的可能性；在反向混淆中，是在后商标的能量圈大于在先商标，因此，是商标能量圈的反向交叉、反向重叠或反向覆盖。

因此，商标反向混淆的本质是商标能量圈的反向交叉、反向重叠或反向覆盖。

第三节　商标反向混淆的侵权属性

商标反向混淆在本质上是商标能量圈的反向交叉、重叠和覆盖，从而导致消费者和社会公众对商标产生混同和误认，表现为对商标所指代商品或服务的来源无法区分，侵犯商标的标示来源和质量保证功能，导致消费者和社会公众难以根据商标进行识牌购物。这是一种商标反向混淆宏观地、形象地描述，有利于我们形象和直观地认识商标反向混淆问题。但对于商标反向混淆为什么构成商标侵权，以及其具体对商标权人、消费者和社会的影响和危害需要细致分析。

一、对反向混淆不构成商标侵权的批判

认为反向混淆不构成商标侵权的观点，存在诸多难以解决的问题和无法跨越的障碍。

第一，根据卡尔多－希克斯效率理论，商标反向混淆中所获利

益并未超过损害，或者说所受损害大于所得利益。如前所述，根据卡尔多－希克斯效率理论，基于在后使用人为开发该商标已经投入了大量资金，消费者也可因此而降低搜寻成本，可见利益超过了损害，在商标反向混淆中把一个大众知名的商标逐出市场对社会所产生的危害，比将一个不同商标与产品介绍同时投放市场所生产的危害更加突出。那么尽管商标反向混淆对在先使用人有害，也具有商标混淆可能性，经济效率的解决方案是允许反向混淆侵权行为，即允许商标反向混淆的存在的观点错误。但是，该观点存在两个问题。一方面，对社会危害后果的计算并不准确。根据卡尔多－希克斯效率理论，在计算制止在后商标使用人侵权行为对社会产生的危害时，从其理论的阐述过程来看，是根据在后商标使用人的投入和消费者的搜寻成本来计算的，显然不是一种精确计算，只是一种模糊计算，那么其计算的准确性就大打折扣，也就是说，这种计算得出的结果不可信，属于一种主观推测。另一方面，对社会危害后果的计算并不全面。对于商标反向混淆对社会产生的危害后果，仅计算在后商标使用人的投入和消费者的搜寻成本是以偏概全，应当把反向混淆所造成的损害在先商标权人的未来无限发展可能和无限发展空间和对全社会公平竞争市场秩序的损害也计算进去。商标反向混淆对在先商标权人的未来无限发展可能的损害是巨大、不可预知、无法计算和衡量的，而且商标反向混淆对全社会公平竞争市场秩序的损害、其所作出的不良示范效应和导向作用所带来的负作用也是巨大的、无法计算和衡量的。此外，商标反向混淆并不能降低消费者的搜寻成本，反而会增加消费者的搜寻成本，因为消费者在识牌购物的过程中，容易把在先商标权人提供的商品或服务误认为是直接或间接来源于在后商标使用人，使本来希望购买在后商标使用人提供的商品或服务的消费者，却购买到了违背其意愿的在先商标权提供的商品或服务，可能不得不再次、重新进行购买，或者下次购买时增加更大的细心进行识别。难道这降低了消费者的购物成本？

因此，即使根据卡尔多－希克斯经济效率理论，也不能得出允许商标反向混淆存在的结论，相反可以得出商标反向混淆构成商标侵权的结论。

第二，关于认为针对我国现状而言，不应动辄以商标反向混淆为依据而判决被告侵害原告商标权并赔偿原告高额损失的观点。其观点实际上包括两个方面，一是不应以商标反向混淆为依据判决被告赔偿原告商标权，二是不应以商标反向混淆判决被告赔偿原告高额损失。第二个方面的观点是值得肯定的，因为反向混淆与正向混淆所造成的损害后果不同，不宜机械套用正向混淆的责任承担形式来处理反向混淆案件，而应主要以停止侵权，即禁令救济作为主要责任承担形式，以适当的、较低的法定赔偿额或在先商标的商标许可使用费倍数为补充责任承担形式，这一点笔者将在商标反向混淆的法律责任部分详述。对于第一个方面的意见及李扬教授提出的商标反向混淆至少存在“七宗罪”而不应对商标予以反向混淆保护的观点，笔者不能苟同，分述如下。

罪一是商标反向混淆理论欠缺成熟的理论基础，制止商标反向混淆会斩断在后商标使用人的机会，只会引发大规模的商标抢注行为。制止商标反向混淆确实会斩断在后商标使用人对商标的使用机会，也不能鼓励在后商标使用人真实、勤勉使用其商标。但是，是否制止商标反向混淆就会引发大规模的商标抢注行为呢？制止商标反向混淆斩断在后商标使用人对商标的使用机会，打击了在后商标使用人“真实、勤勉使用其商标”的积极性，这种斩断在后商标使用人对案争商标的使用机会是必要的。同时，制止反向混淆打击了在后商标使用人真实、勤勉使用案争商标的积极性，但却并未妨碍产业发展，因为在后商标使用人完全可以，而且具有充分的选择其他商标的权利，其可以进行“真实、勤勉地使用，以促进产业发展”。制止反向混淆虽然打击了在后商标使用人真实、勤勉使用案争商标的积极性，但却并未也不可能打击在后商标使用人真实、勤勉使用合法商标或者说其他商标的积极性。至于持论者所举至今无人喝过“蓝色风暴”牌啤酒、“蓝色风暴”牌啤酒至今籍籍无名的问题，笔者认为，制止商标反向混淆的目的在于保护在先商标的发展空间的同时，也保护在先商标的生存空间，“蓝色风暴”牌啤酒至今十余年来没有发展成为一个举世皆知的驰名商标，但不代表其现在就已经不存在了，何况其还有可能在下一个十余年的时间内发展成为一个驰名商标或者著名商标。此外，制止商标反向混淆还具有的使命是保护在先商标权人的商业信誉，维护公平竞争的市场秩序、保护消费者和社会公众免受混淆、误导。“蓝色风暴”牌啤酒至今没有发展成为一个驰名商标或著名商标，并不影响制止商标反向混淆，履行保护在先商标权人的商业信誉、维护公平竞争的市场秩序，保护消费者和社会公众免受混淆、误导的职责。

此外，制止商标反向混淆意味着就会引发大规模的商标抢注行为这二者之间没有必然联系。引发大规模商标抢注行为的原因在于商标权注册取得制度，商标权注册取得制度的优点在于便于商标权人的权利行使和提高经济社会的运行效率，其缺点在于引发商标抢注和产生垃圾商标，但其缺点是可以通过“商标权注册＋使用取得制度”予以弥补和克服的。如果制止商标反向混淆会引发大规模的商标抢注行为的话，那么制止商标正向混淆同样会引发大规模的商标抢注行为，因为反向混淆只是在后商标强度大于在先商标而已，正向混淆中在后商标强度并不必然小于在先商标，有可能存在在后商标的强度也比较弱、在后商标与在先商标强度相差不大的情况。那么是否也要废除制止商标正向混淆制度呢？显然这是十分荒唐的。商标权注册取得制度是指规定商标权的取得必须经过相关国家机构的登记注册，其实质上是一种法律拟制行为。法律对于符合相应条件的商标则假定、拟制该商标已凝结了一定的能量，从而施加“法律上之力”的获准使用并予以保护。目前包括我国在内的多数国家都实行商标注册取得制度，欧盟是其中的典型代表。

商标权注册取得制度的优点在于，第一，便利权利行使。权利人通过注册登记就可以取得商标权，具有公示公信效力，可以使权利归属清晰明确，权利人使用、转让、质押商标都更方便，在诉讼中举证也更容易，便于维护自己的权利。第二，提高运行效率。在现代商业活动中，代表新产品或者新服务的新品牌的开发需要大量资金和精力的投入，如果经营者不需要等商标凝结能量之后才能取得商标权，有利于经营者克服犹豫观望、害怕劳而无功的心理，从而全力投入商标所代表商品或服务的经营生产活动，提高经济社会的运行效率。同时也便于经营者筛选和确定商标，避免产生混同，避免时间、精力、金钱的空耗，有利于降低社会成本。

商标权注册取得制度的缺点在于形式取代实质。由于商标权注册取得制度实际上是一种法律拟制行为，对注册商标预先就假定、拟制其凝结了相应能量或将要凝结相应能量而授予商标权，目的在于便于权利行使和提高运行效率，而实际上不一定存在能量的凝结，导致实践中引发商标权形式取代实质的问题，即有商标权之形而无商标权之实，也就是存在商标注册却没有使用的情况。具体表现在两个方面。一是引发商标抢注。一些社会成员利用商标权注册取得制度抢注商标，进行商标圈占和投机，或者用于转手牟利，或者用于囤积待售，或者用于伺机起诉，或者用于阻击竞争对手，严重违背诚信原则和商标制度意旨。二是产生垃圾商标。很多商标被注册后却不被投入实际使用，产生大量垃圾注册商标，不但浪费商标审查等社会资源，使商标审查时限延长，而且形成商标"暗礁""雷区"林立的状态，使诚信经营者动辄得咎，一不小心就成为他人注册商标的侵权者，严重妨害社会经济秩序。欧盟《共同体商标条例》和《协调成员国商标立法一号指令》确立的商标权注册取得制度也因上述原因现在已经显露出越来越多的缺陷，因而广受诟病。商标抢注现象是商标权注册取得制度的产物，与是否认可反向混淆理论无关。只要在商标法中完善规治商标恶意抢注的措施并严格执行，就可以逐步减少甚至杜绝恶意抢注现象。

罪二是商标反向混淆理论违反知识产权法定原则，认为不应对商标法作扩张解释。根据《中华人民共和国商标法》第 57 条第 1 款第（二）项的规定，"未经商标注册人的许可，在同一种商品上使用与其注册商标近似的商标，或者在类似商品上使用与其注册商标相同或者近似的商标，容易导致混淆的"，构成侵犯注册商标专用权。该条确立的混淆可能性标准并未规定"正向混淆""反向混淆”，而反向混淆中在后商标使用人未经商标权人的许可，在相同商品或类似商品上使用相同或近似的商标，如果容易导致混淆，则完全符合《中华人民共和国商标法》第57条第1款第（一）项、第（二）项的规定，当然构成商标侵权。上述决断完全符合商标法的规定，符合知识产权法定原则，不存在限制自由竞争的问题。因此，从法律的角度看，认定反向混淆为商标侵权行为没有什么障碍，也没有进行任何扩张解释。相反，如果认为反向混淆不是商标侵权行为，则是对《中华人民共和国商标法》第57条第1款第（二）项的限缩，这将违反知识产权法定原则，产生放纵违法行为的后果。

罪三是以商标反向混淆为由认定在后商标使用人侵权，不符合商标法创设商标权的目的。商标反向混淆类的案件中原告基本不思进取，允许其获得反向混淆保护，不符合商标法创设商标权的目的，也会助长抢注之风。

如果认为反向混淆案件中原告规模较小，这一点应该比较符合实情，但是要说其偏安一隅、不思进取则过于武断，也没有任何证据支持此观点。法律平等保护一切市场主体的权利，而不论其规模大小，更何况法律规范的是市场主体的行为，对其思想是否积极进取则不加规制。商标法创设商标权的目的是保护商标的使用，但是并不意味着商标法创设商标权的目的是保护随意使用他人在先商标。而且，对于抢注国外的商标，特别是国外驰名商标的行为，并不属于反向混淆规范的范畴，而是我国商标法明确禁止的非法行为，即使抢注成功，也可以被宣告无效。

罪四是以反向混淆为由认定在后商标使用人侵权并承担高额

赔偿，严重违背权利懈怠的衡平原则。在后商标的知名度之所以能够强于商标在先使用人，往往是在先商标权人懈怠行使其权利的结果。反向混淆与正向混淆不同，通常判决侵权人停止使用就足以弥补其所造成的损害，不宜判决被告承担高额赔偿，此处不详述。但是，如果认为绝大多数情况是在先商标权人“放水养鱼再杀鱼”，以及商标反向混淆的形成要经历一个缓慢过程，过于武断，没有任何支撑证据。然而，商标反向混淆的形成恰恰不需要经过一个缓慢的过程，如果在先商标权人真的怠于行使权利，或者真是“放水养鱼再杀鱼”，根据《中华人民共和国商标法》“无正当理由三年不使用可撤销”的规定，在后商标使用人完全可以获得法律保护，不必承担任何侵权责任。更何况，对于一种处于持续状态的侵权行为，权利人是否主张权利、何时主张权利，只要其在诉讼时效范围之内，难谓权利懈怠。

罪五是在商标反向混淆案件中，“混淆”要件很难成就，反向混淆理论是以很难以“混淆”要件为由，主张商标侵权。根据美国联邦第二巡回上诉法院于1961年确立的宝来因素中的9个要素，极难得出在后商标的使用具有混淆可能性。宝来因素并非我国法定的商标混淆可能性的判定因素，不应以其为依据。根据我国最高人民法院2017年颁布的《关于审理商标授权确权行政案件若干问题的规定》第12条，判定混淆可能性应综合考虑请求保护商标的显著性和知名程度、商品类似程度、商标的近似程度、消费者注意程度、实际混淆和被告主观意图等6因素，在后商标显著性高于在先商标对于判定混淆可能性没有影响，而被告商品质量更强、二者价格相差大不一定符合实际情况，也并非影响混淆可能性的法定因素。

罪六是商标反向混淆理论所主张的反向混淆缺乏实证数据支撑，反向混淆中的在先商标权人没有真正获得市场主体身份、产品独立资格，更不存在未来市场发展空间。如果主观、无依据地把商标反向混淆中的所有在先商标权人都归为“主要或者唯一目的在于抢注并试图狮子大张口从商标在后使用者身上撕下一块血肉的商标在先使用者”，过于武断，对于广大知名度、影响力小的商标权人是极不公平的。任何市场主体都有一个从弱到强、从小到大的发展过程，这是事物发展的基本规律，如果说需要见到有因为反向混淆而被剥夺市场主体身份和未来市场发展空间的真实案例，那么在其已被反向混淆剥夺发展机会之后怎么能够见到这样的真实案例呢？其怎么有可能再发展壮大呢？

罪七是商标反向混淆不但对在先商标权人无害反而有利。如果有商标反向混淆，在先商标权人反而可能搭在后商标使用人的便车，对其只有利而无害，对相关公众也是这样。商标反向混淆表面上、短时间内看对在先商标权人有利无害，可以增加其销售收入，但是从实质上、长远看对在先商标权人损害很大，在先商标会被在后商标能量圈所覆盖、重叠，乃至发生虹吸作用，其所凝结和承载的能量被在后商标能量圈覆盖或吸附掉，使得在先商标所凝结能量越来越稀薄，甚至不再具有能量。在先商标不再具有能量的那一天，就是在先商标权人丧失商标之时，也是在先商标所指代的商品或服务黯然退出市场之时，即在先商标失去了生存空间。也就是说，商标反向混淆行为会侵占、扼杀在先商标的生存空间，将其消灭于无形。而对于消费者和社会公众而言，也同样会受到损害。

二、反向混淆损害商标法的平等价值

所谓商标法的平等价值，是指商标法平等地保护每一件注册商标所具有的生存权和发展权，任何一件注册商标均有机会独立自主地生存与发展，而不受其他商标的挤压和排斥。商标法所保护的平等，是一种机会意义上的平等，而不是结果意义上的平等。

在商标反向混淆案件中，在后商标使用人通过大规模、饱和性的广告宣传投入，往往短时间内在类似商品或服务领域，通过对与在先商标高度相似或者相同商标的高强度地商业使用，通过大量劳动、资金、能量的投入和转化，在其商标上迅速转化了大量能量，使在后商标迅速凝结了高强度的能量，形成了强大的能量圈。这种能量圈对在先商标往往形成了覆盖或重叠，而不仅是交叉，使得在先商标所凝结的能量和其能量圈几乎湮没在在后商标强大的能量圈之内，导致挤压在先商标的生存和发展空间，损害商标法的平等价值。

一是反向混淆通过挤压在先商标的发展空间、侵害其发展权而侵害商标法的平等价值。消费者和社会公众无法观察到在先商标，只会误认为在先商标所指代的商品或服务也来源于在后商标使用人。由于在后商标凝结和承载的能量过大，在先商标权人本身力量有限或者是本身虽然实力很强，但是暂时没有计划在该商标上投入太多资金和技术，所以其对该商标投入和转化的能量有限。其原本有机会慢慢地投入力量、资金和技术，通过由量变到质变的积累，逐渐地使自己的商标凝结的能量越来越大。但是，由于在后商标人在类似商品或服务领域内使用高度相似或者相同的商标，且其所投入转化的能量巨大，形成了强大的能量圈，覆盖或重叠了在先商标权人的商标能量圈，导致消费者和社会公众无法识别在先商标权人的商标，误认为在先商标所指代的商品或服务来源于在后商标使用人。

在这种情况下，如果任其发展，将使在先商标发展空间受到窒息和侵占，在先商标将失去发展机会，不可能成长为一个具有高度知名度和影响力的商标。因为在后商标使用人在相同或类似商品或服务上使用与在先商标相同或近似的商标，并使其凝结了强大能量，形成较大的知名度和影响力，在先商标权人在此情况下再投入能量就毫无效果和作用。在后商标使用人的商标广为知晓，消费者和社会公众已经形成了认识，在后商标的能量圈已经覆盖或一定程度上重叠了在先商标能量圈，如果在先商标权人再逐渐投入劳动、商誉和能量，其能量圈也始终在对方能量圈之内，消费者和社会公众仍无法区分其所指代的商品或服务来源，如此一来，对于在先商标权人来讲，无异于“为他人作嫁衣裳”。

那么，是否存在这样一种可能性，即在先商标权人仍然可以通过自己的劳动和投入，使自己的商标慢慢地凝结能量，慢慢地也具有较大的知名度和影响力呢？事实上这种可能性是不存在的。如前所述，已经在相同或类似商品或服务领域存在一个知名度更大的相同或近似的商标，在后商标使用人的商标能量圈覆盖或重叠了在先商标权人的商标能量圈，在先商标权人所投入的能量被掩盖在在后商标使用人的商标能量圈之内，消费者和社会公众无法根据商标能量圈的指引认牌购物，依然把在先商标所指代的商品或服务误认为在后商标使用人所提供的商品或服务。在先商标权人的所有投入将会“打水漂”，对在先商标权人产生极大的损失和浪费，而其本身又实力不足，经不起这样的豪赌。除非在先商标权人投入的力度足够大，足以与在后商标使用人的投入抗衡，但这又不现实，因为社会实践中往往是因为在先商标权人实力不足才导致投入不足的。而且，即使在先商标权人投入足够大，在在后商标的能量圈已经很强大的情况下，在先商标权人的商标能量圈也至多可能与在后商标能量圈发生交叉，也就是一部分消费者会认为商品或服务来源于在先商标权人，一部分消费者会认为商品或服务来源于在后商标使用人。如果双方所使用的商品或服务不是类似，而是相同的话，则连交叉也不可能发生，因为商标在消费者和社会公众心目中的心理距离过近，形成重叠，导致完全无法区别来源，发生严重混同。

在先商标权人尽管目前对其商标投入力度较弱，但并不代表将来对该商标的投入力度也弱，而在后商标使用人就是通过武断地、强行地市场经营行为，硬生生扼杀了实力较弱的在先商标权人的希望和机会。因此，反向混淆挤压了在先商标的发展空间。

二是反向混淆通过挤压在先商标生存空间、侵害其生存权而侵害商标法的平等价值。反向混淆不仅会挤压在先商标的发展空间，如果任其持续和发展，还会使在先商标权人丢失商标，丧失对商标的占有和使用，侵占其生存空间。如前所述，在后商标使用人通过对与在先商标所指代商品或服务相同或类似领域内相同或近似商标的强力投入、饱和宣传，为在后商标注入了强大能量，形成强大能量圈。而在先商标能量圈强度有限，在后商标能量圈就对在先商标能量圈形成重叠、交叉和覆盖，使在先商标能量圈的光芒淹没在在后商标能量圈的光芒之下，使消费者和社会公众无法区别二者而误认为在先商标权人提供的商品或服务来源于在后商标使用人。这样的状况持续下去，会导致消费者和社会公众越来越熟悉和了解在后商标使用人的商标及其所提供的商品或服务，忽视和遗忘在先商标权人所提供的商品或服务。

由于消费者和社会公众发生的这种混同和误认，表面上、短期来看，会使在先商标权人受益，因为在后商标使用人大量的投入和广告宣传，会使在先商标权人提供的商品或服务获得“反向搭便车”的效果。但是，从实质上、长远来看，消费者和社会公众通过长期地使用和接收广告宣传促销，对在后商标越来越熟悉，在后商标凝结和承载的能量会越来越大，消费者和社会公众也会越来越多、越来越稳固地将在后商标与在后商标使用人联系起来，而将越来越少、越来越弱地将该商标与在先商标权人联系起来，即使在先商标权人也投入劳动、资金和能量，但是也会被在后商标能量圈所覆盖、重叠，乃至发生虹吸作用，其所凝结和承载的能量被在后商标能量圈吸附掉，而使在先商标所凝结能量越来越稀薄，甚至使其不再具有能量。

三、反向混淆损害商标法的正义价值

所谓商标法的正义价值，是指商标法所具有的保护正当劳动、正当投入和诚信经营免受不法侵害的理念、目标、原则和评价标准。

商标反向混淆中，在后商标使用人通过大规模地广告宣传和商业促销活动，其商标短期内便凝结强大的能量，形成了高强度的能量圈，对在先商标的能量圈形成了覆盖和重叠、交叉，使消费者和社会公众误以为在先商标权人提供的商品或服务来源于在后商标使用人。这种由在后商标使用人所导致的混淆，除了短期内会附带地给在先商标权人带来一定的因销量增加而产生的利益之外，还会产生一个损害，即使一些消费者和社会公众在知道了在先商标所指代商品或服务的真实提供者后，基于在后商标使用人大规模的广告宣传活动和促销活动所带来的先入为主的认识，会对在先商标权人产生误解，即误认为在先商标权人为了“搭便车”、侵占在后商标的商誉，而在相同或类似的商品或服务上使用与其相同或近似的商标，有意使消费者和社会公众产生混淆，从而侵犯在先商标权人的商标权。基于这种误解，消费者就会对在先商权人的商业道德和商业信誉产生负面评价，甚至会向行政机关提出举报、控告，大大地损害了在先商权人的商业信誉，也就侵害了商标法的正义价值。例如，在浙江“蓝色风暴”案中，在先商标权人（浙江蓝野酒业有限公司）因在后商标使用人（百事可乐公司）对案争商标“蓝色风暴”的大规模宣传、报道，使其知名度、影响力大涨，导致其商标凝结的能量非常强大，形成了强度很高的能量圈，覆盖、重叠了浙江蓝野酒业有限公司“蓝色风暴”商标能量圈，使消费者和社会公众对该商标所指代商品来源产生错误认识、发生误解。

2005 年 11 月，浙江省丽水市质量技术监督局接到群众举报，以蓝野公司生产的蓝风牌蓝色风暴啤酒涉嫌冒用他人商标为由查封了 107 箱该品牌啤酒，浙江蓝野酒业有限公司提交了商标注册证后才予以解封。该事件表明，虽然在先商标权人浙江蓝野酒业有限公司通过提交证据证明了自己的清白，免予行政处罚，但对于广大消费者和社会公众而言，他们没有机会，通常也没有时间和精力去了解、查证在先商标的权属证明文件，了解其真实权属情况，而只会依据主观印象对事物进行评判，即他们不可避免地在主观上会因此对在先商标权人的商业道德、商业信誉产生不良评价，而且这种负面评价还不容易消除，在先商标权人必须提供其原始权利凭证才能消除。而让在先商标权人提供权利凭证并对无数的消费者、潜在消费者和其他社会公众一一进行澄清、解释，这在商业社会实践中显然是不现实的，而且成本和代价也极为高昂。消费者和社会公众对在先商标权人商业信誉的误解将会波及其商标、所提供的商品或服务，自然会影响在先商标权人提供的商品或服务的销量，影响在先商标权人商标的生产、经营和发展，侵害了商标法的正义价值。

四、反向混淆损害商标法的秩序价值

商标法所具有的秩序价值，是指商标法保护商标使用人通过有序竞争、诚实劳动、诚信经营来获取和积累的商标知名度、影响力，通过惩罚、打击和禁止投机取巧、巧取豪夺的不良行为而营造良性、有序的竞争状态，以维护良好、正当的市场竞争秩序。

反向混淆则侵害了这种良性、有序竞争状态。所谓“合抱之本，生于毫末；九层之台，起于累土”，任何事物发展都有一个过程，都要经历一个阶段，任何实力强大的企业都是从实力弱小的企业一步一步发展起来的，不可能一蹴而就。市场经济是规则经济、法治经济，法律着力维护公平竞争的市场秩序，目的就是尊重事物发展规律，使每一家企业、每一个市场经济的参与者，都有机会在市场规则指引下通过勤奋进取、开拓创新而发展壮大。商标法调整市场经济主体之间的竞争关系，为了防止无序竞争和恶性竞争，商标法着力维护自由、正当、良性的市场秩序，即公平竞争的市场秩序，只有如此才能保障消费者的利益和促进经济社会的健康发展。正如麦卡锡教授所说的："规制美国市场经济的法律的根本目的是促进和保护竞争，因为商业竞争对社会和经济都有益。"[1]在公平竞争的市场秩序下，即使市场主体在竞争中被淘汰，是自身经营不当的结果，有利于社会整体利益，引导其他市场经营者进行公平竞争。反之，如果商标法不能维护公平竞争的市场秩序，市场主体凭借自身的强大实力或掌控的资源任意掠夺、抢占他人的资源、财富和权利，那么人类社会将沦为无序竞争、弱肉强食的丛林，市场主体就没有勤奋工作、创造财富的积极性，而走向歪门邪道、掠夺财富，社会财富将会越来越少，损害的将是整个社会的公共利益和广大消费者的切身利益。

因此，商标法和其他市场经济规范法律所维护的公平竞争的市场秩序，关乎社会公共利益、关乎人类发展前途，是社会公共利益的必然要求，是现代经济社会健康有序发展的客观需要，是自然的、历史的选择，不容破坏。反向混淆由于是在后商标使用人未经许可、擅自在相同或类似商品或服务上使用相同或近似商标，依托自己的经济实力，侵害他人的在先权利，违反公平竞争的市场规则，损害公平竞争的市场秩序，侵害商标法的秩序价值。

---

[1] MCCARTHY J T.McCarthy on Trademarks and Unfair Competition［M］.4th ed. New York：Thomson West，2010：10.

五、反向混淆损害商标法的效益价值

商标法的效益价值，是指商标法能保障社会成员以较小的投入获得较大的产出，从而最大限度地降低整个社会成本，增加社会效益。而商标反向混淆则使社会成员需要投入更大的成本以获得较大产出，导致整个社会效益降低，商标法的效益价值无法实现。

商标反向混淆中，在后商标使用人的商标使用行为导致消费者和社会公众产生混同、误认，损害了在先商标标示来源和质量保证的功能。具体而言，由于在后商标的知名度、影响力更大，而在先商标相对小，所以大部分消费者和社会公众会误以为在先商标所指代的商品或服务来源于在后商标使用人，小部分的消费者和社会公众误以为在后商标所指代的商品或服务来源于在先商标权人。对于那些希望购买在先商标权人提供的商品或服务的消费者和社会公众而言，受在后商标使用人大规模广告宣传和促销的影响，却购买了在后商标所指代的商品或服务，在下次作出购物抉择时必须花费更多时间和精力才能购买到自己希望购买到的商品或服务；对于那些希望购买在后商标使用人提供的商品或服务的消费者和社会公众而言，因发生混同、误认，购买到了在先商标所指代的商品或服务，同样在下次购物时需要付出更多时间和精力进行甄别和选择。这些都侵害了消费者和社会公众选择购买商品或服务的权利，使他们难以正确分辨商品、服务来自何处，增加了他们的购物搜寻成本，降低了经济效率，侵害了商标法的效益价值。

综上所述，商标反向混淆无论从产权规则、责任规则、洛克劳动理论、精神权利论、功利主义、经济效率理论，还是从科斯定理的角度，其均应被法律禁止。我国引入商标反向混淆概念及理论具有必要性，因为其侵害了商标法的平等价值、正义价值、秩序价值和效益价值，构成商标侵权。

小结

商标反向混淆理论在美国和我国均引发了诸多理论探讨。在美国所探讨的主要是以何种理论或者何种角度来分析和解释反向混淆问题，其中包括反向混淆是否应该禁止；在我国存在争论的主要是反向混淆概念是否有存在的必要、反向混淆理论是否有引入我国的必要、反向混淆是否构成商标侵权等问题。

探讨商标反向混淆的本质需要追根溯源到商标的本质。因为劳动是一种做功的形式，根据恩格斯的能量守恒与转化定律，可以推出商标凝结和承载能量，商标在本质上是商标使用人投入劳动转化的能量的载体。商标在本质上是商标使用人所投入劳动转化的能量的载体，所凝结的能量表现为一种心理能量，但与自然界的能量并无实质差别，即商标在本质上是一种凝结能量的标记或标记组合。其所凝结能量具有守恒性、转化性、辐射性、耗散性、正负性、耗散性和无形性的特点。商标具有环绕其周边的能量圈，商标混淆的本质是商标能量圈的交叉、重叠或覆盖，商标反向混淆的本质是商标能量圈的反向交叉、反向重叠或反向覆盖。

商标反向混淆不构成商标侵权的观点不能成立。根据卡尔多－希克斯效率理论计算收益和损害时，需要把反向混淆对在先商标的未来发展、生存空间，对消费者购物成本和对公平竞争的市场秩序的损害一并计算，以此来与在后商标使用人的投入进行计算，这样算来反向混淆并不符合经济效率理论。我国有必要引入反向混淆概念及理论，现行的混淆可能性理论并不能解决商标反向混淆实践问题，而且商标反向混淆也并不具有所谓的“七宗罪”。

第四章　商标反向混淆的司法判定

商标反向混淆是一种新型商标混淆类型，与正向混淆既有联系又有区别，具有其自身的突出特征。因此，分析和研究商标反向混淆的判定方法，应当在考察商标正向混淆判定方法，即一般混淆可能性判定方法的基础上，进行异同分析、取舍探讨。对于一般混淆可能性的判定方法，学界和司法实践中还存在不少分歧，实践中也存在不同做法。反向混淆作为一种新型商标混淆类型，学界和司法实践中对其判定方法更存有争议、更加缺乏共识，需要进行深入研究。

第一节　参照商标正向混淆的司法判定规则

一、反向混淆参照正向混淆司法判定规则的原因

商标反向混淆司法判定之所以应以商标正向混淆的司法判定为参照，是因为商标反向混淆与商标正向混淆存在诸多联系，二者存在诸多共同之处，具体表现如下。

（一）二者权利基础相同

反向混淆与正向混淆的权利都是以合法有效的在先商标权存在为前提，即商标反向混淆与正向混淆的权利基础相同。

商标反向混淆和商标正向混淆都是法律对在先商标权的保护，都是一种商标侵权判定标准，其确立的前提和基础都是在先商标要有合法、有效的商标权。如果在先商标没有合法、有效的商标权，侵权行为就没有侵犯的对象，就谈不上存在侵权，也就毫无必要探讨是反向混淆还是正向混淆。

商标注册制度具有提高运行效率和降低社会成本的优势，而商标使用又是商标取得权利的前提和基础，所以很多国家均采取了“注册+使用”的商标权取得模式，即商标权的取得需要经过注册程序和实际使用相结合的制度。商标实际使用和商标凝结能量需要一个过程，因此，对于注册不久的商标需要给予相应的缓冲时间，因而法律假定、拟制其将要凝结和承载能量而给予保护，即商标注册其实仅是一种法律假定、拟制行为，假定、拟制经过注册的商标将要或者能够凝结和承载能量，而不是已经实际凝结和承载了能量，至于商标是否实际凝结和承载了能量，还要看商标是否经过实际使用。因此，对于可能发生正向混淆或反向混淆的具有合法商标权的在先商标，具体可存在以下两种情况。

1. 注册后经过实际使用的在先商标，既可能发生正向混淆，也可能发生反向混淆

商标经过注册，就相当于法律假定和拟制其将要凝结和承载能量，就可以得到法律的保护。在我国商标法中体现为在一定期限（三年）内就具有了商标专用权。如果注册商标经过实际使用，则在法律假定和拟制将要凝结和承载能量的同时，又实际凝结和承载了能量。这样的商标相当于“名实相符”，当然具有商标权。在反向混淆中，这种商标虽然具有一定的知名度和影响力，但对于侵权

人而言，其所看重的并非该商标的知名度和影响力，而是该商标标记本身。因此，注册后经实际使用的商标，既可能发生正向混淆，也可能发生反向混淆。

2. 注册后未经实际使用的在先商标，只可能发生反向混淆，而不可能发生正向混淆

对于虽经注册但并未实际使用的商标，则只具有法律所假定、拟制将要凝结和承载能量的可能性，而不具有已凝结和承载能量的现实性，如果在一定期限内（我国法律规定三年）未实际使用便可被撤销。对于这样的商标，由于其并未实际使用，也未凝结和承载能量，没有商誉可供他人侵占，也无“便车”可搭，更不会发生正向混淆。但是，商标标记本身却可能为侵权人所重视，侵权人有可能通过自身对该标记或近似标记进行巨大的广告投入，营造强大的影响力，从而产生反向混淆。

通过上述分析可知，正向混淆和反向混淆确立的基础都是在先商标具有合法、有效的商标权存在。其中，正向混淆可能发生于注册后经过实际使用的商标，反向混淆既可以发生在注册后经过实际使用的商标上，也可能发生在注册后未经实际使用的商标上。

（二）二者认定依据相同

从 19 世纪中期商标权逐渐发展成为一种独立权利类型，商标侵权判定标准也由“主观欺诈”标准变为“混淆可能性”标准之后[1]，被告主观意图在商标侵权判定中的作用就退居次要地位。混

---

[1] THURMON M A.Confusion Codified：Why Trademark Remedies Make No Sense［J］. Journal of Intellectual Property Law，2010，17（2）：265.

淆可能性作为商标侵权判定标准，着眼于被告的客观行为是否容易使消费者产生混淆。反向混淆的认定依据同样着眼于被告的客观行为是否容易使消费者产生混淆，而不可能是主观欺诈标准。这是因为，首先，无论是反向混淆还是正向混淆，其所保护的都是在先商标的商标权这种独立的权利类型，而不仅是规制市场竞争中的不诚信商业行为，只要经营者的商标权因为混淆而受到侵害都应当得到保护。在这一方面，反向混淆与正向混淆并无任何不同之处。其次，无论是反向混淆还是正向混淆，均会对商标权人和消费者利益造成损害。例如，导致商标权人商誉和交易机会损失、消费者不能认牌购物而无法购买到称心如意的商品等，这些均与被告主观意图关系不大，而与被告客观行为联系紧密。最后，对于反向混淆案件而言，主观欺诈标准会使在先商标权几乎无法获得保护。如果采取主观欺诈标准判断是否构成商标侵权，那么在正向混淆案件中，权利人证明标准很高，使商标权的保护存在很大的不确定性。而对于反向混淆案件而言，权利人则更加难以证明侵权行为人主观上具有欺诈的意图，也更加难以证明自己的商标经过长期使用，已经产生一定的商誉。因此，无论反向混淆案件还是正向混淆案件，都早已摒弃主观欺诈标准，而依据被告的客观行为来判断其是否侵权。即反向混淆和正向混淆认定的依据都是被告的客观行为，不必考虑被告主观意图。

（三）二者可以同案共存

反向混淆和正向混淆虽然混淆方向不同，但在特定的情况下，二者却可以同案共存，且彼此并不妨碍。之所以会出现这种情况，是因为每一个商标均有一个环绕其周边的能量圈，商标混淆本质上是商标能量圈的交叉、重叠和覆盖。商标正向混淆是在先商标的能量圈大于在后商标的能量圈，对在后商标的能量圈产生了交叉、重叠和覆盖；而商标反向混淆则是在先商标的能量圈小于在后商标的能量圈，商标能量圈发生反向交叉、反向重叠和反向覆盖，换言之是在后商标的能量圈对在先商标的能量圈形成了交叉、重叠和覆盖。对于在先商标而言，由于其具有一定的知名度和影响力，也就受到一定范围内的消费者或社会公众的知晓和熟悉。当这些消费者或社会公众在接触到在后商标时，就极有可能发生正向混淆，误以为在后商标使用人所提供的商品或服务来源于在先商标。而由于在后商标具有更大的知名度和影响力，拥有更大范围和更多熟悉其商标的消费者或社会公众，当这些消费者和社会公众在接触到在先商标时，则极有可能误认为在先商标权人所提供的商品或服务来源于在后商标，即发生反向混淆。所以，反向混淆和正向混淆是可以并存的。

从表面上看，这种现象发生于在先商标强度虽然没有在后商标强度大，但在先商标也具有一定的商标强度，而且二者的商标强度相差并不悬殊的情况下。而从本质上看，出现这种情况的根本原因是在先商标的能量圈和在后商标的能量圈发生了反向交叉，且在后商标的能量圈的大小和强度并不足以覆盖在先商标的能量圈，导致一部分消费者误以为在后商标所代表的商品或服务来源于在先商标权人，另一部分消费者误以为在先商标所代表的商品或服务来源于在后商标使用人。如果在后商标强度足够大，其商标能量圈对在先商标能量圈产生了反向覆盖，致使在先商标能量圈完全淹没在在后商标能量圈中，则不会出现这种情况，只会造成单一的反向混淆。

所以，反向混淆和正向混淆在特定情况下可以同案并存，二者互不妨碍。

（四）二者发挥功能相同

在功能发挥上，反向混淆与正向混淆一样，都用于侵权判定。

正向混淆所发挥的功能在于作为商标侵权判定标准需要考量的重要因素。在商标民事侵权纠纷中，如果已经确定不存在正向混淆，则通常可以直接判定不构成商标侵权。在商标注册程序中，如果申请注册的商标与在先商标容易导致正向混淆，将会被驳回。目的在于禁止他人将与该在先商标相同或近似的标识注册在与其相同或类似的商品或服务上，以避免消费者和社会公众发生混淆。在先商标又可具体分为在先注册的商标、在先初步审定的商标、在先申请的商标、同日申请在先使用的商标、被代理人或被代表人的商标、在先使用并有一定影响的商标及驰名商标。[1]

反向混淆所发挥的功能也同样在于作为商标侵权判定标准和商标注册程序中需要考量的重要因素。在商标民事侵权纠纷中，如果既不存在正向混淆，也不存在反向混淆，则可以直接判定不构成商标侵权。在商标注册程序中，如果申请注册的商标与在先商标容易导致反向混淆，也将会被驳回。例如，在 1993 年美国 In re Shell Oil Co. 案中，因为存在反向混淆，美国联邦巡回上诉法院支持了商标注册机构不予通过商标注册的裁定。[2]2012 年我国商标评审委员

[1] 黄晖．商标法［M］.2 版．北京：法律出版社，2016：79.

[2] In re Shell Oil Co.，992 F.2d 1204，1211（Fed.Cir.1993）.

会驳回耐克公司申请“刘翔”注册商标，也是基于反向混淆的存在。[1]该案中，上海刘翔实业有限公司注册“刘翔牌及图”商标时，运动员刘翔还处于儿童时期，显然并无侵占其姓名声誉的意图。而耐克公司是驰名中外的大型企业，刘翔是知名度很高的田径运动员，刘翔授权耐克公司使用其姓名，二者的知名度和影响力远远超过了上海刘翔实业有限公司及其注册的“刘翔牌及图”商标。但是，如果耐克公司“刘翔”商标注册成功，由于其巨大的知名度和影响力，极有可能导致消费者误以为在先使用“刘翔牌及图”商标的上海刘翔实业有限公司提供的商品来源于耐克公司，从而产生反向混淆，因此我国商标评审委员会驳回了耐克公司的申请。

综上，反向混淆和正向混淆所发挥的功能相同，均用于商标侵权判定。

二、司法判定应考虑反向混淆的特殊性

商标反向混淆与正向混淆存在诸多共同之处，司法判定时应当参照正向混淆的司法判定方法。但是，由于反向混淆在混淆主体、混淆对象、混淆方向、混淆主观意图和混淆损害后果等方面具有不同于正向混淆的特殊性，因此在确定反向混淆司法判定方法或侵权判断标准方面不能照搬正向混淆的规则，应当充分考虑自身的特殊之处。

---

[1] 祝文明．刘翔能否跨过“刘翔牌”这道栏［N］．中国知识产权报，2012-12-05（9）．

第二节　商标反向混淆司法判定方法

19世纪中期以后，在英美等国商标混淆可能性就已逐步取代主观欺诈标准，成为商标侵权判定标准并逐渐发展出了一套判定方法。对于商标反向混淆司法判定方法，可以借鉴正向混淆司法实践中逐步归纳出的多因素检测法、消费者调查法、隔离观察法、整体观察与局部观察结合法四种方法。

一、多因素检测法

多因素检测法是根据极有可能导致消费者对商标产生混淆的多种基本因素而进行综合考量的一种商标侵权判定方法。麦卡锡教授指出："商标法在发展实践中总结出了一系列关键因素，来判定是否存在混淆可能性。"[1]理论上，通常认为这些关键因素包括商品的类似性、商标的相似性、商标的显著性、消费者注意程度、实际混淆和被告主观意图等。欧盟《商标指令》指出，混淆可能性的认定取决于多种因素，特别是商标的市场知名度、使用的标识与注册的标识之间形成的联系、商标与标识及所使用的商品或服务之间的近似或者类似程度。[2]美国侵权法重述、反不正当竞争第三次重述都规定了类似方法，美国的司法实践中也逐步提出和归纳了多种用于

---

[1] MCCARTHY J T. McCarthy on Trademarks and Unfair Competition [M]. 4th ed. New York: Thomson West, 2010: 18.

[2] 孔祥俊. 商标与反不正当竞争法原理与判例 [M]. 北京: 法律出版社, 2009: 285.

商标侵权判断因素，如商标权人商标的显著性、商品的相似性、标识的相似性、实践混淆的证据、使用的市场渠道、被告商品质量、商品的类型与购买者可能施加的注意程度、被告选择商标的意图等。其中，在司法实践中分别总结出了商标混淆可能性判定的宝丽来因素、杜邦因素、斯里克卡夫特因素和兰谱因素。

宝丽来因素是指，1961 年在美国联邦第二巡回上诉法院审理的宝丽来案件中，法院所总结出的判定商标混淆可能性的因素，具体包括以下八项：①商标的显著性；②两个标记之间的相似程度；③商品之间的竞争程度；④实际混淆；⑤原告商业拓展的可能性；⑥被告使用其标记的主观意图；⑦被告商品质量；⑧购买者注意程度。[1]

杜邦因素是指，1973 年的杜邦案中法院所归纳出的判定商标混淆可能性的因素。这些因素包括：①商标在发音、形状、含义和商业形象方面相似与否；②商品或服务性质的相似与否；③现有或未来的商业渠道相似与否；④购买者购买时的注意程度；⑤在先商标知名度；⑥被告将近似商标用于类似商品的数量和程度；⑦实际混淆的性质和程度；⑧两商标共同使用而未发生实际混淆的性质和程度；⑨该商标是否使用于多种商品类别；⑩二者的市场接触程度；⑪申请者排他使用商标程度；⑫潜在混淆程度；⑬其他因素。[2]

斯里克卡夫特因素是指，1979 年的斯里克卡夫特案中法院归纳出的判定商标混淆可能性的因素。具体包括以下几种：①商标的显著性；②商品类似性；③标记近似性；④实际混淆证据；⑤商标使

---

[1] Polaroid Corp. v. Polarad Elecs. Corp.，287 F.2d 492，495（2d Cir.1961）.

[2] In re E. I. DuPont DeNemours & Co.，476 F.2d 1357（C.C>P.A.1973）.

用的市场渠道；⑥购买时注意程度；⑦被告主观意图；⑧商标权人扩大市场的可能性。[1]

兰谱因素是指，1983年法院在兰普案中所归纳出的判定商标混淆可能性的因素。具体包括以下几种：①商标权人商标与被控侵权人商标的相似程度；②商标权人商标强度；③消费者注意程度；④被告使商标没有导致混淆的时间长度；⑤被告主观意图；⑥实际混淆证据；⑦商品竞争程度，包括商业渠道和宣传媒体是否相同；⑧消费者群体重合程度；⑨商品类似程度；⑩其他影响商标权人市场扩展的因素。[2]

而美国1995年反不正当竞争法第三次重述中规定判定商标混淆可能性可以考虑以下因素：①商标之间的相似程度；②销售渠道和销售方法的相似程度；③消费者注意程度；④商标权人商标的显著性；⑤商标权人扩展市场到在后商标使用人市场的可能；⑥商标权人商标在在后商标使用人销售领域的知名度；⑦在后商标使用人的主观意图；⑧实际混淆证据。

在这些众多的混淆可能性判定因素中，有一些因素是关键因素，有一些是次要因素，另外一些因素则被包含在上述因素之中，再单列出来则重复、冗长。观察以上因素，在各种所谓宝丽来因素、兰谱因素等混淆可能性判定因素中，反复出现的重点因素是商标的近似性、商品的类似性、商标的显著性、消费者注意程度、实际混淆和被告的主观意图6项内容，其他因素或者可以归入这几类因素之中，或者与

[1] AMF Inc. v. Sleekcraft Boats，599 F.2d 341（9th Cir.1979）.

[2] Interpace Corp. v. Lapp，Inc.，721 F.2d460（3d Cir.1983）.

混淆可能性没有直接关系。其中，商标显著性、商标近似性、商品类似性这 3 个因素是影响商标混淆可能性的主要因素，原因如下。

第一，商标的显著性是吸引消费者和社会公众认知的重要元素和基本元素，商标显著性越强则越能吸引消费者和社会公众的注意，同时也就越容易引起消费者和社会公众的混淆。世界上最强的商标之所以在消费者的头脑中占有一席之地，是因为最强的商标所凝结和承载的能量最强，其知名度也最强，在消费者和社会公众心目中具有的吸引力和影响力也最强。如前所述，商标的显著性主要是指商标的获得显著性，而商标的获得显著性是通过实际使用而来的。一个具有更强显著性的商标就凝结和承载了更多能量，更能得到消费者的认知、接受和认可，也就更容易促使消费者和社会公众选择该商标所代表的商品或服务，从而获得价值交换，实现价值。同时，该商标也更容易吸引侵权行为人的注意，侵权行为人通过使用与该商标相近似的标识等方式来使消费者和社会公众产生混淆，使本打算购买商标权人提供的商品或服务的消费者却买到了商标侵权人所提供的商品，使商标侵权人获得了其不应获得的交易机会、获取了其不应获得的利润，本质上是对商标权人商标所凝结和承载的能量的侵占。反之，一个显著性不强的商标，其凝结和承载的能量有限，知名度不高，影响力和吸引力有限，消费者和社会公众对其知之甚少，在消费者和社会公众心目中没有占有什么位置，将其与其他商标联想起来的概率也很小，所以消费者对其商标产生的混淆可能性就小。即使消费者发生混淆也不会给商标侵权人带来多少利润和交易机会，对于商标侵权人而言，通常也就没有多少动力来通过侵权行为来使消费者和社会公众产生混淆。而当商标无显著性时，则意味着商标没有什么知名度，商标没有经过实际使用，商标没有凝结和承载任何能量，也就没有消费者和社会公众知晓该商标，无论其他商标与该商标如何近似，所使用的商品或服务种类如何类似，乃至用于相同商品或服务上，也不可能对该商标与其他商标产生任何混淆。

第二，商标近似性是指基于商标标记本身的近似程度从而导致消费者和社会公众对商标是否近似产生的认知元素。而商标标记是商标的物质表现形式及商标所凝结和承载能量的载体，消费者和社会公众就是根据商标标记来认牌购物的，商标标记近似程度越高，就越容易导致消费者和社会公众发生混淆。如前所述，商标显著性的强弱决定了商标混淆可能性的大小。在商标显著性相当或几乎相当的情况下，商标标记近似程度对商标混淆可能性就会产生至关重要的影响。此时，商标标记越近似，消费者和社会公众越容易误认为商标侵权行为人所提供的商品或服务直接来源于或间接来源于商标权人。但是，在判定商标混淆可能性时，对商标近似性的判断应以商标显著性为前提。商标标记近似程度对商标混淆可能性的影响与商标显著性呈负相关，商标显著性越强时，即使商标标记近似程度不高，也容易产生商标混淆可能性，此时即使两商标近似程度较低，也应认定二者具有商标近似性。在商标显著性越弱时，即使商标标记近似程度较高，也不容易产生商标混淆可能性，此时的两商标应当具有较高近似程度，也应认定其不具有商标近似性。因为商标显著性越强，侵权商标哪怕只是使用了与商标权人轻微程度近似的标记，也很容易使消费者和社会公众把侵权商标与被侵权商标联系起来，从而产生混淆；反之，商标显著性越弱，侵权商标哪怕使用了与商标权人较高程度近似的标记，也不容易使消费者和社会公众把侵权商标与被侵权商标联系起来，产生混淆的可能性很低。

第三，商品类似性是商标所代表的商品或服务的种类相近，代表了商标在消费者和社会公众意识中的心理距离，因为消费者和社会公众在挑选商品或服务时总是自发地将同类的商品或服务放在一起进行比较和筛选，即在同类商品或服务中进行认牌购物，而不是在异类商品或服务中进行认牌购物。在商标显著性相当或几乎相当的情况下，如果商品类似性高，则消费者和社会公众对商标之间发生混淆、误认的可能性也就更大。商标显著性越强，即使商品类似程度不高，也容易产生商标混淆可能性，此时两商品即使类似程度较低，也应认定其具有类似性；商标显著性越弱，即使商品类似程度较高，也不容易产生商标混淆可能性，此时的两商品即使具有较高类似程度，也应认定其不具有类似性。因为商标显著性越强，其能量圈所辐射的范围越大，侵权商标哪怕只是使用在与商标权人轻微程度类似的商品类别上，即两商标在消费者和社会公众意识中的心理距离较远，由于能量圈辐射范围大，也容易将侵权商标覆盖，即也越容易使消费者和社会公众把侵权商标所指代的商品与被侵权商标所指代的商品联系起来，从而产生混淆；反之，商标显著性越弱，则其能量圈所辐射的范围越小，侵权商标哪怕就是使用在与商标权人较高类似程度的类别上，即两商标在消费者和社会公众意识中的心理距离较近，由于能量圈辐射范围小，也不容易将侵权商标覆盖，也不易使消费者和社会公众把侵权商标所指代的商品与被侵权商标所指代的商品联系起来，产生混淆的可能性就越低。

而对于消费者的注意程度、实际混淆和被告主观意图这三种因素，由于消费者存在个体差异、群体差异和阶层差异等原因，是否产生实际混淆，以及被控侵权人自身主观恶意对商标混淆可能性也具有一定的影响，但这种影响相对于上述三种主要因素要弱一些，而且不是每一起商标侵权案中都存在，需要根据具体案件情况进行具体分析，所以它们属于影响商标混淆可能性的次要因素。首先，对于消费者注意程度，就消费对象而言，如果商标所指代的商品属于高档、贵重商品，通常消费者注意程度会更高，则商标混淆可能性会更小；如果商标所指代的商品属于大众、普通商品或日常生活用品等，则通常消费者注意程度会较低。就消费主体而言，如果消费者属于专业人士购买专业产品，则通常商标混淆可能性会更小。其次，对于实际混淆，由于是以消费者的混淆可能性为判定标准，所以不需要发生消费者实际混淆。若在特定案件中确有消费者发生了实际混淆的证据，则反过来可以佐证其商标导致消费者混淆的可能性更大。并不能要求所有商标侵权案都必须提供实际混淆的证据，因为这样必然加大原告维权难度，尤其是一些被告投入市场使用时间不长的商标侵权案件，本身也许还没有产生多少“实际混淆”，更不应苛求原告提交实际混淆的证据。最后，对于被告主观意图，自商标侵权判定标准从主观欺诈演变为混淆可能性之后，被告主观意图对于商标侵权判定就不具意义，但被告主观意图对于判断混淆可能性的大小及确定侵权赔偿仍然具有一定作用。

在所谓宝丽来因素、杜邦因素、斯里克卡夫特因素、兰谱因素等混淆可能性判定因素中，除了上述因素之外的其他一些因素要么可以归入上述因素中，而不具有独立存在的价值，要么属于并不属于影响混淆可能性判定的因素。例如，宝丽来因素中的第 3 项因素“商品之间的竞争程度”实际是指商品类似性，是另一种说法；第 5

项因素“原告商业拓展的可能性”是指原告商标发展预期空间，这实际上是一种预期利益，而商标混淆可能性是一种现实损害和现实危险，因此该项因素与商标混淆可能性无关；同样第7项因素“被告商品质量”也是如此，由于被告侵犯原告商标的标示来源功能，则无论被告商品质量如何，均有可能使消费者和社会公众无法区分商品来源，而且被告一时的商品质量并不能说明什么问题，更不能说明其商品质量好就没有侵犯原告商标的质量保证功能。斯里克卡夫特因素中第5项“商标使用的市场渠道”，由于使用的市场渠道可以归入商品类似性之中，商标权人扩展市场到在后商标使用人市场、商标权人商标在在后商标使用人销售领域的知名度、被告商品质量与混淆可能性没有直接关系等。

因此，综合来看，商标显著性、商标近似性、商品类似性、消费者注意程度、实际混淆和被告主观意图这6项因素是判定商标混淆可能性的关键因素。多因素检测法实际上就是有关这6项因素的检测法。

我国商标法虽然没有明确规定多因素检测法，但2016年12月12日最高人民法院通过的《关于审理商标授权确权行政案件若干问题的规定》第12条、第13条均已引入了多因素检测法，对商标混淆可能性判断的6项因素予以明确规定。[1]

---

[1] 最高人民法院2016年12月12日通过的《关于审理商标授权确权行政案件若干问题的规定》第12条第1款规定：“当事人依据商标法第十三条第二款主张诉争商标构成对其未注册的驰名商标的复制、摹仿或者翻译而不应予以注册或者应予无效的，人民法院应当综合考虑如下因素以及因素之间的相互影响，认定是否容易导致混淆：（一）商标标志的近似程度；（二）商品的类似程度；（三）请求保护商标的显著性和知名程度；（四）相关公众的注意程度；（五）其他相关因素。”第2款规定：“商标申请人的主观意图以及实际混淆的证据可以作为判断混淆可能性的参考因素。”

以多因素检测法来判定商标混淆可能性，实质上是通过对影响消费者认知状态的多种外部因素去推测、评估消费者是否容易对商标发生混淆心理认知，也就是说多因素检测法是一种间接评估方法，始终是一种推测和评估，是一种法律拟制和假定，而不是直接反映消费者内心认知状态。其中，商标权人商标的显著性、商标的相似性和商品的类似性是影响消费者认知的客观因素，消费者注意程度是对影响消费者认知主观因素的评估，被告主观意图是对被告使用商标的心理状态的评估，实际混淆是从个别、少数消费者发生的混淆出发推断多数消费者容易发生混淆的客观因素。但是，这些因素究竟在多大程度上使消费者产生了混淆可能性、究竟只是一般地容易导致消费者发生混淆还是极易导致消费者发生混淆、是否在事实上导致了消费者发生混淆等，均无从得知。因此，多因素检测法与混淆可能性之间仅存在间接的、侧面的因果联系，而不具有直接的、全面的因果联系。

同时，由于对商标和商标混淆可能性的本质属性认识不深，当前对于多因素检测法中判断混淆可能性的各个相关因素的作用缺乏合理认识，对各个相关因素的关系也缺乏深刻理解，导致对各个因素在商标混淆可能性中认识不一、各有侧重，极大地影响了多因素检测法适用的稳定性、规范性和可预测性。正如贝比教授所指出的那样，“多因素检测法中有一些因素常被反复使用，但分歧也很明显——不但包括哪些因素被使用，也包括其如何被使用；一些法院偏好使用某些特定的因素，而另一些法院偏好使用另外一些因素”[1]。美国联邦巡回上诉法院认为，商标近似性是可以压倒其他一切因素的最为重要因素，另外商标的商誉也很重要，此外法院不必考量多因素检测法中的其他因素。[2]而美国联邦第七巡回上诉法院则认为，即使相同商标使用在类似商品上，如果综合多因素检测法判断不存在混淆可能性，则不存在商标侵权。[3]

二、消费者调查法

商标的基本功能在于标示商品或服务的来源或出处，而消费者混淆则是由于商标侵权人的商标使用行为，使得商标无法发挥其标示来源等功能，致使消费者发生混淆和误认。但是，这里的消费者混淆是指占相当数量和一定普遍性的消费者混淆，而不是指个别的消费者混淆。也就是说，作为商标侵权判断标准的消费者混淆，是排除了一些个别因素和特殊因素的、具有一定普遍性的消费者混淆。因为，无论商标之间区别有多么大，可能都会导致个别粗心的消费者发生混淆，但这种消费者混淆不具有普遍性和代表性，只能代表个案和特例，不是商标侵权中的消费者混淆。因此，判断消费者混淆，最为理想化和最为准确的方法是，法院逐一询问消费者是

---

[1] BEEBE B.An Empirical Ssudy of the Multifactor Tests for Trademark Infringement［J］. California Law Review，2006，94（6）：1583.

[2] MCCARTHY J T.McCarthy on Trademarks and Unfair Competition［M］.4th ed. New York：Thomson West，2010：43-44.

[3] KIRKATRICK R L.Likelihood of Confusion in Trademark Law［M］.New Tork：Practising Law Institute，2010：7.

否因为被告的商标使用行为而对原被告双方的商标发生混淆、误认，或者是否把争议商标看作是指示某个商品或某种服务来源的标志。但是，这种方法的不可操作性决定了这种方法是不可能和不现实的。在这种情况下，作为模拟法院逐一询问消费者的消费者调查法应运而生。

（一）消费者调查法的起源与发展

消费者调查法，又称市场调查法，是由当事人委托专业机构通过对市场中相关对象的访谈、调查的记录和统计，作出调查报告，以在诉讼中作为证据来判断是否发生消费者混淆的方法。在20世纪二三十年代，西方的社会调查进入一个新阶段，主要体现在抽查调查方法的发现和完善。在20世纪之前，社会调查基本采用普查的方法，该方法的致命缺陷是调查周期太长，无法及时反应快速变化的市场动态和消费者心理，调查结果的准确性也就大打折扣。而抽样调查方法很大程度上解决了上述问题。最初采用的是非概率抽样方法，即根据自己的判断随机抽取样本，这种方法最大的问题在于无法确定抽取样本的代表性，导致调查结果的准确性受到很大影响，受到社会的广泛质疑，也由此催生了概率抽样方法的应用。概率抽样方法以概率论和数理统计为基础，以随机选取样本为原则，使每一个调查对象均有被选中的可能性，同时，采取问卷设计技术、量表设计技术、统计分析技术等不断提高社会调查的科学性、准确性。

早在1920年，美国著名律师罗杰斯在代理可口可乐公司案中首次以消费者调查作为证据。[1]当时哥伦比亚地区联邦巡回上诉法院没有承认其证据效力，而是将调查涉及的消费者作为证人而传唤出庭。1928年，在ELGIN NAT. WATCH v. ELGIN CLOD CO.案[2]中，厄尔金国家手表公司作为原告，委托一家广告公司对分布在美国各地的2000家珠宝零售商以邮件的形式进行了问卷调查，目的是证明“厄尔金”标识使用在钟表上时会使消费者认为该产品出自原告，问卷调查结论也与此一致。但是，法院拒绝将这种新颖的调查问卷作为证据。从20世纪50年代开始，美国、德国就开始出现较为普遍的通过市场调查来了解消费者对商标的认知状况。[3]但是，该方法最初并不被司法实务界接受，原因在于英美法系认为消费者调查问卷是一种传闻证据，而传闻证据不能在法庭上通过交叉询问的方式来保证其真实性，也就是调查人和被调查人无法在法庭上接受询问，因而对其不予认可。

20世纪50年代，部分法院开始将消费者调查结论作为证据使用。例如，在ZIPPO MANUFACTURING COMPANY v. ROGERS IMPORTS，INC.商标侵权案中，原告使用消费者调查所提供的证据得到了法院的采纳。[4]ZIPPO公司针对当时全美约有1.15亿烟民的实际，委托企业进行了三项消费者调查，每一项选取500名烟

---

[1] COCA-COLA CO. v. CHERO-COLA CO.，51 App.D.C.27，273 F.755.

[2] ELGIN NAT. WATCH CO. v. ELGIN CLOCK CO.，26 F.2d 376.

[3] 刘孔中．商标法上混淆之虞之研究［M］．台北：五南图书出版公司，1997：105.

[4] ZIPPO MANUFACTURING COMPANY v. ROGERS IMPORTS INC.，F. Supp. 1963（216）：683-684..

民，共选取了1500名烟民。该案中，法官费因伯格表示，本案涉及1.15亿烟民的认知心理状态，让如此庞大数量的烟民在法庭上作证显然不现实，从这些烟民中选取少量代表或者求助于一些专家证言价值也不大，科学的消费者调查相比之下是一种最具证明力的证据。因此，法官费因伯格承认消费者调查可以作为传闻证据的例外而予以采纳。同时，随着统计分析技术、问卷设计技术、计算机和网络技术在消费者调查法中的进一步运用，调查结果的准确性和可信度大幅提高，社会公众对这种公众调查也越来越信任，消费者调查法所取得的证据在国际上越来越多地得到司法实务的采信和接纳。1975年的美国《联邦证据规则》为消费者调查获得承认打开了大门。该规则第803条第（三）项规定了一系列免受传闻证据规则约束的例外，其中就包括如果证言证明的是证明人现在或当时的一种主观感受或心理状态等。而2000年修订的美国《联邦证据规则》则明确规定了只要消费者调查符合下列条件即可作为证据：①该证言系依据充分的事实或证据作出；②该证言系依据可信赖的原则和方法作出；③该专家证人已将这些原则和方法适用于案件的有关事实。

（二）消费者调查法的可信度问题

消费者调查的具体手段包括发放调查问卷、电话采访和网络调查等。以消费者调查为商标侵权诉讼的证据的，在美德等国最初并不为司法实践所接受，美国最初仅将其作为一种不具有证明力的传闻证据使用。随着实践的发展，消费者调查逐步科学化和规范化，其也越来越得到法院的接纳和采信。在美国，商标侵权诉讼中的消费者调查在诉讼中应用已经非常普遍，在商标诉讼案件中，如果原告有条件提供消费者调查结果而不提供，法院往往会判决其承担败诉后果。[1]尽管有不少法院强调，不是所有的商标侵权案件都要求当事人提供调查证据，但这些国家中越来越多的法官倾向于依靠调查证据来支持他们的裁决。

也有观点质疑消费者调查的价值，认为消费者调查在商标侵权纠纷案件中的作用并没有那么重要。贝比教授通过实证研究表明，2000 年到 2004 年的 331 个判定商标混淆可能性的案件中，仅 65 起案件运用消费者调查，比例不足 20%。[2]萨尔若与马莫斯特研究认为，在商标诉讼案件中，提交消费者调查证据与最终认定商标侵权成立之间并无必然联系。[3]而法院之所以对未提交消费者调查证据一方作出不利裁决，真实原因是原告无法通过其他因素证明其诉讼主张，法院才要求其提交消费者调查证据。

这两种对消费者调查截然相反的观点，实际上给我们提出了一个关键问题，即消费者调查的结果是否可信。如果消费者调查结果可信或基本可信，那么进行消费者调查并以其结果作为证据使用当然是有价值的；反之，若消费者调查结果不可信、不准确，那么开展此项调查价值不大或者几乎没有什么价值。

---

❶ EDELMAN A.Failure To Conduct a Survey In Trademark Infringment Cases：A Critique of The Adverse Inference［J］.The Trademark Reporter，2000，90：747.

❷ BEEBE B.An Empirical Study of the Multifactor Tests for Trademark Infringement［J］.California Law Review，2006，94（6）：1654.

❸ SAREL D，MARMORSTEIN H.The Effect of Consumer Surveys and Actual Confusion Evidence in Trademark Litigation：An Empirical Assessment［J］.The Trademark Reporter，2009，99：1436.

综合来看，消费者调查所获得的结果要比较准确地反映出市场上消费者和相关公众对商标混淆、误认的真实情况，要具有较强的可信度，需要满足以下三个基本要求。

①调查对象要适格，即消费者调查要有广度。也就是说，消费者调查的对象需要全面而且具有代表性，能反映相关消费者或社会公众的认知情况。消费者调查的目的是尽可能地为法官提供了解消费者对争议商标的真实认知情况，因此调查对象即样本的选取是消费者调查具有可信度的首要问题和前提条件。否则，调查对象不适格。调查对象在统计学上被称为调查总体，在商标法领域就是相关公众的确定问题。

一是调查总体的确定应区分不同的混淆类型进行。在正向混淆中，合适的调查总体是被控侵权人的全部潜在消费者；在反向混淆中，合适的调查总体则应是商标权人的全部潜在消费者。这是因为，在正向混淆中，由于商标权人的商标知名度、影响力较高，其能量圈覆盖范围更广、更宽，商标侵权人的目的在于侵占商标权人的商誉和“搭便车”，如果以商标权人的潜在消费者作为调查总体，则这些消费者对商标权人的商品和商标更为熟悉和了解，很可能并未接触或不了解商标侵权人的商品和商标，也比较陌生，混淆率可能没有那么高，这样得出的调查结果就不够准确；而如果以商标侵权人的潜在消费者作为调查总体，基于商标权人商标更高的知名度和影响力，则这些消费者既接触和了解商标权人的商品和商标，又接触和了解商标侵权人的商品和商标，可以对二者是否混淆作出更为客观的评价和感受，这样得出的调查结果就更为准确也更接近真实混淆率。所以，在正向混淆中，应当选取商标侵权人的潜在消费者作为调查总体。而在反向混淆中，由于商标侵权人的商标知名度、影响力更高，其能量圈覆盖范围更广、更宽，而商标权人的商标知名度和影响力更弱，商标侵权人并无侵占商标权人商誉的意图，如果以商标侵权人的潜在消费者作为调查总体，则这些消费者对商标侵权人的商品和商标更为熟悉和了解，很可能并未接触或不了解商标权人的商品和商标，而且很陌生，则可能混淆率没有那么高，这样得出的调查结果同样不够准确。而如果此时以商标权人的潜在消费者作为调查总体，基于商标侵权人商标更高的知名度和影响力，则这些消费者都是既接触和了解商标侵权人的商品和商标，又接触和了解商标权人的商品和商标，才可以对是否混淆作出更为客观的评价和感受，得出的调查结果也会更准确、更接近真实混淆率。所以，应当选取商标权人的潜在消费者作为调查总体。

二是调查总体的确定还应区分不同的消费对象来进行。在通过商标混淆类型来确定哪些潜在消费者作为调查总体之后，还应区分消费对象的自然属性来进一步细分调查总体，这样消费者调查的结果才会更加准确，否则即使以与商标类型相关的潜在消费者作为调查总体，也不能保障消费者调查结果的准确。调查的对象应当是商品或服务所针对、指向的消费者群体或相关公众，而不能是其他消费者或相关公众。具体而言，首先应当考虑消费对象的年龄。在消费者调查中，某项商品或服务的潜在消费者的年龄层次是明确的，如果没有选择恰当消费者，同样会产生“偏离主题”的问题，所取得的调查结果就不会准确。其次应当考虑消费对象的性别。如果商标所指代的商品是女装，则针对男性被访者的消费者调查报告证明力就很低；如果商标所指代的服务对象是老年人，则针对年轻被访者的消费者调查报告证明力也很低。最后应当考虑商品或服务的地域范围。应当选择商标权人和被控商标侵权人均提供商品或服务的地域范围的消费者进行调查，否则也会影响调查结果的准确性。当前从整体趋势上看，美国的法院在不断扩大调查总体范围，以此来延伸对商标权的保护。

②调查方法要科学，即消费者调查要有精度。也就是说，消费者调查的结果应当较为精确地反映出消费者混淆可能性的程度，而要达到这种效果，必须采用科学的调查方法。当前的调查方法主要有配额采样法和概率采样法。配额采样法是指调查机构随机、任意地选择调查对象进行访问，如商场拦截式调查、中心地点调查等。中心地点调查是在确定了所要调查的消费者群体之后，以某一固定地点为中心对调查对象进行访问。商场拦截式调查是选定调查的商场，预先大致确定调查对象的性别、年龄等因素，然后对其进行拦截式调查访问。概率采样法是指调查机构按照统计学的方法，通过计算机等技术手段，以一定的概率随机选择调查对象进行访问，从而使调查对象对于消费者群体和相关公众具有较强的代表性。理论上，概率采样法更为科学，因而所取得的调查结果证明力也更强。但是，实践中存在运用概率采样法进行电话调查时，调查对象可能无法取得联系或者拒绝接受访问，以及无法向其直观展示相关物品等弊端，使科学性大打折扣。而通过中心地点调查、商场拦截式调查等配额采样法的方法，如果通过增加中心地点和被调查者的数量等方式提高调查对象的代表性，也能够具有较强的证明力。

美国法院接受配额采样法的理由是在商业实际中，97% 的面谈式市场调查都是采取配额抽样方法；而在社会学与行为科学中，

95% 的实证研究成果也建立在配额抽样的基础之上。美国法院也要求当事人必须采取一定的措施来有效提高样本的代表性。例如，在购物中心地点调查时，当事人可以通过随机选择调查地点的方式来提高样本的代表性。其中一个不成文的经验法则是，为了保障抽样结果的代表性，至少应随机选择 4 个不同的地点来开展调查。另外，在调查的时间上也可以进行适当的安排，如在同一天的不同时段或在一周内的不同时间进行调查。[1]

③调查过程要规范，即消费者调查要有深度。也就是说，消费者调查的过程要能够触及并挖掘出消费者内心深处的认知态度，如此才有深度、才有意义。从美国的司法实践来看，一般要求调查人员需要符合一定的条件，并严格遵守相应调查程序和行为规范，否则，这样的消费者调查将被排除适用。具体条件包括以下 3 个。

一是调查人员应当具有相应的资质。调查人员应当具有市场营销学和统计学的知识背景，并且应当在市场调查、统计分析等方面具有一定的经验。美国联邦司法中心建议，为了确保消费者调查的准确、可靠，调查人员如果是新手，则必须接受至少 5 小时的技能训练，来了解和掌握社会调查的一般技巧。

二是调查过程和问题设计应尽可能模拟真实购物环境展开。应从一般消费者购买商品或服务角度展开调查，向被调查者展示包含系争商标在内的商品的整体信息，而不能仅突出展示系争商标，不能为了调查而调查。是否达到模拟真实购物环境的效果应当让消费

---

[1] 谢晓尧，陈贤凯．商标混淆的科学测度——调查实验方法在司法中的运用［J］．中山大学学报（社会科学版），2013（5）：164.

者进行整体对比、隔离观察等，以得到令人信服的结果。同时，在调查问题设计上应当与待证事实、证明目的有紧密的逻辑联系，应当涉及判断混淆可能性的各主要因素，如商标知名度和影响力、商品或服务类似、商标近似等，而不仅涉及是否容易混淆。为提高调查结果的证明力，不能采取诱导性、误导性提问方式，还应尽可能采取一些能够排除消费者过分粗心、过分较真等个体因素的问题设计，以获取普遍、大众、一般消费者的认知情况数据。例如，可采取设置对照组的方式，在调查问卷中除了放入系争商标外，还有意放入一个毫不相干的商标，然后用系争商标的混淆率调查结果减去不相干商标的混淆率调查结果，从而得到一个“净混淆率”的调查结果等。[1]

关于消费者调查模式设计，经过长期实践摸索，美国司法实践中主要接受两种消费者调查模式，一种是 Squirt 模式，一种是 Eveready 模式。Squirt 模式是指，在 Squirt v. Seven-up 案中，原告为了证明被告产品与原告产品产生了混淆而采取的调查模式。该模式采取的调查方式是：第一步，调查员向调查对象展示原告产品，然后将原告产品收起；第二步，调查员向调查对象展示一系列产品，其中包括被控侵权产品，同时调查员针对该系列产品逐一询问调查对象该系列产品与第一步所看到的产品是否出自同一家公司。如果有较高比例的调查对象认为被控侵权产品与原告产品出自同一公司，则说明原被告商标存在混淆可能性。Eveready 模式是指，在

[1] 陈贤凯．商标混淆调查中的关键向度［J］．暨南学报（哲学社会科学版），2013（10）：49.

Union Carbide v. Ever-Ready 案中，原告为了证明被告产品与原告产品产生了混淆而采取的调查模式。该模式采取的调查方式是：第一步，向调查对象展示被告产品；第二步，向调查对象提问，是谁提供的该产品，为什么会认为是该公司提供的该产品，请列举该公司提供的其他产品。研究表明，由于在访问过程中，被访者即使在不知道是谁提供争议产品的情况下也会出于善意和礼貌而去猜测答案。因此，为了解决这两种调查模式的缺陷，消除这类调查中产生不准确因素的“背景噪声”，消费者调查实践中可以通过设置对照组的方法来予以消除，即在调查内容中加入与权利人商标相差很大、明显不可能发生混淆的标记来测试消费者对该标记与权利人商标的混淆比率，以该比率为对照组，在调查所得的混淆比率中减去该对照组比率，则所得为净混淆比率，相当于将“背景噪声”予以过滤，所得结果就是相对准确的混淆比率。[1]

三是调查应设置回访核实程序。在调查完成以前，调查人员中还应成立一个复查小组，对相应比例的被调查者进行回访，询问调查人员问到的问题，以验证调查人员是否如实完成调查任务。如果没有这一程序，调查结果同样有可能不被采信。例如，在 Exxon v. Xoil Energy 案中，法院就认为，“原告提供的消费者调查的证明力因如下缺陷而大大减弱……缺少对相应数量的被访消费者进行回访的核实程序”[2]。

在此基础上，对于得出的消费者调查结论，即多高的混淆率可

---

[1] LIEFELD J.How Surveys Overestimate The Likelihood of Consumer Confusion［J］.The Trademark Reporter，2003，93：945.

[2] Exxon Corp. v. Xoil Energy Resources Inc.，552 F.Supp.1008(S.D.N.Y.1982).

以认定为具有混淆可能性，反之则被认定为不具有混淆可能性，并没有统一的规范，只能在个案中由法官具体把握。有的案件中由于基数大，所代表的消费者人数众多，法官甚至会认为百分之几的混淆率也具有混淆可能性。

以消费者调查法来评估商标混淆可能性，也是一种间接判断混淆可能性的方法，或者说同样是一种法律拟制和假定，只不过相对于多因素检测法而言，是一种更能探查消费者内心认知状态的间接方法，也是一种比多因素检测法更直接、更直观地探查消费者内心认知状态的间接方法。但是，消费者调查法只是通过问卷、访问等方式对可能是消费者的群体进行的调查，其存在的缺陷包括以下两方面。一方面，调查方法固有的缺陷。消费者调查法由于是对可能的消费者群体进行的调查，而不是对真正的消费者群体进行的调查，因此这种调查方法决定了其并不能真正地探查到消费者内心对商标的认知状态，只是一种模拟的认知状态，其调查结果并不能直接反映真正的消费者所发生的混淆情况。另一方面，调查过程难以避免的偏差和失误。消费者调查的结果可信度还受调查主体的专业程度、调查对象选择的广度、调查方法是否科学、调查内容是否规范等因素的影响，难免出现偏差和失误。因此，消费者调查法存在固有缺陷。

尤其是在我国当前的社会条件下，由于调查方法、调查内容等因素的影响，消费者调查法的说服力和证明力更加受到质疑，司法实践中极少有判例运用和采纳消费者调查法来判断混淆可能性。其中，较为典型的运用了消费者调查法的是“丰田自动车株式会社诉浙江吉利汽车有限公司（以下简称‘吉利公司’）等侵犯商标权及不正当竞争纠纷案”，在该案中，当事人均提出了运用消费者调查法所得结论作为证明混淆可能性的证据。在该案中，原告丰田株式会社起诉吉利公司在其制造的汽车中使用的商标标记侵犯了其商标权，并提交了北京某调查公司出具的《商标相似性研究问卷》和《商标相似性调查报告》；被告也提交了经北京市公证处公证的《汽车品牌认知度调查问卷》随机访问过程和调查集团出具的《汽车品牌认知度研究报告》，且提交了中国法学会的专家意见书，该意见书中对商标混淆可能性提出了否定的结论。但是，法院对双方当事人所提供的调查证据均予以否定。对原告调查证据否定的理由是，其为单方委托进行的调查，且不符合商标近似性判断法定要件中关于相关公众的要求，不能证明涉案商标已在相关公众中造成混淆；对被告调查证据否定的理由是，其系单方委托进行的调查，且针对吉利汽车品牌的认知性调查与本案无关，受访者不完全符合我国法律关于相关公众的要求；对专家意见的理由是，原告对此不予认可，本院依据法律规定的证据审查、判断原则，对其证据效力不予确认。

消费者调查法的可信度还有待时间的检验和实践的发展。如果今后消费者调查法满足了广度、深度和精度的要求，同时消费者调查的指向也更加科学，并不仅直接提供一个混淆可能性的数据，而是提供影响混淆可能性各因素的数据，如消费者调查得到的商标强度的数据、得到消费者对商标近似性认识的数据、对商品类似性认识的数据、实际混淆的数据，以及消费者注意程度的数据等，则更加有可能受到司法实践的采信和青睐。

目前，我国商标法及其司法解释对消费者调查法采取谨慎态度，未予规定。我国司法实践中现阶段对消费者调查法取得的证据采信率也很低。随着科技和社会的发展，消费者调查法将会更加科学和完善，也会具有更强的准确性和可信度。只要实践发展到了一定程度，今后在适当的时候应将其纳入司法解释中予以规范。

三、整体观察与局部观察结合法

在判断是否存在混淆可能性的诸因素中，商标近似的判断发挥着重要作用，如果商标不近似则可以排除混淆可能性的存在。但是，商标近似并非单纯商标构成要素近似，商标近似的判断如同混淆可能性一样，也是一个法律问题，而非一个事实问题，涉及多种复杂情况。

在 2013 年《中华人民共和国商标法》修订之前，《中华人民共和国商标法》规定的商标侵权判断标准是“在相同或类似商品上使用相同或近似商标”，《最高人民法院关于审理商标民事纠纷案件适用法律若干问题的解释》（2002）第 9 条对商标近似进行了解释，规定需要商标的近似易使相关公众对商品来源产生误认或认为有特定联系，实际上是说商标近似需要达到易使相关公众发生来源混淆或关联混淆的程度，所以这种近似是一种“混淆性近似”。2013 年《中华人民共和国商标法》修改时，明确引入了混淆可能性标准，规定除了在相同商品上使相同商标直接认定为商标侵权外，在同种或类似商品上使用近似商标容易导致混淆的，构成商标侵权。这样的规定从文义上理解是“近似加混淆”才构成商标侵权，也可以从内涵上理解为“混淆可能性”是商标侵权判定标准，近似只是考量因素，从而引发了认识上的分歧和学界的讨论。有学者认为，这样的规定没有明确近似与混淆可能性的关系，毕竟世界上存在三种立法例，包括美国代表的以混淆可能性吸收相似性的立法例、以日本为代表的混淆可能性内化于相似性的立法例和以欧盟为代表的相似性为基础而混淆可能性为限定条件的立法例，应当将 2013 年《中华人民共和国商标法》第 57 条第 1 款第（二）项的规定理解为以相似性为基础和前提，以混淆可能性为限定条件。[1] 也有学者认为，在商标法修改之后，混淆可能性才是商标侵权判定的标准，商品类似、商标近似是考量因素。[2] 说法不一，没有定论。

对此，《最高人民法院关于审理商标授权确权行政案件若干问题的规定》（2017）第 12 条明确引入了 6 个作为混淆可能性判定标准的因素，商标近似是其中一种因素。商标授权确权案件与商标民事案件密切相关，因此，最高人民法院的司法解释明确应以混淆可能性为商标侵权的判定标准。最高人民法院知识产权庭负责人就《最高人民法院关于审理商标授权确权行政案件若干问题的规定》答记者问中指出，《最高人民法院关于审理商标民事纠纷案件适用法律若干问题的解释》（2002）中规定的“混淆性近似”是对当时商标法没有规定混淆可能性情况下所作的有益补充，商标法已经作修改，因此有必要对“混淆性近似”的做法予以调整此外，该负责

---

[1] 王太平．商标侵权的判断标准：相似性与混淆可能性之关系［J］．法学研究，2014（6）：164–177.

[2] 王轶凯，陈淑薪．商标侵权判定中相似性与混淆可能性的关系——以“农华”商标争议行政诉讼案为例［J］．中华商标，2017（11）：95.

人对混淆可能性的诸因素之间的相互影响也进行了说明。[1]

因此，不应再适用《最高人民法院关于审理商标民事纠纷案件适用法律若干问题的解释》(2002)第9条有关“混淆性近似”的规定，但该规定依然具有参考价值，以及该解释第10条规定的判断商标近似的方法依然应当适用。因为剥离了混淆性的商标近似依然是一种法律问题，并非事实问题；依然是法律拟制的相关公众的认识问题，不能简单等同于商标构成要素近似；依然与其他因素之间存在互相影响。该解释第10条规定判定商标近似的方法之一是既要进行整体比对，又要进行主要部分[2]比对。最高人民法院司法政策指出，通常情况下，如果相关商标构成要素整体上近似，则可以认定为近似商标；但如果相关商标构成要素整体上不近似，若主张权利的商标知名度远高于被诉侵权商标的，可以比对主要部分。[3]可见，对于案涉商标知名度、影响力都不高的情况，应当按照商标构成要素的读音、字形、含义，或者图形的构图和颜色或其组合，主要在整体上比对，主要采取整体观察法判断。对于案涉商标知名度、影响力相差悬殊的情况，应当着重比对主要部分，采取局部观察法判断。但是，对于案涉商标知名度、影响力都比较高时，法

---

[1] 罗书臻.最高人民法院知识产权庭负责人就《最高人民法院关于审理商标授权确权行政案件若干问题的规定》答记者问[EB/OL].[2020-04-27]. https://www.chinacourt.org/article/detail/2017/01/id/2511473.shtml? wscckey = c61d36469c38a4ec_1533916514.

[2] 商标的主要部分应是指商标最具有识别性、最具有特点、最显著和最易区别于其他标识的部分。

[3]《最高人民法院关于充分发挥知识产权审判职能作用推动社会主义文化大发展大繁荣和促进经济自主协调发展的若干意见》第19条。

律、司法解释和司法政策没有明确给出判断方法。根据商标在本质上是凝结和承载能量的载体、是法律对商标所凝结和承载能量的保护的基本原理，案涉商标均具有一个较强的能量圈，其所表现出来的状态就是商标主要特征或者说主要部分的状态，所以也应当重点比对主要部分，即主要采取局部观察法判断。

四、隔离观察法

《最高人民法院关于审理商标民事纠纷案件适用法律若干问题的解释》第 10 条规定，判定商标近似的方法不但要整体观察与局部观察结合，而且比对要在比对对象隔离的状态下进行。之所以这样规定，是因为需要模拟真实社会生活环境。现实社会生活中，相关公众在识牌购物时基本上是在两个商标相互分离、彼此隔离的状态下发生的，极少把两个商标放在一起、放在面前进行观察，所以需要采取隔离观察法进行判断。

第三节　商标反向混淆司法判定的步骤

由于反向混淆与正向混淆相比虽然具有共同的特点，但又具有很大的特殊性，在反向混淆案件中如果照搬正向混淆的判断方法和判定标准进行处理，往往会得出截然相反的结论，可能导致判决结果违背常识、常理和常情，从而产生一些引发舆论大哗的荒唐判决。例如，1968 年，美国联邦第七巡回上诉法院在 Westward Coach Manufaturing Co.，Inc. v. Ford Motor Co.，Inc. 案中就拒绝采纳反向混淆理论，而采用正向混淆规则作为侵权判断标准，认定被告不构成侵权[1]，以致判决结果公布后舆论哗然。在 2006 年“蓝色风暴”案一审中，同样因为杭州中级人民法院采用正向混淆思维审理反向混淆案件，得出了被告不构成侵权的结论。[2] 而在 2013 年“新百伦”案广州中级人民法院一审中，又走向另一个极端，在确定损害赔偿责任时运用正向混淆规则处理案件，作出巨额赔偿判决。[3] 因此，为了准确适用法律、实现案件的公正判决，对于反向混淆案件需要采取有别于正向混淆的判定标准。当前，美国与我国法院均未形成统一的反向混淆侵权判定标准，美国大多数巡回上诉法院参考正向混淆的多因素认定标准，根据个案情况加以调整来处理反向混淆案件。“创立并实施一套统一的反向混淆案件处理方案，将不仅有利于提高商标法适用中的司法效能，而且将有利于减少当事人的诉累和增强消费者对我们经济、法律制度的信任。”[4] 在司法实践中，亟待设立并实施一套行之有效、相对严密精确的反向混淆判定方法。

商标反向混淆包括商标反向来源混淆和商标反向关联混淆，理论上需要对这两种情况分别进行探讨。但是，实践中商标反向混淆案件，均是在后商标使用人在使用诉争商标的同时又对商品或服务

---

[1] Westward Coach Manufacturing Co., Inc. v. Ford Motor Co., Inc. , 388 F.2d 627, 631 (7th Cir.1968).

[2] 浙江省高级人民法院（2007）浙民三终字第 74 号民事判决书。

[3] 广州市中级人民法院（2013）穗中法知民初字第 547 号民事判决书。

[4] MOTT C P.Multifactors, Multiconfusion? Refining “Likelihood of Confusion” Factors for Reverse-Confusion Trademark Infringement Claims To Achieve More Consistent and Predictable Results [J] .Suffolk University Law Review, 2014, 47 (2): 450.

的真实来源进行了区分，即使用商标的同时标明了商品或服务来源于自身，加之在后商标并无侵占在先商标商誉的意图，所以也没有理由采取混淆商品或服务来源的方式使用商标，所以实践中商标反向混淆案件中均为反向关联混淆。

关于商标反向混淆的判定方法，应当根据反向混淆和正向混淆的联系与区别，结合反向混淆自身的特点，采取“五步法”来处理反向混淆问题，其目的在于通过这些步骤一步一步地排除不构成侵权的情况和无关情形，先形成初步判断结论，再形成最终判断结论，从而达到解决问题的目的。

一、判断混淆方向和商标强度

对于正向混淆而言，商标强度是指商标的显著性、知名度和影响力，其中显著性主要是指获得显著性。首先要确定商标强度，原因如下。第一，如本书第一章所述，由于商标在本质上是商标使用人投入劳动转化的能量的载体、是凝结和承载能量的标记或标记组合，而不是单纯的标记或标记组合，商标权在本质上是法律对商标所凝结和承载能量的保护、是商标所凝结和承载能量的强度；商标混淆可能性本质上是商标能量圈交叉、重叠或覆盖的可能性。商标强度与商标混淆可能性呈正相关，即商标强度越大，商标混淆可能性也就越大；反之商标强度越小，商标混淆可能性也就越小。因此确定了商标强度就决定了商标能量圈的大小和范围，也决定了商标被保护的范围，最终决定了商标混淆可能性存在的大小。此外，商标强度也直接影响对商标近似性和商品类似性的判断，且商标强度对于侵权行为人主观意图也具有影响，所以商标强度对商标混淆可能性判断的其他因素也具有重要影响，是顺利开展后续判断的基石，离开了商标强度则后续判断就无所依托、无法开展。第二，如果不首先确定商标强度，而是首先判定其影响商标混淆可能性的其他因素，则其他因素由于缺乏商标强度这一参照，无法判定，即使强行判定也不准确。第三，之所以首先确定商标强度，是因为商标强度就是商标所凝结和承载的能量强度，确定商标强度就是确定商标所凝结和承载的能量大小，商标所凝结和承载的能量才是商标受法律保护的对象和目标，而商标标记本身并非法律所保护的对象。严格来讲，商标无能量则不应当受到法律保护，或仅受弱保护，所以首先确定商标强度也是确定法律对商标保护的基础。

根据商标强度的不同，可以把商标划分为极强商标、高强度商标、一般强度商标和无强度商标四种强度类型。其中，极强商标是指驰名商标；[1] 高强度商标是指具有较大知名度和影响力的商标；一般强度商标是指具有一定知名度和影响力的商标；无强度商标是指不具有知名度和影响力的商标，包括未实际使用过的商标。严格来讲，无强度商标不应受到法律保护，但任何商标凝结和承载能量都有一个过程，对于注册后的无强度商标，法律拟制和假定其将要凝

[1] 根据《中华人民共和国商标法》第 13 条的规定，驰名商标分为已在我国注册的驰名商标和未在我国注册的驰名商标。这里的驰名商标是指已在我国注册的驰名商标，即法律意义上的驰名商标，不是指事实上的驰名商标，下同。同时，根据我国对驰名商标的认定采取按需认定、个案认定和被动认定的原则，对于不必认定为驰名商标的情形，只需认定为高强度商标即可。另外，驰名商标还涉及淡化问题，由于篇幅所限，本书仅讨论驰名商标的混淆问题。

结和承载能量，给予一定期限的保护。

判断商标强度的具体方法可以根据商标使用的时间和地域范围、商标所指代商品或服务的销售数量和所占市场份额、投入商标广告的范围和力度、消费者调查结果显示的在消费者和相关公众中的知名度和影响力等因素来综合确定。如果商标使用的时间越长、所涉及地域范围越大，则商标强度就越大；如果商标所指代商品或服务的销售数量和所占市场份额越大，则该商标强度越大，其中判断销售数量和所占市场份额应当参照同类商品或服务而言；如果投入商标广告的范围和力度越大，则商标强度就越大；商标在消费者和相对公众中的知名度和影响力越高，则商标强度就越大。同时，判定商标强度，也应当综合上述各项指标来进行全面判断，尽量避免以单一指标进行判断，以提高判断准确性。

具体判断四种强度类型商标的方法是：对于极强商标，如果已有证据证明其曾在相应年限内被认定为驰名商标的，应当判断为极强商标，对于无此类证据的，根据我国对驰名商标判断所采取的按需认定、个案认定和被动认定的原则，不是每一起商标侵权案件都有必要启动驰名商标认定，所以至多只能判断为高强度商标。所以判断高强度商标应当比照驰名商标的标准，但又同时没有被正式认定为驰名商标的，以接近驰名商标的标准的判断。除此之外的商标则要么是一般强度商标，要么是无强度商标。而无强度商标就是没有经过实际使用或仅经过象征性使用的商标，非常容易判断，再除此之外的商标则均可以判断为一般强度商标。所以，判断四种强度类型商标是相对比较容易的。

对于反向混淆而言，在商标侵权案件中，首先应当把反向混淆案件与正向混淆案件区别开来，而混淆方向相反是反向混淆最主要的特征和外在表现，因此首先应当通过混淆方向初步区分二者。如果案件中出现的混淆方向是在先商标权人的商品或服务容易被误认为在后商标使用人的商品或服务，或者说存在在先商标的强度弱于在后商标强度的情况，则有可能是反向混淆，应当采取反向混淆的判断标准；否则就应当排除存在反向混淆的可能而采取正向混淆的判断标准。如果案件中出现的混淆方向既有反向又有正向，即在先商标的强度虽然弱于在后商标强度，但其自身也是具有一定强度或较大强度的商标，则可能是反向混淆和正向混淆并存的情况，那么应当分别采用反向混淆和正向混淆的判断标准予以分析、判断。

同时，商标强度与混淆方向紧密联系在一起，而正是因为在先商标强度弱于在后商标所以导致混淆方向相反，因此需要把商标强度与混淆方向结合在一起判断。

商标强度是指商标所凝结能量的强度，具体表现为商标的显著性、知名度和影响力，其中显著性主要指获得显著性。与正向混淆中仅需判断在先商标强度不同，在反向混淆案件中，需要判断在先商标和在后商标双方的强度。对于在先商标，由于反向混淆中在先商标强度都比较小，所以与正向混淆中需要划分极强商标（驰名商标）、高强度商标、一般强度商标和无强度商标不同，仅需把在先商标划分为有强度商标和无强度商标两类。由于商标权本质上是法律对商标所凝结能量的保护，对于无强度商标原则上不予保护，但因为商标凝结能量需要一个过程，应当给注册时间较短的商标凝结能量的时间和空间，即给予一定期限的保护。由于反向混淆中在后商标强度都比较大，否则不可能产生反向混淆。但是，如前所述，其不可能是法律意义上的驰名商标，所以可以按是否接近驰名商标的强度或者本身的强度为标准，把在后商标划分为高强度商标和一般强度商标两类。在反向混淆案件中，也存在一般强度商标而并非全部是高强度商标的情况，是因为在一定的范围或一个相对较小的区域之内，即使不是高强度商标，也有可能对在先商标产生反向覆盖、反向交叉和反向重叠。

在商标反向混淆中，判断商标强度同样可以从商标使用的时间和地域范围、投入的广告力度和范围、商品或服务的销量、消费者调查结果显示的知名度和影响力等因素综合判断。

同时，如果在先商标权存在瑕疵，如系损害他人在先权利或抢注取得注册商标专用权等，则由于保护的基础存在动摇的可能，需要中止案件的审理，等待该在先商标权的最终司法处理结果。

二、判断商标近似性

确定商标近似性，就是确定商标是否近似。确定商标近似程度可以在确定商标标记近似程度的基础之上结合商标强度来进行。

对于正向混淆而言，根据我国商标法相关司法解释总结的实务经验和国际司法实践经验，判断商标标记的近似程度的方法是，采取在隔离状态下的整体观察法和主要特征比较法两种方法分别比对观察，观察构成商标文字的读音、字形、含义或者图形的构图及颜色，或者上述各要素组合后的整体结构是否相似，或者商标的立体形状、颜色组合是否近似，是否易使相关公众对商品的来源或关联关系产生误认。这种判断方法操作性很差，实际上是一种混淆性近似的判断方法，既要判断其标记形状、颜色、结构是否近似，又要判断是否易使相关公众产生混淆误认。而仅判断标记形状、颜色、结构是否近似，脱离其他导致混淆可能性的因素，又如何判断是否易使相关公众产生混淆误认呢？所以这种判断方法最终无法进行实践操作，只能沦为法官的主观判断。

确定商标近似不应如此混乱。上述方法可以作为商标标记近似程度的判断方法，而判断商标近似性除了要判定商标标记近似程度外，还应当结合商标强度进行判断。

因此，我们可以对应商标强度的划分类型，同时根据商标标记近似的特点，把商标标记近似程度划分为高度近似标记、一般近似标记、低度近似标记和不近似标记四种类型。高度近似标记，是指根据整体观察法和主要特征比较法比对观察，构成商标标记的读音、字形、含义或者图形的构图及颜色，或者上述各要素组合后的整体结构，或者商标的立体形状、颜色组合，综合判断，如果标记近似程度在 80% 以上，就可以称为高度近似标记；一般近似标记，是指根据上述方法综合判断，如果标记近似程度在 50% ~ 80%，则可称为一般近似标记；低度近似标记，是指根据上述方法综合判断，标记近似程度在 10% ~ 50%，可称为低度近似标记；而根据上述方法综合判断，标记近似程度在 10% 以下的，则可称为不近似标记。

在此基础上，结合商标强度来分析。对于极强商标和高强度商标，如果商标标记是低度近似标记以上（包括低度近似标记、一般近似标记、高度近似标记），则基本上可以判断商标具有近似性；对于低强度商标而言，如果商标标记是高度近似标记，则基本上可以判断商标具有近似性；对于一般强度商标而言，如果商标标记是一般强度近似标记及以上（包括一般强度近似标记、高度近似标记），则可以判断商标具有近似性。反之，则应当判断商标不具有近似性。

此外，将来也可以采用消费者调查所获得的证据，对于商标标记的近似程度、商标近似性结合消费者的认知判断商标是否近似。对于判断不具有商标近似性的，则可以排除混淆可能性。

商标近似是消费者和相关公众对商标状态的一种心理认知和感受，其受商标强度的影响很大，因此，判断商标近似除了对商标标记近似程度进行判断外，还应当结合商标强度进行判断。如前所述，商标强度对混淆可能性的影响与商标标记近似程度呈负相关。因为，商标强度越大，商标能量圈就越大，商标给消费者所展现出来的“耀眼度”就越高，“覆盖面”就越广，商标自身的“形状”就越容易被遮盖，商标近似程度对商标混淆的影响就越小，即较小的近似程度也容易导致混淆；反之，则需要较大的近似程度。反向混淆中，在后商标可分为高强度商标和一般强度商标，对于高强度商标而言，较低的近似程度也容易与在先商标发生混淆；对于一般强度商标而言，则需要较高的近似程度才易与在先商标发生混淆。因此，在后商标为高强度商标的，只要与在先商标具有较低的近似程度就会被认定为具有近似性；在后商标为一般强度商标的，则需要与在先商标具有较高的近似程度才能被认定为具有近似性。所不同的是，正向混淆是根据在先商标的强度来确定商标近似性，而反向混淆则是根据在后商标的强度并结合在先商标的强度来确定商标近似性。因为，商标的强度决定了商标在消费者和相关公众头脑中的心理印记，心理印记的强弱主要是由强商标决定的，但也受弱商标影响，在先商标和在后商标共同对消费者和相关公众的认知产生影响，正向混淆中在先商标的强度更大，反向混淆中在后商标的强度更大，所以应主要以在后商标的强度并结合在先商标的强度来确定其对商标近似判断的影响。同时，由于反向混淆的本质是商标能量圈的反向交叉、重叠和覆盖，如果在先商标为有强度商标，就意味着其也具有相应的能量圈，则与在先商标为无强度商标相较而言，在在后商标为同样强度商标的情况下，二者更容易发生反向交叉，也就更容易产生混淆。

对于反向混淆，我们同样可以参考正向混淆判定中对商标强度划分的方法，结合商标标记近似程度，把商标标记近似程度划分高度近似标记、一般近似标记、低度近似标记和不近似标记四种类型。在此基础上，结合在后商标与在先商标的强度来判断商标近似性。在后商标为高强度商标，假如在先商标是有强度商标，由于商标强度越大，混淆可能性也越大，法律保护力度也越大，则总体上混淆可能性更大一些，如果商标标记是低度近似标记以上，包括低度近似标记、一般近似标记、高度近似标记，则基本上可以判断商标具有近似性；假如在先商标是无强度商标，由于商标强度越小，混淆可能性也越小，法律保护力度也越小，所以需要商标标记为一般近似标记以上，包括一般近似标记、高度近似标记，才能判断商标具有近似性。在后商标为一般强度商标，假如在先商标是有强度商标，同理其总体上相对于无强度商标混淆可能性更大一些，所以如果商标标记是一般强度近似标记以上，包括一般强度近似标记、高度近似标记，则可以判断商标具有近似性；假如在先商标是无强度商标，同理其总体上相对于有强度商标而言混淆可能性更小一些，所以需要商标标记为高度近似标记才能判断商标具有近似性。反之，则应当判断商标不具有近似性。

此外，将来也可以参考消费者调查所获得的证据，将商标标记的近似程度、商标近似性与消费者的认知结合起来判断商标是否近似。对于不具有商标近似性的商标，则可以排除反向混淆可能性。

三、判断商品或服务的类似性

对于正向混淆而言，商标所指代商品或服务的类似程度，决定了商标在消费者和社会公众意识中的心理距离，商标所指代商品或服务越类似，商标在消费者和社会公众意识中的心理距离越近。同时，商品或服务的类似程度对于商标混淆的影响跟商标所凝结能量强度呈负相关。因为商标所凝结能量越大，则商标能量圈越大，商标所代表的商品或服务的类似程度，也就是商标在消费者和社会公众意识中的心理距离商标混淆可能性的影响要小一些，即使较远距离的商标也由于商标能量圈较大而容易发生交叉、重叠和覆盖；反之，如果商标所凝结能量越小，则商标能量圈越小，商标所代表的商品或服务的类似程度，也就是商标在消费者和社会公众意识中的心理距离对商标混淆可能性的影响更大，必须较近距离的商标才容易发生交叉、重叠和覆盖。商标所凝结能量强度越大，商品或服务的类似程度对于商标混淆的影响越小；商标所凝结能量强度越小，商品或服务的类似程度对商标混淆的影响越大。也就是说，商标所凝结能量的强度越大，只要商品或服务具有较低的类似程度，也容易产生商标混淆可能性；商标所凝结能量强度越小，只有商品或服务具有较高的类似程度，才容易产生商标混淆可能性。

对于判断商品或服务的类似程度，根据我国商标法相关司法解释和各国相关司法实践经验，应参照《商标注册用商品和服务国际分类表》和《类似商品和服务区分表》，对于类似商品，从功能、用途、生产部门和销售对象等方面是否相同，以及相关公众是否认为其存在特定联系方面判断；对于类似服务，应当从服务的目的、内容、方式和对象等方面是否相同，以及相关公众是否认为其存在特定联系方面判断；对于商品与服务类似，应当从商品和服务之间是否存在特定联系、是否容易使公众相混淆来判断。同时，也可以结合消费者调查所获得的证据判断商品或服务是否类似。对于商品或服务的类似程度，根据上述标准，可以划分为高度类似商品或服务、一般类似商品或服务、低度类似商品或服务和不类似商品或服务四种类型。

对于极强商标（驰名商标）和高强度商标，由于其能量圈很大，可以覆盖几乎所有种类的商品或服务，但其能量在传递过程中不断衰减，呈现能量核心圈和能量辐射圈两种状态，只在其能量核心圈内才会容易发生商标混淆。因为在商标能量核心圈内的能量更为集中和强烈，容易形成模糊的能量团；而商标能量辐射圈内的能量则更为分散和稀薄，不容易形成模糊的能量团。因此，对于极强商标，也需要考虑其所指代商品或服务是否类似。但是，如前所述，商标强度更大的，则其所代表的商品或服务的类似程度相对较小。也容易导致商标混淆；商标强度较小的，则需要其所代表的商品或服务的类似程度相对较高才容易导致商标混淆。所以，对于极强商标（驰名商标）和高强度商标，即使其所代表的商品或服务类似程度较低，也应认定具有类似性。因此，对于极强商标和高强度商标而言，如果被控侵权商标所代表的商品或服务与商标权人的商标所代表的商品或服务是高度类似商品或服务、一般类似商品或服务、低度类似商品或服务，均应认定为具有商品或服务类似性。

对于一般强度商标，其虽具有一定强度的能量，但其能量圈所覆盖的范围有限，并未强大到覆盖所有种类的商品或服务的程度，因此也必须考虑其所指代商品或服务是否类似。如果商标所指代的是不相类似的商品或服务，则可以判断不存在混淆可能性，直接排除。所以，对于一般强度商标，在确定其所代表的商品或服务的类似性时，只有它们的类似程度相对较高时，才应当认定具有类似性。因此，对于一般强度商标而言，如果其所代表的商品或服务与被控侵权商标所代表的商品或服务或是商标权人商标所代表的商品或服务是高度类似商品或服务、一般类似商品或服务，才能认定为具有商品或服务类似性。

对于无强度商标，由于其所凝结能量几乎为零，几乎没有能量圈，只是法律拟制和假设其将要凝结和承载能量，应予以弱保护，所以考虑被控侵权人所使用的商品或服务与其所代表的商品或服务必须具有高度类似，如此才能判断其具有类似性。[1]

[1] 之所以说对无强度商标“一般情况下”应予以弱保护，是因为在正向混淆（一般混淆可能性）的情形下对其应予以弱保护，而在反向混淆的情形下应当区分为无强度且长时间（注册后已满三年）未使用的商标和无强度但短时间（注册后未满三年）未使用的商标，而对无强度但短时间（注册后未满三年）未使用的商标应予以适当保护，以给予商标凝结能量的时间和空间。反向混淆的复杂性和特殊性将在下文探讨，此处仅讨论正向混淆。

结合上述步骤，可以分情形得出第一个阶段初步判断结果。

第一，对于无强度商标，其几乎没有能量圈的存在，几乎不会发生商标能量圈的交叉、重叠和覆盖，只是法律拟制其将要凝结或承载能量，所以应予以弱保护。此时，既需要考虑商标标记具有很高的近似程度才具有商标近似性，也需要考虑商标所指代商品或服务具有很高的类似程度才具有商品或服务类似性，所以对于无强度商标，在根据上述标准判断既具有商标近似性，又具有商品或服务类似性二者兼具的前提下，才能初步判断具有商标混淆可能性。否则，对于无强度商标，在一般近似标记、低度近似标记、不近似标记或者一般类似商品或服务、低度类似商品或服务、不类似商品或服务的情况下，均应判断不具有商标混淆可能性。

第二，对于一般强度商标，则要分情况进行判断，因为其凝结了一定强度的能量，能量圈覆盖了一定的范围，有可能发生商标能量圈的交叉、重叠和覆盖。一是如果商标标记为不近似标记，则商标不具有近似性，则可以直接判断不存在混淆可能性，所以可以不必考虑商品或服务的类似性问题，直接排除存在混淆可能性。二是如果商标标记为低度近似标记，则商标也不具有近似性，则可以直接判断不存在混淆可能性，不必考虑商标所代表的商品或服务类似性问题。三是如果商标标记为一般近似标记或高度近似标记，则表明商标具有近似性，需要结合商标所代表的商品或服务的类似程度来判断其类似性，再作出是否具有商标混淆可能性的判断。不能仅据商标近似性来作出是否具有商标混淆可能性的判断。此时，如果商标所代表的商品或服务是高度类似商品或服务，则商品或服务具有类似性，初步判断存在商标混淆可能性；如果商标所代表的商品或服务是一般类似商品或服务，则商品或服务也具有类似性，也可以初步判断商标具有混淆可能性；如果商标所代表的商品或服务是低度类似商品或服务或者是不类似商品或服务，则商品或服务不具有类似性，则可以直接判断不存在商标混淆可能性。

第三，对于极强商标（驰名商标）和高强度商标，由于它们所凝结能量的强度很大，能量圈覆盖的范围也很大，很容易发生商标能量圈的交叉、重叠和覆盖，所以在判断商标近似性时，即使是低度近似标记也应判断具有商标近似性，在判断商品或服务类似性时也一样。所以，对于极强商标（驰名商标）和高强度商标而言，即使在只具有低度近似标记和低度类似商品或服务的情况下，也应初步判断具有商标混淆可能性。相应地，在有低度近似标记或一般近似标记、高度近似标记，以及低度类似商品或服务、一般类似商品或服务、高度类似商品或服务的情况下，均应初步判断具有商标混淆可能性。但是，如果具有不近似标记或者不类似商品或服务的，也应判断被控侵权商标与商标权人商标之间不具有混淆可能性。

判断商品或服务类似程度的途径与正向混淆一致，根据我国商标法相关司法解释和各国相关司法实践经验，也应参照《商标注册用商品和服务国际分类表》和《类似商品和服务区分表》的规定，同时考虑以下因素。对于类似商品，应从功能、用途、生产部门和销售对象等方面是否相同，以及相关公众是否认为其存在特定联系方面判断；对于类似服务，应从服务的目的、内容、方式和对象等方面是否相同，以及相关公众是否认为其存在特定联系方面判断；对于商品与服务类似，应从商品和服务之间是否存在特定联系，是否容易使公众相混淆来判断。同时，也可以结合消费者调查所获得的证据判断商品或服务是否类似。根据上述标准，商品或服务的类似程度可以划分为高度类似商品或服务、一般类似商品或服务、低度类似商品或服务及不类似商品或服务四种类型。

如前所述，由于反向混淆中不存在法律意义上的驰名商标，所以在后商标不可能是极强商标。但是，如果在后商标强度很大，已经接近驰名商标的程度，则为高强度商标，由于其能量圈可以反向覆盖的范围也很大，产生的混淆可能性也很大，即使商品或服务的类似程度较低，也应认定具有类似性。反之，如果在后商标强度不是特别强，为一般强度商标，则需要其代表的商品或服务的类似程度较高才可以认定具有类似性。反向混淆与正向混淆不同，正向混淆是根据在先商标的强度来确定商品或服务的类似性，而反向混淆则应主要根据在后商标的强度并结合在先商标的强度来确定商品或服务的类似性。因为，商标的强度决定了其在消费者和相关公众头脑中的心理印记，心理印记的强弱主要是由强商标决定的，同时也受弱商标的影响，正向混淆中在先商标的强度更大，反向混淆中在后商标的强度更大，所以应当以在后商标的强度为主，并以在先商标的强度为标准来确定其对商品或服务的类似性判断的影响。

因此，对于在后商标为高强度商标的，假如在先商标为有强度商标，由于商标强度越大，混淆可能性也越大，法律保护力度也越大，则总体上混淆可能性更大一些，如果商品或服务是低度类似商品或服务以上，包括低度类似商品或服务、一般类似商品或服务、高度类似商品或服务，则基本上可以判断商品或服务具有类似性；假如在先商标为无强度商标，由于商标强度越小，混淆可能性也越小，法律保护力度也越小，则总体上混淆可能性更小一些，如果商品或服务是一般类似商品或服务以上，包括一般类似商品或服务、高度类似商品或服务，才能判断商品或服务具有类似性。对于在后商标为一般强度商标的，假如在先商标为有强度商标，同理其总体上相对于无强度商标混淆可能性更大一些，如果商品或服务是一般类似商品或服务以上，包括一般类似商品或服务、高度类似商品或服务，则可以判断商品或服务具有类似性；假如在先商标为无强度商标，同理其总体上相对于有强度商标混淆可能性更小一些，需要商品或服务是高度类似商品或服务，才能判断商品或服务具有类似性。反之，则应当判断商品或服务不具有类似性。将来也可以结合消费者调查所获得的证据，对于商品或服务的类似程度、商品或服务类似性结合消费者的认知判断商标是否近似。

结合上述步骤，可以分情形得出以下四种初步判断结果。

第一，对于在后商标为高强度商标、在先商标为有强度商标而言，由于商标强度越大，混淆可能性也越大，法律保护力度也越大，则总体上混淆可能性更大一些。如果商标标记是低度近似标记以上，包括低度近似标记、一般近似标记、高度近似标记，则基本上可以判断商标具有近似性；如果商品或服务是低度类似商品或服务以上，包括低度类似商品或服务、一般类似商品或服务、高度类似商品或服务，则基本上也可以判断商品或服务具有类似性，则既具有商标近似性，又具有商品或服务类似性，初步判断具有商标反向混淆可能性。换言之，如果商标标记为低度近似标记、一般近似标记、高度近似标记，商品或服务是低度类似商品或服务、一般类似商品或服务、高度类似商品或服务的情况下，可以初步判断具有商标反向混淆可能性。而在商标标记为不近似标记、商品或服务是不类似商品或服务的情况下，则不具有反向混淆可能性。

第二，对于在后商标为高强度商标、在先商标为无强度商标而言，由于商标强度越小，混淆可能性也越小，法律保护力度也越小，所以需要商标标记为一般近似标记以上，包括一般近似标记、高度近似标记，才应判断商标具有近似性。如果商品或服务是一般类似商品或服务以上，包括一般类似商品或服务、高度类似商品或服务，才能判断商品或服务具有类似性。换言之，如果商标标记为一般近似标记、高度近似标记，商品或服务是一般类似商品或服务、高度类似商品或服务的情况下，可以初步判断具有商标反向混淆可能性。而在商标标记为不近似标记、低度近似标记，商品或服务为不类似商品或服务、低度类似商品或服务的情况下，则不具有反向混淆可能性。

第三，对于在后商标为一般强度商标、在先商标为有强度商标，同理其总体上相对于无强度商标混淆可能性更大一些，如果商标标记是一般强度近似标记以上，包括一般强度近似标记、高度近似标记，则可以判断商标具有近似性。如果商品或服务是一般类似商品或服务以上，包括一般类似商品或服务、高度类似商品或服务，则可以判断商品或服务具有类似性。假如在先商标为无强度商标，同理其总体上相对于有强度商标混淆可能性更小一些，需要商品或服务是高度类似商品或服务，才能判断商品或服务具有类似性。而在商标标记为不近似标记、低度近似标记，商品或服务为不类似商品或服务、低度类似商品或服务的情况下，则不具有反向混淆可能性。

第四，对于在后商标为一般强度商标、在先商标为无强度商标，同理其总体上相对于有强度商标而言混淆可能性更小一些，所以需要商标标记为高度近似标记才能判断商标具有近似性。同理，需要商品或服务是高度类似商品或服务，才能判断商品或服务具有类似性。而在商标标记为不近似标记、低度近似标记、一般近似标记，商品或服务为不类似商品或服务、低度类似商品或服务、一般类似商品或服务的情况下，则不具有反向混淆可能性。

四、关于相关公众注意程度

对于正向混淆而言，相关公众注意程度与个体因素有关，但辨认、识别标志方面的识记能力和水平大致相当，而商标混淆可能性认定中的相关公众只需具有一般注意力即可，因而在认定商标混淆可能性中通常不必考虑相关公众的个体因素，但在特定情形下和特定案件中应当予以考虑。同时，相关公众注意程度还跟相关公众的收入水平、个人性格等密切相关，但如果过分纠结于这些具体因素和细枝末节，将会被这些细枝末节所绑架，使我们陷入不可知论的泥潭，无法分析和解决问题。分析和解决问题应当抓住事物的主要矛盾，同时适当兼顾次要矛盾。根据消费心理学理论，商品或服务可分为高介入度商品或服务、低介入度商品或服务，相关公众对于高介入度的商品或服务会施以更高的注意力。[1]低介入度商品或服务指日常生活用品等，高介入度商品或服务指价格相对更高、涉及

[1] LEE T R，CHRISTENSEN G L，DEROSIA E D.Trademark，Consumer Psychology，and the Sophisticated Consumer［J］.Emory Law Journal，2008，57：590.

专业性更强的一些商品或服务，如汽车、住房等。对于高介入度商品或服务，相关公众会施加更高的注意力而相对不易混淆。因此，在具体认定商标混淆可能性时，还应结合具体情况，如果涉及高介入度商品或服务，则要求商标标记近似程度、商标所代表商品或服务的类似程度更高，才能最终认定存在混淆可能性；如果涉及的是低介入度商品或服务，则与通常判定方法无异。结合上述商标标记近似程度、商品或服务类似程度的分类方法，涉及高介入度商品或服务时，应根据商标强度进行分析。

对于无强度商标，由于商标权人的商标几乎没有实际使用，也就几乎没有商标能量圈的存在，相关公众也接触不到该商标，因此也没有相关公众注意程度问题，无论商标所代表的是高介入度商品或服务，还是低介入度商品或服务，均没有任何意义。也就是说，对于无强度商标而言，不必进行高介入度商品或服务和低介入度商品或服务的区分，不必考虑相关公众注意程度问题。此时，商标标记具有很高的近似程度才具有商标近似性，商标所代表商品或服务具有很高的类似程度才具有商品或服务类似性，二者同时具备才具有商标混淆可能性。

对于一般强度商标，由于这种商标凝结和承载了一定的能量，但其能量圈不是很大，商标发生混淆的可能性一般，此时对于普通商品或服务或者低介入度商品或服务而言，如果商标标记为一般近似标记或高度近似标记，则表明商标具有近似性，如果商标所代表的商品或服务是一般程度类似商品或服务或者高度类似商品或服务，则商品或服务也具有类似性，可以判断商标具有混淆可能性；如果商标所代表的商品或服务是低度类似商品或服务或者不类似商品或服务，则商品或服务不具有类似性，则可以直接判断不存在商标混淆可能性。但是，对于高介入度商品或服务而言，需要商标标记为高度近似标记，或者商标所代表的商品或服务是高度类似商品或服务，才能判断商标具有混淆可能性。

对于极强商标（驰名商标）或高强度商标，由于商标所凝结和承载的能量很强，商标能量圈也很大，更容易发生能量圈的交叉、重叠或覆盖，所以通常而言或者说对于低介入度商品或服务而言，即使相对较低近似程度的商标标记和较低类似程度的商品或服务也容易发生商标混淆可能性，但对于高介入度商品或服务而言，由于相关公众的注意程度更高，则情况有所不同。对于普通商品或服务，或者说对于低介入度商品或服务，如果商标标记近似程度为低度近似标记和低度类似商品或服务的，也应初步判断具有商标混淆可能性。对于高介入度商品或服务，则需要商标标记近似程度为一般程度近似标记和一般程度类似商品或服务，才可以判断具有商标混淆可能性。相应地，在一般程度近似商标标记、高度近似商标标记和一般程度类似商品或服务、高度类似商品或服务的情况下，均可以判断具有商标混淆可能性。

此外，在相关公众调查中也必须选择合适的相关公众和潜在相关公众作为调查对象，如此才具有证明力和说服力。

从理论上看，反向混淆与正向混淆一样，相关公众注意程度有时对于是否存在混淆可能性具有重要作用，但也仅仅是对于高介入度商品或服务而言，对低介入度商品或服务没有什么意义，因为相关公众只会对高介入度商品或服务施加更高的注意程度，对低介入度商品只会施加一般的注意程度。因此，如果反向混淆案件涉及高介入度商品或服务，则还需要具有更高的商品或服务类似程度、更高的商标近似程度，才能最终认定具有反向混淆可能性，否则应当认定不具有反向混淆的可能性。反之，对于低介入度商品或服务，则不需要这样的条件。此外，如果进行了相关公众调查，则其调查对象也要注意选择合适（如专业的、有消费能力的）的相关公众和潜在相关公众。

但是，从实践中看，由于反向混淆中大多是反向关联混淆，相关公众注意程度不但对于区分商品或服务的来源有意义，而且对于判断商品或服务的关联关系也有作用。因为在反向关联混淆中，在后商标使用人在使用在先商标权或近似商标的同时，又有着自己其他商标的使用或者标明了商品或服务的真实来源，导致相关公众并未对商品或服务来源产生混淆，而仅对其关联关系产生混淆，容易误以为在后商标使用人与在先商标权人之间存在赞助、许可和投资等关联关系。这些情况对于普通相关公众而言，无论是高介入度商品或服务，还是低介入度商品或服务，也无论相关公众在市场上如何注意都无法避免，除非其开展专业的尽职调查，但这显然远远超出了对相关公众进行市场购买、交易的要求。因此，反向混淆的实践判断中较少考虑相关公众注意程度问题。

五、考虑相关次要因素

通过上述四个步骤，可以初步判断是否存在反向混淆可能性，但这只是初步判断结果，要得出最终判断结果还要考虑相关次要因素。相关次要因素是指实际混淆、原被告主观意图两个因素。之所以称它们为次要因素，是因为这两个因素并非在每一起反向混淆案件中都存在，也不属于都需要考虑的因素，相对于前述四个因素而言，它们对于判断反向混淆问题仅发挥次要功能，但在特定案件中也可能起着重要作用。

（一）实际混淆

对于正向混淆，商标实际混淆是指消费者或社会公众在事实上对双方系争商标发生了混淆、误认。在商标侵权判定中，商标权人无须证明消费者发生了实际混淆，只需证明被控侵权人的商标使用行为存在导致消费者混淆的可能性。但是，如果商标权人能够证明消费者发生了实际混淆，即能够举出消费者发生商标实际混淆的证据，对于认定商标混淆可能性、认定商标侵权更具说服力。因此，在判断是否存在商标混淆可能性时，实际混淆也是考量的因素之一。所以，对于实际混淆的作用，一些司法实务工作者予以高度评价。例如，美国联邦第五巡回上诉法院法官认为："在判定混淆可能性时，没有任何其他比实际混淆更确定或者更关键的证据了。"[1]美国联邦第三巡回上诉法院、第一巡回上诉法院法官也持类似观点，认为许多实际混淆的情况没有被报告或记载，导致实际混淆证据很难获得，而正是基于此可见实际混淆对于证明存在混淆可能性具有最强的证明力。[2]由于过去已经发生的实际混淆恰恰是未来可

---

[1] World Carpets，Inc. v. Dick Littrell's New World Carpets，438 F.2d 482，168 U.S.P.Q.609（5th Cir.1971）.

[2] Checkpoint Systems，Inc. v. Check Point Software Technologies，Inc.，269 F.3d 270，291，60 U.S.P.Q.2d1609，187A.L.R.Fed.585（3d Cir 2001）.

能发生混淆的强烈信号，因此实际混淆可以被视为存在混淆可能性的最具证明力的证据。[1]

但是，如果片面夸大实际混淆在商标混淆可能性判定过程中的作用，则可能会导致谬误。商标混淆可能性判定中的混淆主体——消费者，应当是一定范围或者一定规模的消费者，同时也应是具有普通认知水平的一般消费者。如果以极少数消费者或那种极为粗枝大叶、低于普通认知水平的特例消费者发生实际混淆的证据来证明存在混淆可能性，则很难具有说服力。“个别的或者零星的实际混淆的实例一般被认为不足以证明混淆可能性的存在。”[2]存在实际的证据并不代表一定存在混淆可能性，法院在审查实际混淆证据时，还应当根据具体案情来考查发生实际混淆的消费者是否能够反映具有普通认知水平的一般消费者的情况。

对于实际混淆的因素，仅在双方系争商标在市场中共存了足够长一段时间的情况下（通常应为一年以上），才对认定混淆可能性具有意义，否则无实际混淆的可能，不应考虑该因素。在消费者调查中，如果调查内容设计上与消费者实际购物场景高度一致且发生了混淆，则可以视为商标发生实际混淆的证据。至于实际混淆的比例，应当视具体案情而定，不必划定一个硬性标准，且其也仅具有参考价值。此外，能够证明商标实际混淆的最直接证据就是消费者因系争商标之间的近似性而发生的误购行为，而消费者针对被告提

---

[1] Beacon Mut. Ins. Co. v. OneBeacon Ins. Group，376 F.3d 8，71 U.S.P.Q.2d 1641（1st Cir.2004）.

[2] KIRKATRICK R L.Likelihood of Confusion of in Trademark Law［M］.New York：Practising Law Institute，2013：7.

供的产品向原告作出的投诉、发出的订单，以及针对被告提供的产品而向原告提供的退货退款修理等也可以作为间接证据。

实际上，即使双方系争商标在市场上共存了较长一段时间，混淆的证据也难以取得。因为当商标所代表的商品或服务为日常生活用品或服务时，即当商标所代表的商品或服务为低介入度商品或服务时，消费者注意程度通常会比较低，消费者自身可能始终没有意识到发生了混淆和误认，购买到了不是自己想要的品牌的商品或服务，或者无论商标所代表的商品或服务为低介入度商品还是高介入度商品或服务，消费者即使发现自己发生了混淆也没有向相关职能部门反映和投诉，这些情况商标权人都无从掌握，所以很难获得消费者实际混淆的证据。因此，在商标权人无法提供实际混淆的证据时，不应依此认为不存在商标混淆可能性。

综上所述，对于正向混淆中的商标实际混淆因素，不应简单地根据实际混淆证据来判断是否存在混淆可能性，而应具体分析双方系争商标是否在市场上共存了较长一段时间、发生了实际混淆的消费者是否能够代表普通认知水平的一般消费者等，从而判断是否存在商标混淆可能性。

反向混淆中，由于在后商标使用人短期内大量投入广告宣传或广泛使用，使在后商标知名度和影响力迅速提高，很容易产生实际混淆，所以不必像正向混淆那样需要较长的商标共存时间实际混淆才有意义。因此，反向混淆中实际混淆的证据对于判断存在混淆可能性具有更为重要的作用，能够起到更直接、更有说服力的证明作用。例如，“蓝色风暴”案中就有商标权人的商品被冒用为他人商标而受浙江省丽水市质量技术监督局扣押、查处的实际混淆证据。[1]而且，由于反向混淆中的损害后果是商标的未来生存和发展空间，反映的是一种苗头和倾向，实际混淆的证据对于存在损害后果的证明力也很强，并不需要实际混淆比例的要求。但是，基于取证的难易程度和案件的差异，实际混淆并非在每一起反向混淆案件中都存在，不能硬性要求原告提供实际混淆证据，更不能以实际混淆的证明标准取代混淆可能性的证明标准。

（二）原被告主观意图

对于正向混淆而言，被告主观意图是指侵权人对于侵权行为是否具有主观恶意，即是否在主观上具有积极追求使消费者发生混淆误认、欺骗消费者的心态。商标保护制度起源于普通法上的欺诈之诉，19 世纪中期之前，英美国家都将侵权人主观上是否具有欺诈意图作为判断商标侵权是否成立的要件。商标权人必须要证明三个要件：主观故意、侵害性和虚假陈述。[2]而在 19 世纪中期之后，主观欺诈标准衰落，混淆可能性被确立为商标侵权判定的标准，在进行商标侵权判定时不再需要以被控被告主观意图来作为判定商标侵权成立的标准。因此，商标侵权采用的是一种无过错责任原则。即使被控侵权人无恶意地使用了与他人近似的标识，只要引起了消费者和相关公众产生商标混淆可能性，也构成商标侵权；而即使被控侵权人故意追求消费者混淆的目的，如果客观上没有产生混淆可能

[1] 浙江省高级人民法院（2007）浙民三终字第 74 号民事判决书。

[2] 余俊．商标法律进化论［M］．武汉：华中科技大学出版社，2011：76.

性，也不构成商标侵权。[1] 美国联邦第五巡回上诉法院也指出："如果存在消费者混淆可能性，被控侵权人即使具有再多的善意也于事无补。"[2] 黄晖博士指出："商标侵权涉及商标侵权人的客观行为及其后果，以及商标侵权人实施侵权时的主观心理状况，认定侵权时应当给予综合考虑。主观故意会加重侵权的情节，但不会影响侵权的认定。"[3]

尽管被告主观意图早已不是商标侵权判定标准，但被告主观意图在判定商标混淆可能性中并非毫无作用。一些美国法院在司法实践中甚至认为，被告主观意图在混淆可能性判定中具有至关重要的作用，一旦证明被告具有主观侵权的恶意，则可以推定存在混淆可能性。美国联邦第二巡回上诉法院在 1981 年的 Harlequin Enters. v. Gulf & W. Co. 案中指出："法律已经推断故意的商标近似可能导致混淆。"[4] 在 1987 年的 Mobil Oil Co. v. Pegasus Petroleum Co. 案中也指出："有意的复制能够推导出混淆可能性的产生。"[5] 笔者认为，这种认识人为夸大了主观意图在混淆可能性判定中的作用。客观地分析，被告主观意图与商标混淆可能性没有直接关联，但具有间接关联。因为被告所具有的主观侵权意图必须体现于其所从事的具体行为，如在类似商品或服务上使用近似商标的行为，才对认定商标混

---

[1] Roffler Indus., Inc. v. KMS Reseach Labs, Inc., 213 U.S.P.Q.258, 262 (T.T.A.B.1982).

[2] Fuji Photo Film Co. v. Shinohara Shoji, 754 F.2d 591, 596, 225 U.S.P.Q.540, 543 (5th Cir.1985).

[3] 黄晖. 驰名商标和著名商标的法律保护 [M]. 北京：法律出版社，2001：237.

[4] Harlequin Enters. v. Gulf & W. Co., 644 F.2d 946, 949 (2d Cir.1981).

[5] Mobil Oil Co. v. Pegasus Petroleum Co., 818 F.2d 254, 258 (2d Cir.1987).

淆可能性具有意义。反之，被告的主观意图如果并未体现在其所从事的具体行为上，如并未在类似商品或服务上或使用的是不具有近似性的商标，则其主观意图对于认定商标混淆可能性毫无意义、毫无关联。因此，被告主观意图对于认定商标混淆可能性不具有直接的认定作用，如果商标权人证明被告存在侵权的主观恶意，则增大了商标混淆可能性存在的可能，如果再结合商标强度、商标近似性、商品或服务类似性等证据，就可以对商标混淆可能性作出比较准确的判断。

虽然单纯的被告主观意图对于商标混淆可能性的具体认定不具有直接参考作用，仅具有间接参考作用。但是，根据侵权法的基本原理，如果侵权人主观上有过错，是需要承担损害赔偿责任的；如果主观上没有过错，则不需要承担损害赔偿责任，仅需承担停止侵害等责任。所以，被告主观意图与确定损害赔偿责任直接相关，在认定混淆可能性时也应予以考虑，同时在确定侵权责任时更应考虑。

那么商标混淆可能性判定中的被告主观意图包括哪些方面呢?侵权人的主观意图可以从侵权人的行为中判断出来。一方面，原告的商标在相应商品或服务行业中如果具有很高的知名度和影响力，或者原告的商标固有显著性很强，可以判断被告构成主观上的恶意。另一方面，如果原告在被告实施侵权行为后，对被告发出过停止侵权的警告，而被告继续使用商标，可以判断被告明知原告商标的存在而继续使用，具有主观恶意。

对于反向混淆而言，应考查原被告双方的主观意图，以便于确定侵权责任。对于原告而言，如果原告存在注册后满三年未实际使用商标的主观过错，应当直接判定不构成侵权；如果原告存在没有正当理由未及时行使权利的，应当适当减轻被告的侵权责任。对于被告而言，如果有证据证明被告明知在先商标的存在而仍然投入使用的，应当认定存在主观恶意，加倍承担侵权责任；或者虽无证据证明被告明知，但在先商标的固有显著性很强，为臆造商标，在这种情况下巧合的概率就极小，可以推定被告存在主观恶意。

小结

商标反向混淆与正向混淆既有联系，又有区别，商标反向混淆同时又是一种特殊的商标混淆类型。商标反向混淆的判定方法与商标正向混淆的判定方法既有区别，又紧密相连。研究商标反向混淆的判定方法必须要在研究商标正向混淆的判定方法的基础上进行。对于正向混淆的判定方法，理论界和实践中均存在分歧，而对于反向混淆的判定方法，分歧更大。对于商标正向混淆的判定方法而言，当前国际司法实践逐步总结出了商标混淆可能性判定的多因素检测法、消费者调查法、整体观察与局部观察结合法、隔离观察法，商标反向混淆同样需要采取这四种方法。

由于反向混淆具有不同于正向混淆的特殊性，具有自身的特征，因此在确定反向混淆司法判定方法时也要考虑自身的特殊之处，具体包括混淆主体上的特殊性、混淆对象上的特殊性、混淆方向上的特殊性、主观意图上的特殊性和损害后果上的特殊性。因此，对于商标反向混淆的判定方法，应当在商标正向混淆判定方法的基础上进行。具体而言，可用“五步法”来处理商标反向混淆案件：第一步，判断商标强度和混淆方向；第二步，判断商标近似性；第三步，判断商品或服务类似性；第四步，关于相关公众注意程度；第五步，考虑相关次要因素。

第五章　商标反向混淆的法律责任

由于我国商标法并未对商标侵权作正向混淆和反向混淆的区分，导致司法实践中对反向混淆的处理缺乏一致的原则和统一的标准，侵权责任的承担均依照正向混淆或一般混淆的法律规定作出，导致处理结果不公平、不合理，引发很大争议。“新百伦”案广州市中级人民法院一审判决和广东省高级人民法院二审判决就引起社会关于商标反向混淆法律责任问题的广泛讨论。那么，依据正向混淆或一般混淆侵权的证据确定反向混淆案件中被告的侵权责任是否适当？应当如何确定商标反向混淆案件中侵权人的法律责任？

第一节　商标反向混淆法律责任的特殊性

从“新百伦”案、“卡斯特”案、“冰点”案、“蓝色风暴”案、“游龙”案和“非诚勿扰”案等我国近年来出现的商标反向混淆案件或者说与反向混淆密切相关的案件，尤其是“新百伦”案、“卡斯特”案，以及美国处理商标反向混淆案件的实践来看，商标反向混淆案件中被告所承担的法律责任与正向混淆案件不同，具有特殊性。

一、"新百伦"案、"卡斯特"案引发的反向混淆法律责任问题

新百伦"案是一起典型的反向混淆侵权案，周某伦的"百伦""新百伦"商标强度不大，而经过新百伦公司的广泛使用和大量投入后知名度和影响力大大提高，导致相关公众容易误认为周某伦提供的商品来源于新百伦公司，混淆方向与通常的正向混淆案件相反。该案的一、二审判决的侵权责任差异巨大，非常突出地呈现了有关反向混淆案件的法律责任承担问题，值得探讨。"卡斯特"案与其相似。

（一）"新百伦"案

原告周某伦于2013年7月15日向广州市中级人民法院提起诉讼，被告为新百伦公司、盛世公司。[1]周某伦诉称其注册商标"百伦""新百伦"核定使用在第25类商品服装、鞋、袜等商品上。新百伦公司未经其许可，在其鞋类商品上长期使用"新百伦"标识，侵犯了其"百伦""新百伦"注册商标专用权。新百伦公司辩称，新百伦公司属于善意使用"新百伦"用语，并非仿冒"百伦"商标，新百伦公司使用"新百伦"用语不侵犯周某伦的商标权。盛世公司提出商品合法来源抗辩，并称新百伦公司并未侵权。

广州市中级人民法院认为：第一，周某伦的"百伦""新百伦"商标至今合法有效，周某伦对两商标享有专用权，新百伦公司主张

---

[1] 广东省高级人民法院（2015）粤高法民三终字第444号民事判决书。

周某伦对“新百伦”商标系恶意抢注的意见缺乏事实依据。第二，新百伦公司在天猫网站、京东商城开设旗舰店，在其每款产品的介绍中均使用“新百伦”商标；新百伦公司在官网信息公告披露，截至原告周某伦起诉时，新百伦公司在全国开设的专卖店数量达到592家。新百伦公司的专卖店在销售其鞋类服饰等商品时，销售小票、销售单据、卡片、商品价格标签、店里摆放的《产品宣传册》或者《产品说明书》上均使用了原告周某伦的“新百伦”商标；按照新百伦公司官方网站介绍的情况，新百伦公司制作并上传于网络的有关“新百伦”的视频广告达17个之多，其视频标题和视频内容均使用“新百伦”标识，新百伦公司在其网站、微博、微淘的商业推广活动，以及在鞋类、服饰产品的推介及专卖店介绍中，都使用了“新百伦”标识；上述商标使用行为属于《中华人民共和国商标法实施条例》（2002年）第3条规定的商标使用行为，新百伦公司辩称的其系对企业名称的正常使用，但其径行使用“新百伦”用语，并非规范使用企业名称，其抗辩意见不能成立。第三，新百伦公司未经周某伦同意使用“新百伦”标识的行为构成商标侵权。除了停止侵权以外，广东市中级人民法院根据新百伦公司出具的2011年度的审计报告、2012年度的审计报告及和利润表，新百伦公司自2011年至2013年11月的净利润约1.958亿元，酌定赔偿获利总额的二分之一，即9800万元（含合理支出）；并由新百伦公司在其官方网站首页及天猫商城旗舰店刊登声明以消除影响。盛世公司主张其合法来源抗辩成立，但应向周某伦支付合理支出5000元。

该案判决一作出，便在学术界和实务界引发热议。时任广州市中级人民法院副院长的余明永介绍，该案是广州市中级人民法院有史以来所判赔额度最高的案件，体现了法院在保护商标权、惩罚商标侵权行为的力度，并点评称：“本案给诸多意在开拓中国市场的洋品牌们提了个醒：公平竞争，请先敲敲知识产权的门。”但是，也有人对此判赔额度质疑，认为在反向混淆案件中，重点应在于消除不良影响、弥补商标与商品之间被割裂的联系、改变社会大众误认为权利人提供的商品是假冒伪劣产品的印象，而不应是过高的金钱赔偿。[1]

一审判决作出后，新百伦公司不服，向广东省高级人民法院提出上诉。新百伦公司上诉称，新百伦公司组合使用“NewBalance/新百伦”等标识不会与周某伦的“百伦”商标产生混淆；新百伦公司的商标使用行为没有侵犯周某伦的“新百伦”注册商标专用权，新百伦公司使用“新百伦”系合理使用其在先字号权；而且，新百伦公司就“新百伦”享有在先的知名商品特有名称权；同时“新百伦”属于新百伦公司在先使用并具有一定影响的未注册商标；原审法院判决新百伦公司利润中的9800万元作为侵权赔偿数额，违反了民事赔偿的填平原则。

周某伦答辩称，周某伦的“百伦”“新百伦”注册商标合法有效，应受法律保护，新百伦对“新百伦”标识构成商标性使用，构成商标侵权；原审判决的赔偿数额合理合法，合法有据，周某伦因侵权行为所受损失巨大且难以估算。

广东省高级人民法院认为，周某伦提供证据证明其对“百

---

[1] 刘迪．浅析商标反向混淆的损害赔偿（上）[N]．中国工商报，2015-07-01（3）．

伦”“新百伦”商标进行了实际使用；新百伦公司不对“新百伦”标识享有在先企业名称字号权、未注册商标先用权、知名商品特有名称权，周某伦不属于恶意抢注“新百伦”商标；新百伦公司对“新百伦”标识的使用属于商标侵权；对于赔偿数额，广东省高级人民法 院认为，根据新百伦公司自己提供的京名评报字（2015）第3009号《资产评估报告》确定的“新百伦”标识对利润的贡献率为0.76%，即为148万余元，超过50万元的最高赔法定偿限额，所以应在法定最高赔偿限额之上合理确定赔偿额。对于具体赔偿数额，广东省高级人民法院综合考虑了以下因素。一是新百伦公司的主观侵权故意，二是周某伦因侵权所遭受的经济损失，三是新百伦公司组合使用侵权标识的方式，四是新百伦公司的侵权规模和持续时间，五是周某伦为制止侵权支付的合理开支。最后，广东省高级人民法院确定新百伦公司赔偿周某伦经济损失及合理开支共计500万元。对于该判决结果理论界和实务界均比较认可。

（二）“卡斯特”案

“卡斯特”案经历浙江省温州市中级人民法院一审和浙江省高级人民法院二审判决[1]，一审法院以权利人产品的单位利润乘以侵权产品的数量进行计算，判决卡思黛乐兄弟简化股份公司（以下简称“卡思黛乐公司”）赔偿原告损失3373.454626万元；二审法院认为赔偿额的确定应当依据被诉侵权行为与损害结果或获利之间是否具有直接的因果关系来加以确定，销售利润并不等于侵权所得，两者

[1] 浙江省高级人民法院（2014）浙知终字第66号民事判决书。

应作严格区分，卡思黛乐公司与北京东海鑫业国际酒业有限公司销售被诉侵权产品所获利润，不能主要归因于使用了涉案被诉侵权标识“卡斯特”所致，因此判决卡思黛乐公司赔偿原告损失50万元。后李某之、上海班提酒业有限公司申请最高人民法院再审，而被最高法院驳回再审申请。

（三）对“新百伦”案、“卡斯特”案的反思

尽管“新百伦”案、“卡斯特”案已经尘埃落定，离我们也渐行渐远，但两案留给我们的思考却未结束。一审判决新百伦公司、卡思黛乐公司承担的巨额损害赔偿责任为什么受到二审判决的纠正？同时，尽管“新百伦”案、“卡斯特”案二审判决结果较好地处理了责任承担的公平、合理问题，但其判决的侵权赔偿责任是不是反向混淆侵权行为应当承担的法律责任，是否符合反向混淆侵权案件的特点，乃至是否仍然沿用正向混淆案件的思维来处理反向混淆问题等，也还需要进一步探讨。

1. 不应沿用正向混淆案件思维确定反向混淆侵权责任

一审法院在判决确定“新百伦”案商标侵权责任时，其以新百伦公司在周某伦主张的侵权期间获利1.958亿元的二分之一，即9800万元作为侵权赔偿数额，依然沿用了正向混淆侵权责任承担的思维方式处理反向混淆商标侵权案件。“卡斯特”案同样如此，其一审判决以权利人产品的单位利润乘以侵权产品的数量计算“卡斯特”案商标侵权损害赔偿金额。在正向混淆商标侵权案件中，如果在先商标的显著性、知名度和影响力足够强、足够大，在后商标使用人侵权获利也足够多，那么以权利人产品的单位利润来乘以侵权

产品的数量计算得出相应损害赔偿金额则无可厚非、顺理成章。但是，该案是反向混淆侵权案件，其在先商标强度不高，知名度、影响力有限，其“百伦”商标虽然在2003年前后获奖，被评为知名品牌，但距案件诉讼时已经有十余年之久，商标所凝结和承载的商誉、能量具有耗散性的特点，随着时间的推移，其凝结和承载的商誉、能量如果没有继续投入的话将会逐渐散失，其商标强度、知名度和影响力在案件诉讼时已耗散、流失得差不多了，其在案件诉讼时究竟还有多少知名度、影响力可言，该在先商标究竟因在后商标使用人的商标侵权行为受到多大的损失，显然是无法通过在后商标使用人的获利来衡量的，“卡斯特”商标同样如此。而反向混淆案件中原告所受损失主要是未来生存发展空间受到挤占，是一种预期利益，其损失通过判决被告停止侵权行为和消除影响就足以弥补，在这种情况下再判决其承担高额损害赔偿并不恰当。此外，在反向混淆案件中需要对原被告双方的主观意图进行考量。该案中，周某伦的“百伦”商标1996年就已取得、“新百伦”商标2011年就已取得，其是否存在“放水养鱼”、消极行权的主观意图也是需要考量的，其主观过错也会影响被告承担的侵权赔偿数额。

2. 反向混淆侵权责任的确定应当具有类案统一标准

“新百伦”案中，二审法院在综合考虑了多种因素后，根据被诉侵权行为与侵权人产品利润之间的因果关系，确定新百伦公司承担500万元的损害赔偿额、确定卡思黛乐公司承担50万元的损害赔偿额，较好地处理了反向混淆损害赔偿问题。但是，从二审法院考虑的有关损害赔偿额的因素来看，一是新百伦公司的主观侵权故意，二是周某伦因侵权所遭受的经济损失，三是新百伦公司组合使用侵权标识的方式，四是新百伦公司的侵权规模和持续时间，五是周某伦为制止侵权支付的合理开支，这些因素全部都是正向混淆侵权的考量因素，仍然没有充分考虑反向混淆侵权案件中在先商标权人所受损失主要是预期利益受损，而非现实利益受损，没有充分考虑到反向混淆侵权案件自身的特殊性，依然沿用正向混淆案件侵权赔偿思维来处理反向混淆案件，只不过是采用了一种特殊的正向混淆案件的思维，即把被诉侵权行为与侵权人的产品利润之间的因果关系考虑进去。该案并未考虑和提炼反向混淆案件侵权损害赔偿责任的处理方式和处理规则。如果今后对于反向混淆案件仍然沿用这种思维处理，将会使反向混淆侵权案件的处理结果陷于极大的不确定性之中，不利于当事人维护自身的合法权益，无法充分发挥法律的预测和教育功能。

对于“卡斯特”案，二审法院在确定被告损害赔偿额时，考虑了以下因素。一是李某之、上海班提酒业有限公司没有对“卡斯特”商标进行大规模的使用及宣传，不能认定被控侵权行为发生之时“卡斯特”商标具有较高知名度，而法国公司及其所生产的葡萄酒产品在被诉侵权期间却具有较高的知名度。二是由于双方知名度所存在的客观差异，以及“卡斯特”是“CASTEL”较为惯常和自然的翻译，不能认定卡思黛乐公司具有侵占商誉、“搭便车”的主观恶意，但其未对涉案商标合理避让以避免产生混淆误认，其行为具有可责性。三是根据商标法的规定，赔偿额的确定应依据被诉侵权行为与损害结果或获利之间是否具有直接的因果关系，而销售利润并不等于侵权所得，因此应当合理界定侵权行为对被告获利所占原因的比例，从而确定法定赔偿额50万元为损害赔偿额。浙江省高级人民法院在确定损害赔偿额时考量双方的知名度、被诉侵权行为与损害结果、获利的因果关系等，这些考量因素无疑更加符合反向混淆侵权案件的特点，值得总结和借鉴。

两案的处理过程也给我们提供了启示：对于商标反向混淆侵权案件，不能沿用正向混淆侵权案件的思维处理，也不能用特殊的正向混淆侵权案件的思维处理，而应当充分考虑反向混淆案件自身的特点，并将其提炼和升华成一种类案统一规则和标准。

3. 反向混淆侵权责任的确定应当上升为法律规范

从两案的处理过程及处理结果来看，这两起案件在我国反向混淆侵权案件中非常具有代表性和典型性，我们可以从中总结和提炼出反向混淆案件侵权责任承担的统一规则和标准。但是，仅此还不能更好地处理反向混淆案件，我们应当以这两案为鉴戒，把反向混淆案件侵权责任承担的统一规则和标准提炼和上升为制度规范，通过法律或司法解释的形式固定下来，更好地为今后处理反向混淆案件提供规则和指引，以进一步提高该类案件处理结果的稳定性，更符合社会预期，维护当事人合法权益，维护公平竞争的市场秩序，促进经济社会健康发展。

二、反向混淆的法律责任需要考量原被告主观意图

如前所述，由于商标反向混淆案件原被告主观意图复杂多样，对于确定侵权损害赔偿责任均具有重要影响，如果原被告具有主观恶意或过错将会相应加重、减轻甚至免除被告侵权赔偿责任，因此在确定反向混淆的法律责任时需要考量原被告双方的主观意图。

（一）需要考量原告主观意图

反向混淆案件中需要考量原告以下几个方面的主观意图。

第一，是否恶意抢注商标。所谓恶意抢注商标，是指《中华人民共和国商标法》第32条规定的禁止行为，即“申请商标注册不得损害他人现有的在先权利，也不得以不正当手段抢先注册他人已经使用并有一定影响的商标”。而对于未注册商标先用权，即对于商标注册人申请商标注册前，被告已经在同种商品或类似商品上先于商标注册人使用与注册商标相同或者近似并有一定影响的商标的，《中华人民共和国商标法》第59条第3款规定：“注册商标专用权人无权禁止该使用人在原使用范围内继续使用该商标，但可以要求其附加适当区别标识。”如果原告构成恶意抢注商标，则被告可以不承担损害赔偿责任，甚至可以不必承担停止使用的侵权责任。

第二，是否实际使用。所谓实际使用，根据《中华人民共和国商标法》第48条的规定，“是指将商标用于商品、商品包装或者容器以及商品交易文书上，或者将商标用于广告宣传、展览以及其他商业活动中，用于识别商品来源的行为”。如果无正当理由连续三年未使用，则可申请将该注册商标撤销。而一旦原告的注册商标被撤销，则无侵权之说。即使原告的商标不满足被撤销的条件，其商标的强度也极小，几乎为零，被告一般只需停止使用即可，不必承担损害赔偿责任。

第三，是否消极行权。消极行权是指原告在明知被告实施的商标侵权行为存在的情况下，消极行使自己的权利，怠于主张权利或提起诉讼，则其不应对因自己消极行使权利导致损失扩大而要求被告承担损害赔偿责任。

如果原告在上述几方面存在故意或过失，则应当减轻或者免除被告的侵权损害赔偿责任。

（二）需要考量被告主观意图

被告主观意图是指被告在主观上对于消费者混淆的发生是否具有过错，即是否具有故意或过失。如上所述，在认定是否具有反向混淆或正向混淆时，只需考查被告的客观商标使用行为是否容易导致消费者和社会公众产生混淆、误认，不需要考虑被控侵权人的主观意图，被控侵权人的主观意图对于判定是否构成侵权、是否具有反向或正向的混淆可能性没有意义。

《中华人民共和国民法典》第120条规定："民事权益受到侵害的，被侵权人有权请求侵权人承担侵权责任。"第1166条规定："行为人造成他人民事权益损害，不论行为人有无过错，法律规定应当承担侵权责任的，依照其规定。"相比于《中华人民共和国民法通则》[1]第106条规定的"公民、法人由于过错侵害国家的、集体的财产，侵害他人的财产、人身的，应当承担民事责任……没有过错，但法律规定应当承担民事责任的，应当承担民事责任"，《中华人民共和国民法典》明确摒弃了我国原来将过错原则作为侵权责任的一般归责原则的做法，将过错原则作为损害赔偿责任的一般归责原则，消除了侵权法理论上的混乱。这是因为，侵权法理论认为个人对自己的过错所致损害负责，符合正义的要求，也可以保障个人

[1] 该法已经废止。

自由和个人尊严，如果行为人主观上不存在过错，已经尽到注意义务，则在道德上就无可非议，不应再承担损害赔偿责任。[1]因此，过错只是侵权赔偿责任的归责原则，而不应是判定整个侵权责任的归责原则。我国商标法学者指出，商标侵权涉及商标侵权人的客观行为及其后果，以及商标侵权人实施侵权时的主观心理状况，认定侵权时应当给予综合考虑。主观故意会加重侵权的情节，但不会影响侵权的认定。[2]法院在判定被告商标使用行为是否构成侵权时，不必考虑其主观意图问题，只需考虑行为本身是否具有违法性。但是，这并不意味着被告主观意图毫无作用。无论反向混淆还是正向混淆，被告主观意图虽然对于判断是否构成侵权、是否具有反向或正向的混淆可能性没有作用，但在认定构成侵权之后，对于确定被告承担损害赔偿责任的大小却具有重要意义。

在正向混淆中，被告主观意图对于确定其损害赔偿责任具有重要作用。如果被告存在明知其使用的商标系商标权人的商标而使用，存在故意攀附商标权人商誉的主观意图，根据上述侵权法理论则要承担更重的损害赔偿责任。对此《中华人民共和国商标法》第63条规定："对恶意侵犯商标专用权，情节严重的，可以在按上述方法确定数额的一倍以上五倍以下确定赔偿数额。"在反向混淆中，被告主观意图对于确定损害赔偿责任同样具有重要作用。反向混淆中，虽然被告没有故意攀附商标权人商誉的主观意图，但如果明知是商标权人的商标而依然使用，根据上述侵权法理论，主观上同样

---

❶ 汪渊智．侵权责任法学［M］．北京：法律出版社，2008：31.

❷ 黄晖．驰名商标和著名商标的法律保护［M］．北京：法律出版社，2001：237.

存在过错，在确定具体赔偿责任时应当承担更重的责任。

因此，反向混淆和正向混淆一样，被告主观意图均对确定损害赔偿具有重要作用。

三、反向混淆的法律责任需要考量原被告商标强度

在确定正向混淆的侵权损害赔偿责任时，只需要考量在先商标权人的商标强度，即其显著性、知名度和影响力，且其商标强度对于商品或服务的类似性、商标近似性的判断也具有重要影响。但是，在反向混淆中，则需要考量原被告双方的商标强度。

考量原告商标强度，是因为如果原告对商标进行实际使用后使其商标具有一定的知名度和影响力，那么其商标也具有自身的能量圈，则可能与在后商标存在商标能量圈的交叉，也就是说此时虽然总体上呈现反向混淆的状态，而实际上既存在反向混淆也存在正向混淆，即一部分消费者认为在先商标权人提供的商品或服务来源于在后商标使用人，一部分消费者认为在后商标使用人提供的商品或服务来源于在先商标权人，此时由于在后商标使用人的商标侵权行为既导致了反向混淆，又导致了正向混淆，其对在先商标权人就既造成了预期利益的损害，又造成现实利益的损害，这时在后商标使用人对其正向混淆侵权的部分，应当按照商标法规定的方式承担侵权损害赔偿责任，即在后商标使用人应当承担的侵权损害赔偿责任更重。如果原告商标未经实际使用，或未经实质性实际使用，则原告所受损失为预期利益而非现实利益，被告就只需承担较低或不承担侵权损害赔偿责任。

考量被告商标强度，是因为尽管反向混淆中被告对案涉商标存在

大规模的商标使用行为，但其具体使用行为的程度、广度和深度还存在差别，也就会使商标的强度有所差别。因此，仍然需要考量其具体使用行为的程度、广度和深度来确定其承担的侵权损害赔偿责任。如果其具体使用行为的程度、广度和深度更强，则对原告商标生存和发展空间的挤压力度也更大，相应地要承担更重的损害赔偿责任。

四、反向混淆的法律责任需要与其侵权损害后果相适应

在正向混淆中，在后商标使用人的侵权行为损害了商标权人的商誉，导致商标权人利润流失，而自己获得非法利益，因此我国商标法规定赔偿数额按商标权人的实际损失、在后商标使用人因侵权所获得的利益、参照商标许可使用费合理倍数、五百万元以下法定赔偿数额的先后顺序确定。在反向混淆中则不同，确定被告的侵权赔偿责任时需要考虑以下问题。

第一，不宜以原告实际损失和被告因侵权所获利益来确定损害赔偿责任。与正向混淆中商品销量减少等现实利益损失不同，反向混淆中原告实际损失是一种未来市场地位和生存发展空间的丧失，是一种预期利益和未来利益的损失，这种损失更为隐蔽，无法量化，而且看起来并没有实际利益的损失，往往还伴有实际利益的增加，所以不应以原告实际损失作为被告侵权赔偿数额。对于以被告因侵权所获利益来确定损害赔偿责任，因被告并未如正向混淆中那样攀附、侵占原告商誉，而是依靠自己提供的商品或服务质量水平和投入的宣传推广来获取商业利益，如果以被告因侵权所获

利益为赔偿数额，根据民事损害赔偿填平原则，对被告显然极不公平，还有投机者不劳而获，成为“收割他人劳动成果的镰刀”之虞。例如，“新百伦”案中，一审以被告获利总额为基准判决被告承担 9800 万元巨额赔偿[1]，就是以正向混淆思维处理反向混淆案件的典型表现。

第二，可以采用商标许可使用费的合理倍数和法定赔偿额来确定损害赔偿责任。在反向混淆中，由于商标权人的损失是预期利益，在被告停止侵权后，基于商标所凝结能量的耗散性，只要经过一段时间，被告在商标上所凝结的能量将会逐渐散失，原告的这种预期利益损失就会逐渐得以恢复和弥补。因此，在不考虑原被告双方主观意图的情况下，判令被告停止侵权通常就已经可以较好地保护在先商标权人的利益，当然同时也可以视情况判令被告消除影响。同时，因为在先商标强度一般都比较小，其商标许可使用费不会太高，因此以商标许可使用费的合理倍数作为赔偿数额是合适的，并在合理倍数难以确定时，可以按照适当的、较低的法定赔偿额来确定损害赔偿责任。

五、反向混淆的法律责任不宜参照美国反向混淆高额赔偿标准

在美国反向混淆案件中，如本书第一章所述，侵权行为人的高销售额常常涉及大额损害赔偿金。在 Sands，Taylor & Wood Co. v.

[1] 广州市中级人民法院（2013）穗中法知民初字第 547 号民事判决书、广东省高级人民法院（2015）粤高法民三终字第 444 号民事判决书。

Quaker Oats Co. 案中，美国巡回上诉法院认为，在缺乏主观恶意的情况下，合理的判决应当准确地反映出在后商标使用人不当得利的程度与在先商标权被侵犯的权益。因此，原告常常收到的判决在于被告获利 10%～30% 的赔偿，这个损害赔偿对于原告而言可能大大超过其商标许可费。反向混淆案件中损害赔偿的性质使原告所冒诉讼风险很小，诉讼的预期价值被获得大额赔偿的机会所扭曲。该案是宗商标侵权大案，Sands，Taylor & Wood Co. 作为原告获得了大额赔偿。在商标反向混淆侵权案件中起诉的对象至少都是中等规模的公司，原告有望获得的赔偿数额是 1000 万美元，而一起商标侵权案的一般诉讼成本是 50.2 万美元。[1]

在美国的反向混淆侵权案件中，只要反向混淆成立，通常都会判决被告以高额的侵权损害赔偿责任，这是由美国侵权赔偿的惩罚性赔偿原则和传统所决定的。同时，有的美国法院对反向混淆侵权损害赔偿数额也在进行调整，以原告商标许可使用费或发布纠正广告的费用来作为被告侵权损害赔偿数额。而《中华人民共和国民法典》及《中华人民共和国商标法》所规定的侵权损害赔偿是填平原则，即以弥补原告所受损失为原则，因此不宜参照美国反向混淆侵权的高额损害赔偿。

第二节　商标反向混淆法律责任的确定

通过上述对商标反向混淆法律责任的分析，可以看出，商标反

[1] Sands，Taylor & Wood Co. v. Quaker Oats Co.，978 F.2d 947，957（7th cir.1992）.

向混淆的法律责任不应沿用正向混淆案件的思维处理，同时反向混淆法律责任的确定应当具有类案统一标准并应上升为法律规范。商标反向混淆侵权责任应当符合反向混淆案件的特点，遵循侵权损害填平原则，弥合其对社会的损害，在此基础上具体确定其法律责任的承担方式。具体而言，对于我国商标反向混淆侵权案件中被告应承担的法律责任，应当根据如下因素确定。

一、应当遵循侵权损害赔偿填平原则

填平原则是我国民事侵权损害赔偿的基本原则，《中华人民共和国民法典》第 1182 条、第 1184 条确定了这一基本原则，同时《中华人民共和国商标法》第 63 条规定的侵犯商标专用权的赔偿数额的确定方式也重申和贯彻了这一基本原则。填平原则是指，侵权人对被侵权人的损害赔偿额应当与被侵权人因侵权所受损失相当。确立填平原则的目的是防止当事人恶意以诉讼为手段进行营利性活动。

在商标反向混淆中，原告实际损失是一种未来市场地位和生存发展空间的丧失，是一种预期利益和未来利益的损失，这种损失更为隐蔽，无法量化，而且看起来并没有实际利益的损失，往往还伴有实际利益的增加。如果以原告实际损失来确定反向混淆侵权损害赔偿数额则根本无法实际执行，不具可操作性。所以，不应以原告实际损失为被告侵权赔偿数额，也不应以被告因侵权所获利益为被告侵权赔偿数额，因为被告并未如同正向混淆那样攀附、侵占原告商誉从而获取不正当利益，而是依靠自己提供的商品或服务质量水平和投入的宣传推广，通过自身辛勤的劳动投入来获取商业利益。

况且，由于案涉商标知名度不高，其使用的被控侵权商标在其所获利益中的贡献也很低，如果以正向混淆中被告因侵权所获利益作为赔偿数额，不但对被告极不公平，而且有可能被利用，作为投机者不劳而获、巧取豪夺、攫取他人劳动果实的工具，严重背离了通过鼓励诚信经营、诚实劳动为自己和社会创造财富的商标法宗旨。

更为关键的是，在商标反向混淆中，由于商标所凝结商誉、能量的耗散性，只要被告停止侵权和消除了影响，随着时间推移，原告所遭受的生存发展空间受到挤占的预期利益损失就会逐渐、自然得到恢复。

但是，在原告商标具有一定的知名度、影响力，以及被告属于恶意侵权的情况下，商标侵权人应当承担一定数额的损害赔偿，其具体赔偿数额可以是在先商标的商标许可使用费的倍数和较低的、适当的法定赔偿额。因为反向混淆中，在先商标强度一般都比较小，其商标许可使用费不会太高，以商标许可使用费的合理倍数作为赔偿数额是合适的，并在合理倍数难以确定时，可以按照适当的、较低的法定赔偿额来确定损害赔偿责任。

二、应当弥合其对社会造成的损害

商标反向混淆侵害了公平竞争的市场秩序，也增加了消费者的购物成本，不但对商标权人造成了损害，也对社会造成了损害。为了防止无序竞争和恶性竞争，商标法着力维护自由、正当和良性的市场秩序，即公平竞争的市场秩序，只有如此才能保障消费者的利益和促进经济社会的健康发展。为此，反向混淆侵权行为承担的法律责任应当能够弥合其对社会造成的损害。

有学者认为，在反向混淆案件中，在后商标使用人已经实现商标价值增值，如果简单禁止其使用商标有失公平，同时也会造成财产损失，不利于充分利用资源。[1]笔者认为该观点失之偏颇。一方面，禁止在后商标使用人继续使用并不有失公平，相反不禁止才有失公平。因为在后商标使用人未经许可，利用自身的强势地位和经济实力擅自使用他人注册商标，已经侵害了自由、正当和良性的市场竞争秩序。如果不加以制止，反而允许其在支付一定的许可费或赔偿金后继续使用，违背了在先商标权人的意愿，使其无法掌控自己的权利，无异于鼓励经济实力强大的市场主体只要支付一定费用就可以强行占有其他市场主体的财产，剥夺了其他市场主体发展壮大的机会，对于在先商标权人而言是极不公平的，对社会而言树立了不良导向，变相鼓励了恶性竞争和无序竞争，扰乱了公平竞争的市场秩序。另一方面，对于商标这种财产，禁止在后商标使用人继续使用并没有造成财产损失和资源浪费，商标的知名度和影响力同样可以为商标注册人享有，并消除消费者的混淆，降低其购物成本。在后商标使用人是违法实现商标价值增值，如果法律允许其继续使用，等于承认其造成的既成事实，相当于变相鼓励侵占他人权利造成既成事实然后就可以获得法律承认，这种处理方式不但对公平竞争的市场经济秩序的破坏极大，而且无可避免地在很长一段时

[1] 刘迪．浅析商标反向混淆的损害赔偿（下）［N］．中国工商时报，2015-07-02（3）．

间内会造成消费者混淆，增加其购物成本。因此只有通过禁止在后商标使用人继续使用才能维护公平竞争的市场秩序，减少消费者的混淆可能性和降低其购物成本，弥合反向混淆侵权行为对社会造成的损害。

三、合理确定法律责任承担的具体方式

综上，反向混淆案件中确定被告赔偿责任与正向混淆不同，需要考虑更多因素，并符合反向混淆案件法律责任的特殊性。应当确定反向混淆“以停止侵权行为和消除影响为主、以商标许可使用费适当倍数或较低法定赔偿额为辅”的侵权责任承担方式，具体针对不同情形，采用如下方式确定商标反向混淆的法律责任。对于在先商标为无强度商标的，如果最终判断存在反向混淆可能性，由于其商标并未凝结能量，应予以弱保护，即仅判决被告停止侵权即可有效弥补损失，不应判决被告承担损害赔偿责任。对于在先商标为有强度商标，才可以根据案件情况在判决停止侵权的同时判决承担损害赔偿责任。而且，不应以原告实际损失和被告因侵权所获利益作为侵权赔偿数额，应当根据原被告双方的主观过错，以在先商标的商标许可使用费的合理倍数或适当的法定赔偿数额为基准酌情增减赔偿数额，或者根据权利人制止侵权行为所支付的合理开支确定相应赔偿数额，同时可以根据案件情况要求被告消除影响或者发布纠正广告或承担纠正广告的费用。

有学者提出，对于反向混淆案件应当以调解处理为主，在调

解不成时根据“科斯定理”和“帕累托最优”的原理，从资源的最大化利用角度参照著作权法、专利法中强制许可制度的规定，直接判决被告支付原告相应商标许可使用费或赔偿金后，强制商标权人允许侵权人继续使用商标；或者根据具体案情在有的案件中判决强制允许继续使用。[1]对此，笔者认为不妥。第一，对于强调或突出“以调解方式为主来处理反向混淆案件”是一个伪命题，因为《中华人民共和国民事诉讼法》第 9 条明确规定，审理民事案件要在自愿基础上进行调解，而且在实务中法院也对所有民事案件都十分注重调解结案，而不仅是针对反向混淆案件。第二，对调解不成的，在任何情形下都不宜强制商标权人允许侵权人继续使用商标。先不谈商标法并没有规定强制许可制度，判决强制使用有违法之虞。一是商标权的私权属性更强，应当由当事人自行协商处理，其公共利益属性和对消费者的影响并不像著作权与专利权那么强，因为商标权在本质上是对商标所凝结和承载能量的保护，而商标所凝结能量具有耗散性的特点，如果不在商标上继续进行劳动投入和能量转化，随着时间的推移其能量就会逐渐退化和消散，商标就会自然淡出消费者和社会公众的意识。二是诚实信用是市场经济的帝王法则、是民法和商标法的基本原则，在商标侵权人违反诚实信用原则和商标法规定的情况下，还以法律经济学上的“科斯定理”和“帕累托最优”原理为由赋予其强制使用的权利，不但严重侵犯了商标权人的权利、侵犯了商

---

[1] 刘迪 . 浅析商标反向混淆的损害赔偿（下）[N]. 中国工商时报，2015-07-02（3）.

标权人的意思自治，更无异于鼓励违法、鼓励不诚信经营，切不可行。

小结

对于商标反向混淆侵权行为的法律责任问题，由于《中华人民共和国商标法》对商标混淆未作正向混淆和反向混淆的区分，在司法实践中，我国法院对商标反向混淆均以正向混淆侵权的法律责任承担方式来处理，由此导致处理结果不公平、不合理。“新百伦”“卡斯特”案的一审、二审判决结果就引起社会广泛讨论。“新百伦”案是一起典型的商标反向混淆侵权案件，广州市中级人民法院一审判决被告新百伦公司停止使用涉案标识，并赔偿其在被控侵权期间获利 1.958 亿元的一半即 9800 万元。广东省高级人民法院二审改判被告新百伦公司赔偿周某伦经济损失及合理开支共计 500 万元。“卡斯特”案与其类似，一审温州市中级人民法院判决被告卡思黛乐公司赔偿原告损失 3373.454626 万元，二审浙江省高级人民法院改判被告卡思黛乐公司赔偿原告损失 50 万元。

商标反向混淆案件被告承担的法律责任不同于正向混淆案件，有其特殊性。具体包括：一是反向混淆的法律责任需要考量原被告双方的主观意图；二是反向混淆的法律责任需要考量原被告双方的商标强度；三是反向混淆的法律责任需要与损害后果相适应；四是反向混淆的法律责任不宜参照美国反向混淆高额侵权赔偿。

对于我国商标反向混淆侵权案件中被告应当承担的法律责任，应当根据如下因素确定。一是确定反向混淆法律责任应当遵循侵权损害赔偿填平原则；二是确定反向混淆法律责任应当弥合其对社会造成的损害；三是对于反向混淆法律责任的具体承担方式，应当确定反向混淆的“以停止侵权行为和消除影响为主、以商标许可使用费适当倍数或较低法定赔偿额为辅”的侵权损害赔偿责任承担方式，具体针对不同情形侧重于不同的侵权责任。

第六章　商标反向混淆的制度构建

商标反向混淆是一种新型的商标侵权行为，具有有别于正向混淆或者说一般混淆的很大的特殊性，如果沿用正向混淆思维处理反向混淆问题，将会得出不公平、不合理的结论和判决结果。同时，为了统一这类侵权行为的裁判标准，稳定社会预期，更好地促进经济社会发展，有必要通过制度构建对商标反向混淆问题予以规制，以更好地指导商标司法实践。

第一节　商标反向混淆制度构建的指导思想

一、应当根据我国现行商标法立法实际制定相应司法解释

现行《中华人民共和国商标法》（2019）第 57 条规定的商标侵权行为包括“未经许可、在相同商品或服务上使用相同商标”“未经许可、在相同商品或服务上使用近似商标容易导致混淆的”“在类似商品上使用相同或近似商标容易导致混淆的”三种情形。其中第一种情形虽未明确规定需要具有混淆可能性，但该条契合了《与贸易有关的知识产权协议协定》第 16 条的规定“如果将相同标识

用于相同商品或服务，就应推定具有混淆可能性”，因此该种情形下法律直接推定具有混淆可能性，就包括了正向混淆和反向混淆两种混淆可能性在内。第二种和第三种情形明确规定了“容易导致混淆”这种混淆可能性标准，既包括了容易导致相关公众误认为在后商标所指代的商品或服务来源于在先商标权人，又包括了容易导致相关公众误认为在先商标所指代的商品或服务来源于在后商标使用人，即包括正向混淆和反向混淆。因此，这三种情形中既包括正向混淆又包括反向混淆，并未限定必须是在先商标强度大于在后商标才构成商标侵权，也未否定和排除反向混淆构成商标侵权行为。所以，商标反向混淆构成商标侵权在我国现行商标法立法上不存在障碍。既然商标法中并未排除商标反向混淆，也就是说我国现行商标法立法中已经包括商标反向混淆侵权行为，当然也就不必在商标法立法中再专门拟定条文规定商标反向混淆问题。反向混淆存在的问题是司法实践处理不明确、不具体，与正向混淆问题混同。因此，建议最高人民法院对《最高人民法院关于审理商标民事纠纷案件适用法律若干问题的解释》进行相应修订，或者制定司法解释（二）对司法实践中的新问题，包括反向混淆问题在内予以规范。

与我国商标法立法类似，美国也仅是在《兰哈姆法》第 32 条中规定，对于“极有可能发生的混淆、误导或者欺骗消费者的行为”，就构成商标侵权，没有对混淆可能性作出正向混淆和反向混淆的区分[1]，即反向混淆也包含在其法律规制范围之内。美国法院是

[1] PATTISHALL B W.The Lanham Trademark Act：Its Impact over Four Decades［J］.The Trademark Reporter，1986，76：193.

在司法实践中确立了反向混淆规则，我国当然也可以在司法解释中确立规制反向混淆的具体规则。

二、需要尊重和保护注册商标的生存发展空间

如上文所述，虽然反向混淆中在先商标强度弱于在后商标使用人使用的商标，在后商标使用人没有攀附在先商标、侵占在先商标商誉的主观意图，但侵害了注册商标的生存发展空间。商标注册制度本身就是一种法律拟制和假定，拟制和假定符合一定条件的商标已经或者将要凝结商誉和能量从而加以保护，其目的在于便利权利行使和提高运行效率，权利人通过注册登记就可以取得注册商标专用权，使权利归属明确清晰，有利于商标注册人迅速投入生产经营活动，全力开发商标品牌，同时也便于生产经营者筛选和确定商标，提高效率，降低社会成本。而如果没有商标注册制度，任何商标都需要经实际使用并产生、凝结商誉和能量之后才能受到法律保护，虽然符合商标的功能和实际，但在当代众多的商品和服务种类、频繁密集的交易活动、发达的商品经济条件下，必然导致无法确定在先商标权人、无法清晰区分商品或服务的来源、无法高效解决纠纷、无法保障商品经济顺利运转。因此，法律必须通过商标注册制度，通过法律的拟制和假定来赋予注册商标专用权。

而一旦商标被赋予注册商标专用权之后，无论该商标是否已经实际凝结商誉、能量，法律均假定其将要凝结商誉、能量，给予其一定的时间来通过实际使用而凝结商誉、能量，并对其予以保护。而反向混淆虽然没有侵占、攀附在先商标的商誉和通过“搭便车”

来扩大自己的销量，但却通过其饱和式的商标使用行为，形成商标能量圈的反向覆盖，导致混淆，割裂在先商标与其商标注册人之间的联系，挤占在先商标的生存和发展空间，使其发展利益受损。因此，我国商标反向混淆立法需要通过规制反向混淆、通过立法禁止其继续使用来保护在先商标的生存发展利益，从而保护注册商标专用权。

三、需要加强对商标使用的保护

尽管我们需要通过立法规制反向混淆，以保护在先商标的生存发展空间。对于反向混淆中在先商标的注册商标专用权而言，如果商标没有经过实际使用、没有凝结和承载一定的商誉和能量，则其终究还只是一种法律的拟制和假定，如果在法定的期间未经实际使用还有被撤销的可能。

实际上，商标权的真正来源是商标使用。因为商标的本质是凝结和承载商标使用人通过对商标所指代的商品或服务投入劳动转化而来的商誉、能量，而不是对构成商标的标记或标记组合的保护。未经使用的单纯的商标标记或标记组合在法律上并无多大意义，商标只有经过商标所有人的使用，才会通过其劳动投入、做功转化凝结一定的能量，才能受到法律的保护，取得商标权。因此，商标权使用取得制度符合商标的实质，曾经在商品经济发展初期受到普遍青睐和广泛采纳，曾经是商标权产生的唯一依据。但是，商标权使用取得制度致命的缺点在于实践运行的困境。在生产和交换规模还比较狭小、范围比较有限的情况下，商标权使用取得制度具有可操作性。随着商品数量和品种的日益丰富、流通范围的持续扩大，通过在市场中观察和寻找发现商标的在先使用人，以筛选商标避免混同的做法因成本太高、效率太低，已变得越来越困难、越来越不现实了，还会导致商标混同问题频出、矛盾冲突频发，致使商标权人在诉讼中维护自己合法权利时举证艰难，难以证明。现在，几乎已经没有国家采取完全的商标使用取得制度了。美国、加拿大等英美法系国家也在坚持商标使用取得的前提下引入了商标注册制度。即便如此，由于商标权使用取得制度符合商标的实质，所以在当代实行商标注册制度的国家仍然非常注重商标的使用。

因此，反向混淆中，由于在先商标强度不大、使用程度普遍较弱，商标侵权人承担的法律责任与正向混淆不同，不宜以商标侵权人获利来作为侵权赔偿金额。

四、需要维护公平竞争的市场秩序

完善我国商标反向混淆立法除了需要保护商标权人利益之外，还需要通过立法规制反向混淆来维护公平竞争的市场秩序。在激烈的市场竞争中，需要法律对竞争秩序予以维护，使每一家企业、每一个市场主体都能在公平的市场规则的指引下通过诚信经营、踏实劳动而发展壮大。如果不通过法律禁止反向混淆，则意味着起步较晚、目前实力比较弱小的市场主体的商标生存及发展的权利会被起步较早、目前实力强大的市场主体任意抢占和掠夺。这不但是对商标注册人个体权利的侵害，会导致消费者发生混淆而增加购物成本和降低运行效率，而且是对整个社会公平竞争的市场秩序的侵害，最终导致社会的无序竞争、弱肉强食，经济社会处于被垄断之下，社会缺乏创造发展活力，损害整个社会和消费者的利益。因此，需要对我国商标反向混淆问题予以制度规制。

第二节　商标反向混淆基本问题的立法完善

商标在本质上是能量的载体，商标权在本质上是法律对商标所凝结和承载能量的保护，换言之，商标在本质上是一种凝结和承载能量的标记或标记组合，商标标记或标记组合仅为商标凝结和承载能量的载体，商标权并非法律对其标记或标记组合本身的保护。因此，商标权的取得就需要以其获得或者将要获得能量为基础，舍此则商标权就没有值得法律保护的基础。所以，在商标法立法中应当贯穿并体现这一立法指导思想，否则就会舍本逐末，产生偏差，催生诸多实践问题，如助长囤积投机、抢占商标资源，催生垃圾商标，产生商标暗礁丛林，妨碍正常使用等。

由于商标凝结商誉仅是一种现象，商标在本质上凝结的是能量而不是商誉，而且商誉财产权理论因存在的诸多理论障碍在西方已经遭到抛弃，我们没有必要在权利类别中再设定一个商誉权。对于经营者所提供商品或服务的商誉当然应当保护，但保护的方式适宜作为一种法益直接予以规范，不必上升到设定一类专门权利的层面，所以也就不必在商标法中专门设立一种所谓的“商誉权”。

如果把商标比喻成一张可以辐射能量的芯片，那么商标权人的专用权就是芯片本身，禁用权就包括了这张芯片和其所辐射的能量。专用权指商标权人只有权利使用芯片本身，即以核准注册的商标和核定使用的商品为限；禁用权则禁止他人未经许可使用这张芯片和其所辐射的能量，即禁止他人未经许可在相同或类似商品上使用相同或类似商标。这是对于普通商标而言的，对于驰名商标，由于其能量巨大、辐射力强，其能量圈还可以覆盖到不相同或不相类似商品中去，即驰名商标的“跨类保护”。现行《中华人民共和国商标法》中设置商标专用权，明确划定商标权的使用范围，而同时划定他人未经许可不得使用，即禁用权的范围是合理的，应予以延续。具体立法完善内容包括以下方面。

第一，建议在第22条第2款之下增加一款：“尚未实际使用该商标的申请人，应提交真诚使用该商标的声明。”对于商标申请人提交真诚使用该商标的声明，仅具形式意义，并不具有实际效用，但这样的声明同样具有价值。之所以进行这样的规定，目的在于促使商标申请人明确表明其申请商标的目的是真诚使用商标，而不是圈占投机的态度，同时在商标法立法中确立商标权“注册+使用”制度的立法指导思想，便于跟之后的制度设计衔接配套，也便于运用诚实信用原则来处理抢占商标资源、囤积投机的问题，而并不在于寄希望于仅单凭该规定发挥实际作用。

第二，建议将第64条“请求赔偿”修改为“提起商标侵权诉讼”，“可以”修改为“应当”，“不承担赔偿责任”修改为“不承担侵权责任”，删除“也不能证明因侵权行为受到其他损失的”。[1]之

---

[1] 《中华人民共和国商标法》第64条修改为：“注册商标专用权人提起商标侵权诉讼，被控侵权人以注册商标专用权人未使用注册商标提出抗辩的，人民法院应当要求注册商标专用权人提供此前三年内实际使用该注册商标的证据。如果注册商标专用权人不能证明此前三年内实际使用过该注册商标，被控侵权人不承担侵权责任。”

所以这样修改，是因为商标只有通过使用才能凝结能量，商标权在本质上是对商标所凝结能量的保护，未经使用的商标即使已经注册也不能成为商标法意义上的商标，商标注册仅是一种法律拟制行为和获得商标权的形式要件，如果仅规定为不承担赔偿责任，则还是认为该注册商标有效，只是不赔偿而已，意味着真诚使用的商标可能被停止使用，不能起到对抗和消除垃圾商标、打击商标圈占投机行为的效果，所以应直接规定为不承担侵权责任。同时，直接规定为不承担侵权责任，就在事实上否定了不使用者的注册商标专用权，便于当事人依据《中华人民共和国商标法》第 49 条的规定，以“连续三年不使用”为由申请撤销该商标，同时也与《中华人民共和国商标法》第 49 条的规定相衔接与配套。

此外，《中华人民共和国商标法》中并未作出正向混淆与反向混淆的区分。而从美国的立法来看，也仅是在《兰哈姆法》第 32 条中规定，对于“极有可能发生的混淆、误导或者欺骗消费者的行为”，就构成商标侵权，并未在立法中明确什么正向混淆、反向混淆、售前混淆和售后混淆，而其对反向混淆规则的确立都是在司法实践中完成的。我国可以借鉴这一立法思路在司法解释中对商标反向混淆的概念和类型作出规范：《中华人民共和国商标法》第 57 条第 1 款第（一）项、第（二）项规定的侵犯注册商标专用权行为的情形包括反向混淆。反向混淆，是指由于在后商标使用人的商标使用行为，致使相关公众容易误认为在先商标所指代的商品或服务来源于在后商标使用人，或者与在后商标使用人具有附属、赞助、许可等关联关系的一种特殊混淆可能性类型。

第三节　商标反向混淆司法处理的完善措施

根据我国的国情，在具体适用法律过程中最高人民法院的司法解释对解决实践问题发挥着至关重要的作用，同时相关司法解释经过实践检验取得良好效果之后还可以被吸纳入法律规范之中。因此，从这个意义上讲，对一些实践问题作出司法解释也是完善立法、弥补法律漏洞的一项重要举措。

商标反向混淆参照的是商标正向混淆。关于商标正向混淆，问题的关键在于商标正向混淆的类型界定与判定方法。我国商标法立法中并未明确商标正向混淆的判断方法，也没有作出正向混淆与反向混淆的区分。目前，商标国际司法实践中已经引入了消费者调查法与多因素检测法。对于多因素检测法，当前我国最高人民法院的司法解释中已经引入运用该方法来处理商标正向混淆问题。例如，《最高人民法院关于审理商标授权确权行政案件若干问题的规定》第 12 条、第 13 条对有关未注册驰名商标和驰名商标混淆可能性的判定时明确规定，应当综合考虑商标标志近似程度、商品类似程度、被保护商标的显著性和知名度、相关公众的注意程度、商标申请人的主观意图、实际混淆的证据这些因素。但是，2002 年《最高人民法院关于审理商标民事纠纷的案件适用法律的若干问题的解释》中并未明确规定多因素检测法，同时也没有引入消费者调查法。北京市高级人民法院 2014 年颁布的《关于商标授权确权行政案件的审理指南》第 13 条规定，消费者调查法获取的结论在符合一定条件下可以作为证据使用。

就我国经济社会发展的现状而言，消费者调查法获取的结论要具有较高的可信度还需要一个过程。如果消费者调查法获取的结论能够满足广度、深度和精度的要求，同时消费者调查的指向也更加科学，并不是仅直接提供一个混淆可能性的数据，而是提供影响混淆可能性各因素的数据，如消费者调查得到的商标强度的数据、消费者对商标近似性认识的数据、对商品类似性认识的数据、实际混淆的数据、消费者注意程度的数据等，也就是消费者调查法与多因素检测法能够更紧密地契合在一起，其可信度将大大提高，那么消费者调查结论可以作为混淆可能性认定的参考。同时，多因素检测法中的6种因素已经引入我国商标行政授权确权司法解释中，也应当在商标民事侵权纠纷司法解释中予以纳入，并应明确运用的方法步骤。为此，我国最高人民法院可以在时机成熟的时候出台司法解释，对消费者调查法、商标混淆可能性的具体类型、商标混淆可能性的认定方法作出规定。

一、关于消费者调查法的制度构建

由于现阶段消费者调查法取得的结果还难以令人信服，司法实践中法院采纳的也极少，这既有消费者调查法本身的原因，也有我国经济社会发展阶段的外部原因。但是，消费者调查法仍然不失为一种从侧面探查消费者内心真实认知状态的良好方法，因此，虽然现阶段不宜在我国司法实践中立即引入消费者调查法来考察商标混淆可能性问题，但也应在经济社会发展到相应程度，消费者调查法本身也越来越成熟的时候将其纳入司法实践认可的视野之中。建议适当时在司法解释中规定：在具体认定混淆可能性过程中，消费者调查结论可以作为证据使用，但应当满足调查对象适格、调查方法科学和调查内容规范的要求。调查对象适格是指调查的对象应当是商品或服务所针对、指向的消费者群体或相关公众，调查方法科学是指所采取的调查方法要能够科学地反映出相关消费者群体或社会公众对商标的总体认知情况，调查内容规范是指调查问卷设计与待证事实具有紧密逻辑联系，且能够得到核实。

二、关于商标混淆可能性判定的制度构建

关于商标混淆可能性的判定方法，《中华人民共和国商标法》中并未规定，只规定“未经商标注册人的许可，在同一种商品上使用与其注册商标近似的商标，或者在类似商品上使用与其注册商标相同或者近似的商标，容易导致混淆的”构成商标侵权。《最高人民法院关于审理商标民事纠纷案件适用法律若干问题的解释》规定用隔离状态下的整体观察法与局部观察法相结合来判断商标近似问题，在《最高人民法院关于审理商标授权确权行政案件若干问题的规定》中引入多因素检测法判断混淆可能性问题，对于指导司法实践具有重要价值。但是，如前所述，实践中还存在商标侵权判定究竟应当如何考量影响商标混淆可能性的多种因素、诸因素之间是否相互影响，以及采取何种步骤来分析这些因素，抑或不需要任何步骤这些问题。前文已经详细分析了影响商标混淆可能性的多因素所发挥的作用，以及各因素相互之间的影响，此处不赘述。

为了有效解决商标混淆可能性判定中存在的主观性、随意性过

强的问题，进一步增强判断的规范性和准确性，建议在司法解释中规定商标混淆可能性的具体认定可以采用下列方法。

在具体认定商标混淆时应当遵循以下步骤。第一步，判断商标强度。可分为极强商标（驰名商标）、高强度商标、一般强度商标和无强度商标四类。第二步，判断商标近似性。确定商标近似性应当在确定商标标记近似程度的基础之上结合商标强度来进行。商标标记近似程度可划分为高度近似标记、一般近似标记、低度近似标记和不近似标记。第三步，判断商品或服务的类似程度。商标强度对于商品或服务的类似程度具有影响，商品或服务的类似程度划分为高度类似商品或服务、一般类似商品或服务、低度类似商品或服务和不类似商品或服务，在此基础上初步判断是否存在混淆可能性。第四步，根据案件具体情况考虑消费者注意程度和实际混淆因素，在此基础上最终判断是否存在混淆可能性。被告主观意图可以作为判断混淆可能性大小的参考，以及作为确定损害赔偿责任时的考虑因素。

三、关于商标反向混淆司法处理的制度构建

为了解决我国当前商标法立法与司法解释中未涉及反向混淆，导致司法适用中存在混淆标准不明确、不统一，损害赔偿数额确定不合理的问题，为进一步规范处理反向混淆案件，建议司法解释中对反向混淆问题作出如下或类似的规定。

处理反向混淆案件应当遵循以下顺序：第一步，判断混淆方向和商标强度。在先商标可划分为有强度商标和无强度商标，在后

商标可划分为高强度商标和一般强度商标。第二步，判断商标近似性。商标标记近似程度可划分为高度近似标记、一般近似标记、低度近似标记和不近似标记，结合在先商标为有强度商标和无强度商标来综合判断商标近似性。第三步，判断商品或服务的类似性。商品或服务的类似程度可划分为高度类似商品或服务、一般类似商品或服务、低度类似商品或服务和不类似商品或服务，结合在先商标为有强度商标和无强度商标来综合判断商品或服务的类似性，在此基础上得出是否存在反向混淆的初步判断。第四步，考虑相关次要因素，包括实际混淆、原被告主观意图，在此基础上得出是否存在反向混淆的最终判断。

建议司法解释对于反向混淆侵权应当承担的法律责任规定如下：对于商标反向混淆侵权行为，应当贯彻“以停止侵权行为和消除影响为主、以商标许可使用费适当倍数或较低法定赔偿额为辅”的原则，对于需要承担损害赔偿责任的，综合考虑原被告双方的主观过错和商标强度，以在先商标的商标许可使用费的合理倍数或者适当的法定赔偿数额为基准进行酌情增减。

小结

从商标反向混淆角度看我国商标法制度构建，主要涉及商标反向混淆制度构建的总体思路和目标、商标反向混淆的基本问题与制度构建、商标反向混淆司法处理与制度构建三方面的问题。我国商标反向混淆制度构建的总体思路和目标，一是应当立足于我国现行商标法立法实际制定司法解释规制反向混淆问题，二是完善我国商标反向混淆立法需要尊重和保护注册商标的生存发展空间，三是完善我国商标反向混淆立法需要加强对商标使用的保护，四是完善我国商标反向混淆立法需要维护公平竞争的市场秩序。在关于商标反向混淆基本问题的制度构建方面，主要立足于商标的本质是一种凝结和承载能量的标记或标记组合，商标权的本质是法律对商标所凝结和承载能量的保护。因此，商标立法中应当自始至终贯穿这一立法指导思想。相应地，就应对《中华人民共和国商标法》中一些与此立法指导思想相悖的法律条文加以修改、完善，包括第 22 条、第 64 条，并应由最高人民法院制定司法解释，明确商标反向混淆的概念和类型。在关于商标反向混淆司法处理的制度构建方面，应当借鉴国际司法实践经验，同时结合我国国情，主要是最高人民法院应该对商标混淆可能性判定的多因素检测法、消费者调查法及商标混淆可能性的判定方法等制定司法解释，对这些问题予以明确规范，在条件成熟之后再纳入商标法立法之中，同时规定商标反向混淆的判定方法和法律责任。

第七章 结 语

商标反向混淆是商标混淆中的一种特殊类型和新类型，同时也是商标侵权中的一种特殊类型和新类型，在商标法范畴中具有很大的争议性、模糊性和不确定性，存在很大的可探讨空间，国内外学者对此均有一定的研究，形成了较为丰硕的理论研究成果。商标反向混淆与商标正向混淆存在千丝万缕的关联，讨论商标反向混淆问题，必然要先行探讨商标正向混淆问题，即一般商标混淆可能性问题。商标正向混淆问题本身也是一个极具争议性的问题，国内外许多学者对于这一问题的研究成果也颇为丰富，但依然存在诸多模糊地带，仍需要进一步研究与探讨。研究商标反向混淆问题，不能就事论事，就反向混淆谈反向混淆，而应当紧密联系商标正向混淆问题，否则就会陷入“盲人摸象”“只见树木不见森林”的误区，难以全面、准确、客观和深入地把握问题的实质和核心。

而且，无论是探讨商标反向混淆，还是探讨商标正向混淆，都必须紧紧围绕商标来展开和推进，舍此便是无本之木、无源之水。必须明确和探讨商标的本质、商标权的本质及商标的功能，这样才能进一步明确和探讨商标混淆可能性的本质、商标反向混淆的本质、商标混淆的类型，以及商标混淆类型与商标功能的关系，从而在此基础上进行制度设计和完善，以契合商标的基本原理和规律，更好地适应和规范、指导商标的实践应用，从而更充分地发挥商标的作用，更好地为经济社会发展服务。

正如本书所指出的，商标从表面上看是一种标记或标记组合，或者说是一种凝结和承载商誉的标记或标记组合，或者说是一种符号；但从本质上看是一种凝结和承载能量的标记或标记组合，或者说是一种凝结和承载能量的符号，商标权的本质是法律对商标所凝结和承载能量的保护，而并非对商标标记或标记组合的保护。商标所凝结的能量具有守恒性、转化性、辐射性、耗散性、正负性和无形性六个方面的特点。商标所凝结能量的守恒性特点决定了其能量总体上与大自然的能量是守恒的，转化性特点决定了其能量是由人类社会其他形式的能量转化而来的，辐射性特点决定了其能量不断向外传递和放射，耗散性特点决定了其能量如果不能得到持续补充将会逐渐消失和耗尽，正负性特点决定了其能量有正向能量和负向能量之分，无形性特点决定了其对人们心理活动的影响无法探测检验出来。商标所凝结能量六个方面的特点彼此紧密联系、相互依存。正是商标所凝结和承载的能量具有这六个方面的特点，决定了商标所具有的四个功能及商标之所以成其为商标。

商标的基本功能是标示来源，对此功能进行侵害的商标混淆类型是来源混淆；商标的派生功能之一是质量保障，对此进行功能侵害的商标混淆类型是关联混淆；商标的派生功能之二是广告宣传，对此功能进行侵害的商标混淆类型是售前混淆；商标的派生功能之三是彰显品位，对此功能进行侵害的商标混淆类型是售后混淆。而商标反向混淆是商标混淆中的一种特殊类型。

由于商标在本质上是凝结和承载能量的标记或标记组合，而其所承载的能量又具有辐射性的特点，因此，围绕着商标必然存在一个商标能量圈。基于对商标本质的认识，就可以得出对商标混淆与商标反向混淆的本质的认识。商标混淆，在本质上是商标能量圈交叉、重叠或者覆盖的可能性；商标反向混淆，在本质上是商标能量圈反向交叉、反向重叠或者反向覆盖的可能性。因此，影响商标正向混淆、商标反向混淆因素就包括以下四个。第一，商标强度，决定商标能量圈的范围、幅度和大小；第二，商标标记近似程度，决定是否容易被商标能量圈所重叠或覆盖；第三，商品或服务类似程度，决定了其商标在消费者心目中的心理距离；第四，消费者主观因素及商标侵权行为人的主观因素等。而判定商标正向混淆与反向混淆的方法和步骤就应当围绕这些因素展开。

本书对商标反向混淆的研究，所采取的思维路径是从商标反向混淆的发展历程研究商标反向混淆的基本范畴，剖析商标反向混淆的类型和特征，解析商标反向混淆的性质，分析商标反向混淆的判定方法和法律责任，最后从商标反向混淆看完善我国商标法制度构建。在商标反向混淆的基本范畴和性质探析部分，主要深入探讨了商标的本质问题，商标反向混淆的本质问题，商标反向混淆为什么构成商标侵权，商标反向混淆概念、特征和类型；在商标反向混淆判定方法部分，探讨了商标正向混淆判定和商标反向混淆判定的“五步法”；在完善我国商标法制度构建部分，从商标法的修改完善和商标法司法解释的层面分别提出了相关建议。这些研究结论还有待于进一步探讨，本书仅抛砖引玉。

参考文献

一、中文文献

（一）著作类

[1]列宁 . 列宁全集：第 38 卷［M］. 中共中央马克思恩格斯列宁斯大林著作编译局，译 . 北京：人民出版社，1986.

[2]洛克 . 政府论（下）［M］. 叶启芳，瞿菊农，译 . 北京：商务印书馆，1997.

[3]卡尔·马克思 . 资本论：第 1 卷［M］. 中共中央马克思恩格斯列宁斯大林著作编译局，译 . 北京：人民出版社，2004.

[4]张耕 . 知识产权民事诉讼研究［M］. 北京：法律出版社，2004.

[5]卡尔·马克思 . 资本论［M］. 曾令先，卞彬，金永，译 . 北京：人民日报出版社，2006.

[6]戴维·迈尔斯 . 心理学［M］. 黄希庭，等译 . 北京：人民邮电出版社，2006.

[7]彭学龙 . 商标法的符号学分析［M］. 北京：法律出版社，2007.

[8]邓宏光 . 商标法的理论基础［M］. 北京：法律出版社，2008.

[9]魏森 . 商标侵权认定标准研究［M］. 北京：中国社会科学出版社，2008.

[10]汪渊智.侵权责任法学［M］.北京：法律出版社，2008.
[11]郑其斌.论商标权的本质［M］.北京：人民法院出版社，2009.
[12]洪远朋.通俗《资本论》［M］.上海：上海科学技术文献出版社，2009.
[13]李亮.商标侵权认定［M］.北京：中国检察出版社，2009.
[14]孔祥俊.商标与反不正当竞争法原理与判例［M］.北京：法律出版社，2009.
[15]张玉敏.知识产权法学［M］.北京：法律出版社，2011.
[16]李小武.商标反淡化研究［M］.杭州：浙江大学出版社，2011.
[17]杜颖.社会进步与商标观念：商标法律制度的过去、现在和未来［M］.北京：北京大学出版社，2012.
[18]亚伯拉罕·马斯洛.动机与人格［M］.3版.许金声，等译.北京：中国人民大学出版社，2012.
[19]王莲峰.商标法学［M］.北京：北京大学出版社，2014.
[20]李阁霞.论商标与商誉［M］.北京：知识产权出版社，2014.
[21]刘家期.商标侵权认定法律问题研究［M］.北京：知识产权出版社，2014.
[22]吴汉东.知识产权法［M］.北京：法律出版社，2014.
[23]卡尔·马克思，弗里德里希·恩格斯.马克思恩格斯全集：第26卷［M］.中共中央马克思恩格斯列宁斯大林著作编译局，译.北京：人民出版社，2014.
[24]李明德.美国知识产权法［M］.北京：法律出版社，2014.
[25]杰里米·菲利普斯.商标法：实证性分析［M］.马强，译.北

京：中国人民大学出版社，2014.
[26]黄晖．商标法[M].2版．北京：法律出版社，2016.
[27]李雨峰．侵害商标权判定标准研究[M]．北京：知识产权出版社，2016.

（二）论文类

[28]梁上上．论商誉和商誉权[J]．法学研究，1993（5）：38-44.
[29]吴汉东．论商誉权[J]．中国法学，2001（3）：91-98.
[30]王太平．狭义相对论与商标保护理论[J]．电子知识产权，2005（1）：11-14.
[31]杨柳，郑友德．从美国Moseley案看商标淡化的界定[J]．知识产权，2005（1）：58-62.
[32]李明德．中日驰名商标保护比较研究[J]．环球法律评论，2007（5）：78-95.
[33]杜颖．商标淡化理论及其应用[J]．法学研究，2007（6）：44-54.
[34]冯跃芳，冯潇．论商誉权[J]．知识经济，2007（8）：174-175.
[35]夏君丽．关于驰名商标司法保护价值取向及制度设置的思考[J]．法律适用，2007（12）：2-8.
[36]李友根．"淡化理论"在商标案件裁判中的影响分析——对100份驰名商标案件判决书的整理与研究[J]．法商研究，2008（3）：134-145.
[37]黄汇．售前混淆之批判和售后混淆之证成——兼谈我国《商标

法》的第三次修改［J］. 电子知识产权，2008（6）：11–13.
［38］邓宏光 . 我们凭什么取得商标权——商标权取得模式的中间道路［J］. 环球法律评论，2009（5）：55–61.
［39］邓宏光 . 论商标侵权的判断标准——兼论《中华人民共和国商标法》第 52 条的修改［J］. 法商研究，2010（1）：46–53.
［40］邓宏光 . 我国驰名商标反淡化制度应当缓行［J］. 法学，2010（2）：97–105.
［41］李雨峰 . 重塑侵害商标权的认定标准［J］. 现代法学，2010（6）：44–55.
［42］宋建宝 . 论商标权的本质及其异化［J］. 知识产权，2011（1）：77–81.
［43］任燕 . 论驰名商标淡化与反淡化措施——再谈我国驰名商标保护的立法完善［J］. 河北法学，2011（11）：51–57.
［44］谭平 . 商标淡化的法律问题研究［J］. 吉林省教育学报，2012（9）：133–134.
［45］肖乾利，丁雷 . 论驰名商标淡化行为的法律规制［J］. 延边大学学报（社会科学版），2013（4）：133–139.
［46］王太平 . 商标侵权的判断标准：相似性与混淆可能性之关系［J］. 法学研究，2014（6）：162–180.
［47］姚鹤徽 . 商标法售后混淆规则适用范围之反思与界定［J］. 东方法学，2016（2）：23–31.
［48］毕文轩 . 商标反向混淆类案件实证研究——以 51 例判决分析为视角（上）［J］. 中华商标，2016（8）：86–90.
［49］邓宏光 . 商标反向混淆的司法应对［J］. 人民司法，2017（10）：

16–21.
[50] 王轶凯，陈淑薪 . 商标侵权判定中相似性与混淆可能性的关系——以“农华”商标争议行政诉讼案为例 [J]. 中华商标，2017（11）：93–96.

（三）学位论文类

[51] 秦洁 . 商标淡化研究 [D]. 重庆：西南政法大学，2012.
[52] 戴彬 . 论商标权的取得与消灭 [D]. 上海：华东政法大学，2013.
[53] 许梅珍 . 商标延伸注册问题研究 [D]. 上海：华东政法大学，2016.

（四）报纸类

[54] 祝文明 . 刘翔能否跨过“刘翔牌”这道栏 [N]. 中国知识产权报，2012–12–05（9）.
[55] 潘伟 . 基础商标与在后商标的延续性问题——评析广州居信贸易有限公司诉商标评审委员会、红蜻蜓集团有限公司商标异议复审行政案 [N]. 中国知识产权报，2014–02–28（7）.
[56] 孔庆兵 . 商誉延续对商标可注册性的影响——评析广西三品王餐饮管理有限公司诉商标评审委员会商标申请驳回复审行政案 [N]. 中国知识产权报，2015–10–23（7）.
[57] 王国浩 .“皖酒王”与“徽皖酒王”之争一波三折 [N]. 中国知识产权报，2016–08–05（5）.

二、英文文献

（一）著作类

[58]PAUL A C.The Law of Trademarks, Including Tradenames and Unfair Competition [M].St. Paul: Webb Publishing Co. Press, 1903.

[59]NIMS H D.The Law of Unfair Competition and Trademark [M].2nd ed.New York: Nabu Press, 1917.

[60]MCCARTHY J T.McCarthy on Trademarks and Unfair Competition [M].4th ed.New York: Clark Boardman Callaghan, 2010.

[61]DINWOODIE G B, JANIS M D.Trademark Law and Theory [M]. Cheltenham: Edward Elgar Publishing Limited, 2008.

[62]KIRKATRICK R L. Likelihood of Confusion in Trademark Law [M]. New York: Practising Law Institute, 2010.

（二）论文类

[63]SCHECHTER F I.The Rational Basis of Trademark Protection [J]. Harvard Law Review, 1927, 40: 813-833.

[64]COHEN F.Transcendental Nonsense and the Functional Approach [J].Columbia Law Review, 1935, 35 : 809-849.

[65]DIAMOND S A.The Historical Development of Trademarks [J]. Trademark Reporter, 1983, 73: 222-274.

[66]PATTISHALL B W.The Lanham Trademark Act: Its Impact over

Four Decades [J] .The Trademark Reporter, 1986, 76: 193-223.

[67] SERAD S L.One Year After Dilution' s Entry Into Federal Trademark Law [J] .Wake Forest L. Rev, 1997, 32: 215-223.

[68] HUGHES J.The Philosophy of Intellectual Property [M] . Georgetown Law Journal, 1988, 77: 287-380.

[69] DOMENICO D D.Mark Madness: How Brent Musburger and The Miracle Bra May Haveled to a More Equitable and Efficient Understanding of the Reverse Confusion Doctrine in Trademark Law [M] .The Virginia Law Review, 2000, 86 (3): 597-647.

[70] EDELMAN S.Failure To Conduct a Survey In Trademark Infringment Cases: A Critique of The Adverse Inference [J] .Trademark Rep., 2000, 90: 746-769.

[71] FELDMAN J R.Reverse Confusion in Trademarks: Balancing the Interests of the Public, the Trademark Owner, and the Infringer [J]. Journal of Technology Law & Policy Journal of Technology Law & Policy , 2003, 8 (2): 163-178.

[72] SCHOLER L L.Righting the Wrong in Reverse Confusion [J] . Hastings Law Journal, 2004, 55 (3): 737-758.

[73] BEEBE B.The Semiotic Analysis of Trademark Law [J] .UCLA Law Review, 2004, 51 (3): 621-704.

[74] BARTOW A.Likelihood of Confusion [J] .SAN DIEGO LAW REVIEW , 2004, 41: 721-818.

[75] GRYNBERG M.The Road Not Taken: Initial Interest Confusion,

Consumer Search Costs, and the Challenge of the Internet [J] . Seattle University Law Review, 2004, 28: 97–144.

[76] MCCARTHY J T..Proving a Trademark Has Been Diluted: Theories or Facts? [J] .Houston Law Review, 2004, 41: 713–747.

[77] FLETCHER A L.The Curious Doctrine of Reverse Confusion–Getting it Right In Reverse [J] .The Trademark Reporter, 2005, 95 (6): 1273–1307.

[78] BARRETT M.Internet Trademark Suits and the Demise of "Trademark use" [J] .University of California at Davis Law Review, 2006, 39: 371–457.

[79] BONE R G.Hunting Goodwill: A History of the Concept of Goodwill in Trademark Law [J] .Boston University Law Review, 2006, 86: 547–622.

[80] BEEBE B.An Empirical Study of the Multifactor Tests for Trademark Infringement [J] .California Law Review, 2006, 94 (6): 1581–1654.

[81] LEE T R, CHRISTENSEN G L, DEROSIA E D.Trademark, Consumer Psychology, and the Sophisticated Consumer [J] . Emory Law Journal, 2008, 57: 575–650.

[82] BARTHOLOMEW M.Advertising And The Transformation of Trademark Law [J] .New Mexico Law Review, 2008, 38 (1): 1–48.

[83] TUSHNET R.Gone In Sixty Milliseconds: Trademark Law And Cognitive Science [J] .Texas Law Review, 2008, 86: 507–568.

[84] THURMON M A.Confusion Codified：Why Trademark Remedies Make No Sense [J] .Journal of Intellectual Property Law ，2010，17（2）：245–319.

[85] CASAGRANDE T L.A Verdict for Your Thoughts? Why an Accused Trademark Infringer's Intent Has No Place in Likelihood of Confusion Analysis [J] .The Trademark Reporter，2011，101（5）：1447–1475.

[86] MCGEVERAN W，MCKENNA M P..Confusion isn't Everything [J] .Notre Dame Law Review，2013，89（1）：253–318.

[87] MOTT C P.Multifactors，Multiconfusion? Refining "Likelihood of Confusion" Factors for Reverse–Confusion Trademark Infringement Claims To Achieve More Consistent and Predictable Results [J] . Suffolk University Law Review，2014，47（2）：421–450.

[88] YEN A C.The Constructive Role of Confusion In Trademark [J] . North Carolina Law Review，2014，93（1）：77–138.

[89] KAMINER I.Set the Statutes Straight：Amending the Lanham Act to Dispel the Confusion Regarding Reverse Confusion [J] . Loyola Of Los Angeles Entertainment Law Review，2015，36（1）：71–100.